碳中和目标背景下
武汉市产业结构转型升级
对策研究

余利丰　著

WUHAN UNIVERSITY PRESS
武汉大学出版社

图书在版编目(CIP)数据

碳中和目标背景下武汉市产业结构转型升级对策研究/余利丰著.—武汉:武汉大学出版社,2022.11
ISBN 978-7-307-23221-1

Ⅰ.碳…　Ⅱ.余…　Ⅲ.产业结构升级—研究—武汉　Ⅳ.F269.276.31

中国版本图书馆 CIP 数据核字(2022)第 132834 号

责任编辑:徐胡乡　　　责任校对:汪欣怡　　　版式设计:马　佳

出版发行:**武汉大学出版社**　　(430072　武昌　珞珈山)
　　　(电子邮箱:cbs22@whu.edu.cn 网址:www.wdp.com.cn)
印刷:湖北金海印务有限公司
开本:720×1000　1/16　印张:14.25　字数:202 千字　插页:2
版次:2022 年 11 月第 1 版　　2022 年 11 月第 1 次印刷
ISBN 978-7-307-23221-1　　定价:45.00 元

湖北省社会科学基金一般项目"碳中和背景下武汉市产业结构转型升级对策研究"（2021168）成果

目　录

第一章 导 论

第一节 研 究 背 景

一、问题的提出

改革开放 40 多年以来,中国经济建设和社会发展取得了举世瞩目的成就,主要表现在:国内生产总值从 1978 年的 3678.7 亿元上升至 2019 年的 990865.1 亿元,40 多年间我国的国内生产总值大约增长了 268 倍;中国的综合国力排在世界第 2 位。[1] 伴随着经济的高速增长,中国迅速成为世界上最大的能源消费国和 CO_2 排放国,以高能耗和高污染排放为特征的粗放型经济增长模式,给中国带来了严重的环境问题、能源问题以及气候问题,[2] 这些问题逐渐成为制约我国经济可持续与高质量发展的重要因素。[3]

从环境污染状况来看,在"三废"排放方面,2015 年与 2000 年相比,中国废水排放总量、化学需氧量排放总量、氨氮排放量分别增长 77.1%、53.88%、25.29%,其中,生活源的排放量增长较工业源的排放量明显增

---

① 伍格致,游达明. 环境规制对技术创新与绿色全要素生产率的影响机制:基于财政分权的调节作用 [J]. 管理工程学报,2019(1):37-51.

② 汪锋,解晋. 中国分省绿色全要素生产率增长率研究 [J]. 中国人口科学,2015(2):53-62.

③ 袁宝龙,李琛. 环境规制政策下创新驱动中国工业绿色全要素生产率研究 [J]. 产业经济研究,2018(5):101-113.

长更快，生活源的这三种排放量分别增长 142.28%、14.37%、26.87%；工业废气排放量增长更快，16 年间增长了近 4 倍；工业固体废弃物排放量则迅速下降；① 全国土壤侵蚀总面积达 294.9 万平方千米，占普查范围总面积的 31.1%；全国荒漠化土地面积 261.16 万平方千米，沙化土地面积 172.12 万平方千米，分别占国土面积的 27.2% 和 17.9%。② 在水体污染和空气污染方面，2017 年《中国生态环境状况公报》的统计数据表明，2017 年，我国地表水Ⅳ、Ⅴ类占 23.8%，劣Ⅴ类占 8.3%；全国 338 个地级及以上城市中，有 71% 的城市环境空气质量超标。③ 我国生态环境的不断恶化，使我国面临着沉重的环境治理成本。根据环保部规划院发布的《中国环境经济核算研究报告 2013（公众版）》，2013 年中国生态环境退化成本和生态破坏损失成本合计达到 20547.9 亿元，比 2012 年增加了 13.5%，约占当年 GDP 的 3.3%。基于退化成本的环境污染代价从 2006 年的 6507.7 亿元上升到 2013 年的 15794.5 亿元，增长了 142.7%，年均增长 13.5%；基于治理成本法的虚拟治理成本从 2006 年的 4112.6 亿元上升到 2013 年的 6973.3 亿元，增长了 69.6%，年均增长 7.8%。④

从资源约束情况来看，粗放型的高增长方式加大了对能源资源的需求，导致我国经济社会发展与能源消耗增长约束的矛盾日益突出。根据国际能源总署公布的数据，2010 年我国一次能源消耗量超过美国成为全球能源最大消费国，2013 年我国一次能源消耗折 37.5 亿吨标准煤，消耗的能源占世界能源消耗总量的 21.3%。⑤ 而与能源的巨大需求形成鲜

---

① 闫坤，陈秋红. 新时代生态文明建设：学理探讨、理论创新与实现路径 [J]. 财贸经济，2018（11）：5-20.

② 王遥，潘冬阳，张笑. 绿色金融对中国经济发展的贡献研究 [J]. 经济社会体制比较，2016（6）：33-42.

③ 金乐琴. 高质量绿色发展的新理念与实现路径——兼论改革开放 40 年绿色发展历程 [J]. 河北经贸大学学报，2018（6）：22-30.

④ 屈文波. 环境规制、空间溢出与区域生态效率——基于空间杜宾面板模型的实证分析 [J]. 北京理工大学学报（社会科学版），2018（6）：27-33.

⑤ 张培丽. 经济增长的能源支撑状况及其强化途径文献综述研究 [J]. 工业技术经济，2014（12）：143-149.

明对比的是，我国重要资源的人均拥有量低于世界平均水平。煤炭、石油、天然气人均资源分别只及世界人均水平的 55%、11%、4%，耕地、淡水的人均占有量只相当于世界平均水平的 43%、28%，大多数矿产资源的人均占有量不到世界平均水平的 50%。[①] 当前，我国约 60% 的石油和 30% 的天然气消耗依赖进口，[②] 2017 年中国石油净进口量已高达 4.188 亿吨，同比增长 10.7%，进口依存度达到 72.3%；同年我国天然气净进口量也已经攀升至 900 亿立方米，其中通过管道进口 379 亿立方米，同比增长 9.2%，液化天然气进口 521 亿立方米，同比增速更是高达 46.44%。[③]

从环境污染对全球气候变化的影响来看，由温室气体排放造成的环境问题时刻挑战着人类的生存基础，应对气候变暖成为时代主旋律，以变暖为主要特征的全球气候变化对自然生态系统和人类社会发展带来重大风险。[④] 已有研究表明，即使《巴黎协定》中承诺的"国家自主贡献"完全实现，2100 年全球平均气温将比工业化前水平高出 2.8℃。《中国气候变化蓝皮书（2021）》报告显示，2020 年，全球平均温度较工业化前水平（1850—1900 年平均值）高出 1.2°C，是有完整气象观测记录以来的三个最暖年份之一；2011—2020 年，是 1850 年以来最暖的十年。2020 年，亚洲陆地表面平均气温比常年值偏高 1.06°C，是 20 世纪初以来最暖年份。全球气候变暖导致海平面升高、冰川消融、高温热浪、洪涝、干旱等极端天气气候事件发生的强度和频率呈非线性快速增长趋势，对自然生态系统、人类管理和社会经济产生了广泛影响。在全球和区域层面，气候风险带来的经济损失大幅增加。随着人口和经济的气候变化影响暴露度持续增

①　闫坤，陈秋红. 新时代生态文明建设：学理探讨、理论创新与实现路径 [J]. 财贸经济，2018（11）：5-20.

②　刘长松，徐华清. 对气候安全问题的初步分析与政策建议 [J]. 宏观经济研究，2018（2）：49-55.

③　周云亨，方恺，叶瑞克. 能源安全观演进与中国能源转型 [J]. 东北亚论坛，2018（6）：80-91.

④　李晓乐. 日本新能源产业政策研究 [D]. 北京：中国社会科学院大学，2020.

加，人类面临的气候变化风险挑战将更为严峻。① 中国是受全球气候变化影响的敏感区和脆弱区，也是极端天气气候事件发生最为频繁的国家之一。② 从极端气候变化对中国的影响来看，未来温度和降水的极端性趋势将会明显增加，高气候变化率状态下我国高温热浪、暴雨洪涝、干旱等极端灾害发生的时间、强度、频率、区域特征呈现出显著性变化。随着气候变化，我国农业灾害发生频率高、损失规模较大的特点突出，玉米、水稻、小麦三大粮食作物生产面临的气候风险将增加。③

面对资源约束趋紧、环境污染严重、生态系统退化、气候变化风险的严峻形势，2020 年 9 月 22 日，习近平总书记在第 75 届联合国大会一般性辩论会上宣布将提高《巴黎协定》下国家资助贡献力度，承诺力争 2030 年前碳排放达到峰值，努力争取 2060 年前实现碳中和。④ 2020 年 12 月 12 日，习近平主席在全球气候雄心峰会上再次宣布：到 2030 年，中国单位国内生产总值二氧化碳排放将比 2005 年下降 65% 以上，非化石能源占一次能源消费比重将达到 25% 左右，森林蓄积量将比 2005 年增加 60 亿立方米，风电、太阳能发电总装机容量将达到 12 亿千瓦以上。⑤ 与 2015 年提交的国家自主减排贡献（NDC）方案相比，我国碳强度由 2030 年左右碳达峰提升到 2030 年前碳达峰、2060 年前碳中和，非化石能源比重由 20% 提高到 25%，森林蓄积量由 45 亿立方米增加到 60 亿立方米。⑥ 2021 年 3 月 15

① 冯爱青，岳溪柳，巢清尘，等．中国气候变化风险与碳达峰、碳中和目标下的绿色保险应对 [J]．环境保护，2021（8）：20-24．
② 王军，谭金凯．气候变化背景下中国沿海地区灾害风险研究与应对思考 [J]．地理科学进展，2021（5）：870-882．
③ 冯爱青，岳溪柳，巢清尘，等．中国气候变化风险与碳达峰、碳中和目标下的绿色保险应对 [J]．环境保护，2021（8）：20-24．
④ 张春晖，吴萌萌，张益臻．碳中和目标下黄河流域产业结构对生态环境的影响及展望 [J]．环境与可持续发展，2021（2）：50-55．
⑤ 庄贵阳，窦晓铭．新发展格局下碳排放达峰的政策内涵与实现路径 [J]．新疆师范大学学报（哲学社会科学版），2021（6）：30-39．
⑥ 余碧莹，赵光普，安润颖，等．碳中和目标下中国碳排放路径研究 [J]．北京理工大学学报（社会科学版），2021（2）：17-24．

日，习近平总书记在中央财经委员会第九次会议上就碳达峰碳中和工作作了相应部署。"双碳"目标为经济注入了新动力，能够催生出新的科技、发展出新的业态。但与此同时，该目标也对我国经济发展方式提出了更高的要求，将倒逼我国经济结构作出重大调整。[①] 这意味着中国作为世界上最大的发展中国家，将完成全球最高碳排放强度降幅，用全球历史上最短的时间实现从碳达峰到碳中和，[②] 同时也意味着中国将在未来40年全面实现能源、经济领域的深度低碳转型，彰显了中国积极应对气候变化、走绿色低碳发展的坚定决心，体现了中国主动承担应对气候变化国际责任、推动构建人类命运共同体的责任担当。然而，实现尽早碳达峰碳中和的减排目标也绝非易事，我国经济增长新旧动能转换不足，主要原因在于我国产业结构不合理、高级化程度较低，导致能源消费增加、碳排放过大。[③] 产业结构作为联系经济活动与生态环境和气候变化的一条重要纽带，不仅起到了资源配置的作用，更是资源消耗和污染物排放的"控制体"，[④] 而且也是协调经济高质量发展和环境保护的关键路径。[⑤] 要实现低碳转型并如期实现碳中和的目标，我国迫切需要走出一条既能促进经济稳定增长，又能保护生态环境的高质量发展之路，这就需要进行产业结构转型，实现产业结构低碳绿色化转型，而产业结构的绿色低碳化转型，也会带来能源结构转型，进而进一步降低二氧化碳排放。[⑥] 如果不进行产业结构优化调整

① 郭劲光，万家瑞. 我国能源消费的网络关联特征及其优化路径——碳达峰与碳中和视角的思考 [J]. 江海学刊，2021（4）：85-91.

② 邓微达，王智烜. 日本碳税发展趋势与启示 [J]. 国际税收，2021（5）：57-61.

③ 孙振清，李欢欢，刘保留. 碳交易政策下区域减排潜力研究——产业结构调整与技术创新双重视角 [J]. 科技进步与对策，2020（15）：28-35.

④ 徐成龙. 环境规制下产业结构调整及其生态效益研究——以山东省为例 [D]. 济南：山东师范大学，2015.

⑤ 金碚. 关于"高质量发展"的经济学研究 [J]. 中国工业经济，2018（4）：5-18.

⑥ 邓微达，王智烜. 日本碳税发展趋势与启示 [J]. 国际税收，2021（5）：57-61.

升级，则生态环境和气候还会进一步的恶化，最终不仅会阻碍我国经济的可持续发展，而且还会危及我们的生存空间和未来。① 碳达峰、碳中和顺应了产业结构全面绿色转型的内在要求，碳达峰表面上是约束碳排放强度问题，但其本质是产业转型和生态环境保护问题。

中国是一个拥有 14 亿人口的发展中大国，面临着发展经济、提高人民生活水平的压力，同时也面临着资源日益匮乏、经济发展带来的环境污染和气候变化的挑战。平衡经济发展和环境保护，是当前和今后中国面临的重大课题。产业结构调整是推进碳减排直至"碳达峰、碳中和"的重要方式，② 通过推进产业结构转型升级，走环境友好型的绿色发展道路，是解决中国当前和今后面临重大课题的必然选择。因此，如何在碳中和背景下平衡和处理好经济持续稳定发展与保护生态环境之间的关系，成为新时代中国改革发展面临的理论研究和实践探索的热点问题。③

二、选题的意义

碳达峰碳中和的本质是绿色低碳高质量发展，它事关国民经济发展与增长动力切换，也事关地方经济转型及产业结构调整。受资源短缺、空气污染和气候异常等的影响，我国以高能耗高污染产业为经济增长重要动力的发展模式显然是不可持续的，必须通过优化调整产业结构，从而降低能耗、碳排放，实现经济由高碳生产方式向高质量发展方式转变。特别是在当前面临百年未有之大变局形势下，社会经济发展存在较大的不确定性条件下，研究碳达峰碳中和背景下产业结构优化升级具有非常重要的理论和现实意义。

---

① 杜莉，李博 . 利用碳金融体系推动产业结构的调整和升级 [J]. 经济学家，2012（6）：45-52.

② 钟茂初，赵天爽 . 双碳目标视角下的碳生产率与产业结构调整 [J]. 南开学报（哲学社会科学版），2021（5）：97-109.

③ 张芳 . 中国绿色产业发展的路径选择与制度创新研究 [D]. 长春：吉林大学，2020.

首先，将产业结构调整的一般理论与碳达峰碳中和的研究背景相结合，对产业结构调整理论进行了进一步的延伸。本书从碳达峰碳中和相关的国家经济发展方针战略中梳理出关于产业结构调整的论述，并将其与产业结构调整的一般理论相结合，提出新时代碳达峰碳中和背景下产业结构调整理论，对我国产业结构调整具有重要的理论指导意义。在此基础上，提出新时代碳达峰碳中和背景下产业结构调整的新要求、新目标、新路径、新方式、新方向，为现阶段产业结构转型升级研究提供理论基础。[①]

其次，从现实的情况来看，2019 年全球二氧化碳排放 330 亿吨，我国二氧化碳排放约 100 亿吨，约占全球排放量的 1/3，是美国排放量的 2 倍、欧盟排放总量的 3 倍。且我国当前尚处于工业化发展阶段，能源消耗量及碳排放量仍处于"双上升"阶段。欧美等发达国家和地区从二氧化碳排放达到峰值到"碳中和"普遍有 50~70 年的过渡期，而我国从 2030 年达到峰值，再到 2060 年实现"碳中和"的过渡期只有 30 年。[②] 因而，我国如期实现碳达峰碳中和目标，比欧美等发达国家将面临更严峻的挑战。产业是经济发展的核心和基础，加快形成节约资源和保护环境的产业结构并以绿色低碳循环发展构建现代产业体系，将影响碳排放达峰工作全局。[③] 但从中国的产业结构类型来看，2019 年，中国制造业增加值占 GDP 比重高达 27.2%，到 2030 年仍在 22%左右，而制造业对能源需求量大、比重高；根据 2020 年《中国统计年鉴》的数据统计，2019 年，工业能源消费占全国总量比重的 65.93%，明显高于工业增加值占 GDP 比重的 33.2%，[④] 相当于全国单位 GDP 能耗的 2 倍。这既反映了中国工业与制造业生产结构比

---

① 陈丹．新时代背景下中国产业结构调整研究 [D]．沈阳：辽宁大学，2019.

② 刘满平．我国实现"碳中和"目标的意义、基础、挑战与政策着力点 [J]．价格理论与实践，2021（2）：421-426.

③ 包存宽，姜婷．构建现代产业体系，推动实现碳达峰碳中和目标 [J]．中国环境监察，2021（Z1）：44-45.

④ 包存宽，姜婷．构建现代产业体系，推动实现碳达峰碳中和目标 [J]．中国环境监察，2021（Z1）：44-45.

重高，也反映了工业与制造业单位产业增加值能耗高、碳排放量大，① 这其中很大一部分是由中国以重工业为主的产业结构所造成的。对于中国的产业发展来说，通过产业结构转型升级降低重工业比重，进而降低能耗、减少碳排放是重中之重，但从中国工业内部结构来看，重工业仍然在工业生产中占有重要的地位。② 在碳中和目标约束下，我国重工业将面临碳排放量大、污染防治难度大、发展空间受限等问题，而碳达峰碳中和目标的提出为这些传统重工业的调整升级提供了良好的发展机遇及发展空间。碳中和目标是党中央经过深思熟虑作出的重大战略决策，事关中华民族永续发展和构建人类命运共同体，必须以新发展理念为引领，推动我国产业结构全面绿色转型，为这些传统重工业再现活力提供新的发展契机，③ 从而确保碳达峰、碳中和目标如期实现。

最后，武汉作为中国中部地区特大型中心城市，在全国城市经济发展格局当中，占据重要的发展地位。改革开放 40 多年来，武汉市的经济发展取得了巨大的成就。根据 2020 年《武汉市统计年鉴》的数据显示，2019年，武汉市地区生产总值为 16223.21 亿元，按可比价格计算，比上年增长7.4%。其中，第一产业增加值 378.99 亿元，增长 3.0%；第二产业增加值5988.88 亿元，增长 6.5%；第三产业增加值 9855.34 亿元，增长 8.2%。三次产业结构调整比例为 2.3：36.9：60.8。从工业化程度上判断，根据钱纳里工业化阶段理论，如果以 2010 年美元计，武汉市的产业结构已经进入了服务业和技术密集产业快速发展的阶段，正处于工业化后期产业转型升级的重要战略机遇期。从产业结构对武汉市资源环境的影响来看，2019年，武汉市平均每万元工业总产值能源消费量总量为 0.17 吨标煤，其中，平均每万元工业总产值消费煤炭 0.13 吨，焦炭 0.04 吨，原油 0.08 吨，燃

---

① 胡鞍钢. 中国实现 2030 年前碳达峰目标及主要路径 [J]. 北京工业大学学报（社会科学版），2021（3）：1-15.

② 刘奎. 产业结构调整背景下中国重工业能源环境问题研究 [D]. 厦门：厦门大学，2018.

③ 刘满平. 我国实现"碳中和"目标的意义、基础、挑战与政策着力点 [J]. 价格理论与实践，2021（2）：421-426.

料油 0.00003 吨，电力 302 千瓦时。武汉市平均每万元工业总产值能源消费量远高于北京、上海、深圳等城市的能源消费量。从环境污染的统计数据来看，2019 年，武汉市全年化学需氧量排放量 11.98 万吨，二氧化硫排放量为 6.4 万吨，氨氮排放量 1.46 万吨，氮氧化物排放量 9.70 万吨，全年环境空气细颗粒物（PM2.5）年均浓度值为 45 微克/立方米。① 可以看出，武汉市产业结构特征决定了其对资源环境的影响必然较大，产业结构不合理是造成资源消耗和环境问题的主要原因，产业结构有待于进一步调整和优化。习近平总书记于 2020 年 9 月提出的碳达峰和碳中和的宏大战略目标为我国能源行业发展和生态文明建设行动指明了重要的发展方向。② 在碳中和目标的指引下，武汉市要通过产业结构调整的方式实现低碳转型和产业升级。为此，研究确定武汉市碳达峰碳中和及其实现路径，是促进产业低碳化转型、升级和改造，引导低碳消费模式和生活方式，把握控制温室气体排放工作主动权的关键所在，也是加快形成绿色低碳倒逼机制，加快推进生态文明建设的内在需要，更是谋划发展战略、实现"大武汉复兴战略"的重大举措。因而，研究武汉如何通过产业结构优化调整实现绿色低碳循环发展的战略重点和实施路径，走上碳中和目标导向下的深度脱碳路径，是极具现实意义的研究课题。③

第二节 文 献 综 述

一、碳达峰、碳中和方面的研究进展

（一）碳达峰碳中和的由来及发展历程

恩格斯说：我们不要过分陶醉于我们人类对自然界的胜利。对于每一

---

① 以上数据均来自《2020 年武汉统计年鉴》。

② 张春晖，吴萌萌，张益臻. 碳中和目标下黄河流域产业结构对生态环境的影响及展望［J］. 环境与可持续发展，2021（2）：50-55.

③ 何建坤. 碳达峰碳中和目标导向下能源和经济的低碳转型［J］. 环境经济研究，2021（1）：1-9.

次这样的胜利，自然界都对我们进行报复。实际上，每年因气候变化而造成大量动植物的死亡。自然界的报复正频繁发生且愈发猛烈：图卢瓦、基里巴斯等岛屿国家即将被上升的海平面淹没，非洲持续干旱和蝗灾造成数十万公顷耕地颗粒无收，澳大利亚、美国频发山火导致数以万计的民众流离失所，美国得克萨斯州寒潮让超 1460 万人断水、270 万户断电……因气候变化引起的极端天气，让全球约 6 亿人面临着沦为"气候难民"的危险。若碳排放增速不受控制，到 2060 年，气候变化将会成为致命的风险因素之一，面对严峻的生存危机，任何人不可能置身事外、独善其身，零碳转型已刻不容缓。①

世界气象组织发布的《2020 年全球气候状况报告》指出，2019 年和2020 年，全球主要温室气体浓度仍在持续上升，全球二氧化碳浓度已经超过 410×10^{-6}。如果二氧化碳浓度延续往年的模式，在 2021 年就有可能达到或超过 414×10^{-6}。全球平均温度较工业化前水平高出约 $1.2℃$，是有完整气象观测记录以来的第 2 暖年份（仅次于 2016 年），2015—2020 年是有气象观测记录以来最暖的 6 个年份。② 如果全球气候变暖以目前速度持续下去，将对国际和平与安全构成毁灭性的威胁，控制温室气体排放与应对气候变暖已成为摆在全人类与世界各国政府面前不可回避的重要议题。③ 科学研究和观测数据的结果也表明，人类活动特别是工业化过程中排放的二氧化碳等温室气体是造成气候变化的主要原因，④ 控制二氧化碳排放、将21 世纪末的升温控制在 $2℃$（力争在 $1.5℃$ 以内），已经成为世界主要国家

---

① 朱晓明．抓住碳中和发展机遇，推动经济高质量发展［N］.南方周末，2021-03-16.

② 巢清尘．"碳达峰和碳中和"的科学内涵及我国的政策措施［J］.环境与可持续发展，2021（2）：14-18.

③ 袁晓玲，郗继宏，李超鹏，等．中国工业部门碳排放峰值预测及减排潜力研究［J］.统计与信息论坛，2020（9）：72-82.

④ 李俊峰，李广．碳中和——中国发展转型的机遇与挑战［J］.环境与可持续发展，2021（1）：50-57.

的政治共识。①

　　全球气候变化已经威胁到整个人类以及整个生态系统，从而改变社会的发展模式，需要全球共同应对。为了有效应对全球气候变化，20世纪80年代后期，联合国大会宣布全球气候变暖为"人类共同关心的问题"，全球气候变化问题开始列入国际政治议程，从那时起，国际气候合作经历了曲折的发展历程。1988年，由世界气象组织和联合国环境规划署联合成立政府间气候变化专门委员会（IPCC），有力推动了国际社会对于气候变化问题的认识，②为联合国主持下的正式气候谈判铺平了道路。1992年5月9日，联合国环发大会通过了《联合国气候变化框架公约》，1994年3月21日正式开始生效。目前该公约已经有195个缔约方，这也是国际协议中成员最广泛的协议之一，是早期气候合作的里程碑。③《联合国气候变化框架公约》是全球第一个为全面控制温室气体污染排放，以应对全球气候变暖给经济和人类社会带来不利影响的国际公约，也是国际社会在对付全球气候变化问题上进行国际合作的一个基本框架。《联合国气候变化框架公约》提出了在全球环境保护中各国"共同但有区别的责任"原则。作为国际社会的主要成员，每个国家对全球环境的保护和改善是对国际社会承担的共同义务，但由于发达国家已经结束了工业化进程，在其发展历史中已经造成了巨大的温室气体排放，应该对其过去的行为负责，而包括中国在内的发展中国家应对气候变化的优先程度，应该低于经济、社会发展，消除贫富等目标。因此，在解决气候变化等全球性环境问题方面，国际社会有区别地对发达国家和发展中国家要求不同的责任。④《联合国气候变化框架公约》里确定的很多原则和机制也为各国间开展合作奠定了基础，开启

①　刘卫东．"中国碳达峰研究"专栏序言［J］．资源科学，2021（4）：637-638.

②　张文磊．基于国家利益分析的国际碳减排合作研究［D］．上海：复旦大学，2011.

③　李波．中国在全球气候治理中的角色研究［D］．济南：山东大学，2020.

④　杜莉，李博．利用碳金融体系推动产业结构的调整和升级［J］．经济学家，2012（6）：45-52.

了全球范围内应对气候变化的大门。但是,《联合国气候变化框架公约》的很多规定大多是原则性、指导性的,对于减排指标、发达国家应对发展中国家提供的援助责任没有严格明确的规定。虽然在之后的历次缔约方大会上进行了补充,但缺乏约束力一直是《联合国气候变化框架公约》的主要问题,各国在履约过程中随意性非常大。①

为了逐步落实《联合国气候变化框架公约》中规定的关于防止气候变化的基本法律原则,1997 年,缔约国各方经过持续的谈判,达成了《京都议定书》,2005 年,经过 100 多个国家和地区的多方努力,《京都议定书》正式实施。根据《京都议定书》,对气候影响的温室气体包括二氧化碳、甲烷、氧化亚氮、氢氟碳化物、全氟化碳等。而在所有人为活动产生的温室气体排放中,二氧化碳比重最大,约占能源排放量的 90%,影响最为重要,因此本书研究的碳排放主要指二氧化碳。②《京都议定书》的实施明确了碳排放的总量目标和分解指标,对相关国家,主要是发达国家的温室气体排放量做出了具有法律约束力的定量限制,要求其在 2008—2012 年承诺期内将这些气体的全部排放量在 1990 年水平上至少减少 5%,其中,欧盟减排 8%,美国减排 7%,日本和加拿大各减排 6%。同时,《京都议定书》制定了三个弹性机制(简称减排机制)以协助相关国家完成减排任务。即联合履约机制、清洁能源发展机制和排放贸易机制。其中,联合履约机制和清洁能源发展机制属于基于减排项目的合作机制,鼓励发达国家或企业向其他国家投资具有减排作用的项目,作为被投资的东道国将由项目而产生的减排量出售给投资方获得技术支持或额外收入,项目投资方用得到的减排量抵消其超出《京都议定书》中的减排承诺部分;排放贸易机制是基于温室气体排放量的一个国际贸易机制,进行排放贸易的必要条件

---

① 张文磊. 基于国家利益分析的国际碳减排合作研究 [D]. 上海:复旦大学,2011.

② 刘仁厚,王革,黄宁,等. 中国科技创新支撑碳达峰、碳中和的路径研究 [J]. 广西社会科学,2021 (8):1-7.

是《京都议定书》中为相关国家规定的排放上限。①

2007 年 12 月，《联合国气候变化框架公约》的缔约国在印尼巴厘岛召开第 13 次大会，开始关于《京都议定书》内容的新谈判，由于缔约国之间的分歧较大，最终达成了不具有协议性质的《巴厘岛路线图》。《巴厘岛路线图》发挥了承上启下的作用，指出了根据经济和社会因素适度减排的理念，秉承了"共同但有区别"的减排原则，并明确了新气候协议的内容与时间表。2009 年 12 月，《联合国气候变化框架公约》的缔约国在哥本哈根举行第 15 次大会，因涉及的经济利益博弈异常复杂，仅仅签订了不具备法律效力的《哥本哈根协议》。《哥本哈根协议》重申并加强了国际气候合作的共识和《京都议定书》确立的"共同但有区别"的减排责任原则，明确了发达国家强制减排的义务和减排目标，提出了发展中国家也要在发展日程上纳入减排战略。《哥本哈根协议》在很大程度上推动了新国际气候保证机制的制定和实施。2010 年 11 月 29 日，《联合国气候变化框架公约》的缔约国在墨西哥坎昆举办了第 16 次缔约国大会，最终达成了《坎昆协议》。《坎昆协议》保持了共同但又有实际差异的碳减排责任原则，坚持并深化了《联合国气候变化框架公约》和《京都议定书》的相关规定。2011 年 11 月 28 日，《联合国气候变化框架公约》缔约国在南非德班举行第 17 会议，讨论了《京都议定书》第二承诺期的续签问题，并最终达成了《南非德班协议》。2012 年 12 月，《联合国气候变化框架公约》缔约国在多哈举行第 18 次会议，会议的核心内容包括续签《京都议定书》第二承诺期、评估巴厘岛行动计划成功以及推动德班平台工作，多哈会议圆满落实了德班共识，完成了巴厘路线图到德班平台的过渡，明确了《京都议定书》第二承诺期的时间范围，实现了《京都议定书》两个履约保证期的无缝衔接。②

---

① 杜莉，李博. 利用碳金融体系推动产业结构的调整和升级 [J]. 经济学家，2012 (6)：45-52.

② 何少琛. 欧盟碳排放交易体系发展现状、改革方法及前景 [D]. 长春：吉林大学，2016.

随着《京都议定书》第一个承诺期在 2012 年结束，《京都议定书》在实践中的困境，以及多哈会议发达国家未能作出强有力的减排承诺，全球气候制度失去了具有法律约束力的协定，这也要求采取更加灵活、成本效益高和广泛参与性的办法来解决气候变化的问题。① 2015 年 12 月 12 日，《联合国气候变化框架公约》在巴黎气候大会达成了《巴黎协定》，并于 2016 年 11 月正式生效。不同于以往《京都议定书》等应对气候变化的国际条约所规定的二氧化碳减排模式，《巴黎协定》没有强制规定各国的温室气体排放量，而采取各国根据自身情况确定应对气候变化行动目标，以国家自主贡献的方式参与全球减排行动。② 这种减排模式旨在要求各缔约国结合本国的国情在共同但有区别责任原则的指导下，对减排的目标进行设定，并按照所提交的减排承诺进行自主减排，减排方案是具有动态性和复合性的，各国需要按照时间节点提交、评估减排的贡献。③ 截至 2019 年 5 月，共有 192 个国家向联合国提交了各自国家的国家自主贡献减排目标。国家自主贡献目标是通过自下而上的方式，由各国根据本国国情现状和经济发展水平提出的，体现了各国的自主排放意愿，与以往自上而下的分配定额方式相比，该目标更具有可操作性。④《巴黎协定》提出了控制全球温升与工业革命前相比不超过 2℃，力争 1.5℃ 的目标，各国根据自身国情提出了国家自主贡献目标。该协定为 2020 年后全球应对气候变化行动作出了安排，从而为 2020 年后的全球气候治理格局指明了方向和应采取的最低限度行动。⑤

---

① 李波. 中国在全球气候治理中的角色研究 [D]. 济南：山东大学，2020.

② 王芳，张晋韬.《巴黎协定》排放情境下中亚地区降水变化响应 [J]. 地理学报，2020（1）：25-40.

③ 杨博文.《巴黎协定》减排承诺下不遵约情事程序研究 [J]. 北京理工大学学报（社会科学版），2020（2）：134-141.

④ 王芳，张晋韬.《巴黎协定》排放情境下中亚地区降水变化响应 [J]. 地理学报，2020（1）：25-40.

⑤ 杨解君. 实现碳中和的多元路径 [J]. 南京工业大学学报（社会科学版），2021（2）：14-25.

2018 年 12 月，《联合国气候变化框架公约》在波兰卡托维兹举行第 24 次缔约方大会，最终通过了《巴黎协定》实施细则。该细则继续坚持《联合国气候变化框架公约》和《巴黎协定》原则，包括"共同但有区别的责任和各自能力"原则，也在一定程度上体现了发达国家和发展中国家的区分，均衡反映了各方观点和立场。通过本次大会，参会各方就《巴黎协定》关于自主贡献、减缓、适应、资金、技术、能力建设、透明度、全球盘点等内容涉及的机制、规则基本达成共识，并对 2020 年后落实《巴黎协定》、加强全球应对气候变化的行动力度做出进一步安排，为加强全球应对气候变化行动提供了积极信号，提振了国际社会合作应对气候变化的信心，强化了各方推进全球气候治理的政治意愿。[1]

2018 年，联合国政府间气候变化专门委员会（IPCC，Intergovernmental Panel on Climate Change）发布《全球 1.5℃增暖》特别报告指出，控制温升不超过 1.5℃，需要二氧化碳排放在 2050 年左右达到净零排放。为了将全球变暖控制在 2℃以下，需要在 2070 年左右达到二氧化碳净零排放。[2] 2019 年 12 月，新一届欧盟委员会公布"欧洲绿色协议"，提出到 2050 年率先实现"碳中和"的政治承诺。2020 年 3 月 4 日，《欧洲气候法》草案公布，决定以立法的形式明确到 2050 年实现"碳中和"的政治目标，即温室气体净排放量到 2050 年降为零。按照《欧洲气候法》草案要求，欧盟所有机构和成员国都采取必要措施以实现上述目标。草案还规定了采取何种措施来评估成果，以及分步实现 2050 年目标的路线图。[3] 随后中国、日本、韩国、美国都做出了碳达峰碳中和目标及路线图，追求碳达峰碳中

①　刘硕，李玉娥，秦晓波，等．《巴黎协定》实施细则适应议题焦点剖析及后续中国应对措施［J］．气候变化研究进展，2019（4）：436-444.

②　巢清尘．"碳达峰和碳中和"的科学内涵及我国的政策措施［J］．环境与可持续发展，2021（2）：14-18.

③　高国．碳达峰碳中和：中国走向绿色经济体的必然选择［J］．北方经济，2021（3）：25-27.

和已经成为全球趋势。[①]

碳达峰是指某个地区或行业年度二氧化碳排放量达到历史最高值，然后经历平台期进入持续下降的过程。[②] 关于碳中和的定义，联合国政府间气候变化专门委员会（IPCC）将其定义为：由人类活动造成的二氧化碳排放量与人为的二氧化碳吸收量在一定时间段内达到平衡。刘满平将其定义为：人为活动排放的二氧化碳等温室气体对自然的影响，可以通过技术创新降低到可以忽略的程度，即产生的二氧化碳等温室气体和清除的二氧化碳等温室气体基本是平衡的。[③]

（二）世界主要国家和地区碳中和目标进展情况

《巴黎协定》达成后，各缔约方国家需要根据国家自主贡献目标提交减排计划，履行应对气候变化的责任和义务，维护国际气候治理中实体正义和程序正义的实现。为了实现《巴黎协定》所提出的目标，各缔约方国家均提出了净零排放的行动计划，即碳中和目标。[④] 目前提出碳中和目标的国家大多是欧美发达国家，其均已实现碳达峰，其中以德国、匈牙利、法国、英国为代表的国家均在 20 世纪 80 年代左右实现碳达峰，以美国、加拿大、西班牙、意大利等为代表的国家在 2007 年左右均已实现碳达峰。[⑤] 截至 2021 年 6 月，全球已有 126 个国家和集团承诺实现与碳中和有关的目标，其中苏里南、不丹 2 个国家已经实现了碳中和目标。22 个国家

---

① 钱立华，方琦，鲁政委. 碳中和与绿色金融市场发展 [J]. 武汉金融，2021（3）：16-20.

② 庄贵阳，窦晓铭. 新发展格局下碳排放达峰的政策内涵与实现路径 [J]. 新疆师范大学学报（哲学社会科学版），2021（6）：30-39.

③ 刘满平. 我国实现"碳中和"目标的意义、基础、挑战与政策着力点 [J]. 价格理论与实践，2021（2）：421-426.

④ 杨博文.《巴黎协定》后国际碳市场自愿减排标准的适用与规范完善 [J]. 国际经贸探索，2021（6）：102-112.

⑤ 巢清尘. "碳达峰和碳中和"的科学内涵及我国的政策措施 [J]. 环境与可持续发展，2021（2）：14-18.

和地区以立法、政策等形式确立了碳中和目标，包括欧盟、瑞典、英国等欧洲国家和地区，日本、韩国、新加坡等亚洲国家，哥斯达黎加、智利等发展中国家，以及斐济、马绍尔群岛等气候脆弱性国家。欧美日等发达国家和地区纷纷制定了碳中和目标和近中远期行动方案，并将其作为推动可持续发展和经济绿色低碳转型的重要抓手。目前，全球前四排放大国中的印度（排放占7%且快速增长）和俄罗斯（排放占5%）尚未提出碳中和目标。①

欧盟碳中和进展情况。2019年12月，联合国气候变化大会在马德里召开之际，欧盟委员会发布了《欧洲绿色新政》，提出欧盟在2050年实现碳中和目标，2020年3月欧盟委员会发布《欧洲气候法》提案，并于当年10月欧盟各国就《欧洲气候法》达成一致，从法律层面确保欧洲到2050年实现碳中和目标。在欧盟27个成员国中，法国于2000年1月19日正式推出了"控制温室效应国家计划"，该计划目标是到2008—2012年将6种温室气体排放总量控制在1990年的排放量以下。② 2020年4月，法国颁布法令通过"国家低碳战略"，设定2050年实现碳中和目标。2019年9月20日，德国联邦政府内阁通过了《气候行动计划2030》，在此基础上，并于2019年11月15日在德国联邦议院通过了《德国联邦气候保护法》，通过立法确定了德国到2030年温室气体排放比1990年减少55%，到2050年实现碳中和的中长期减排目标。③ 瑞典立法或以法案承诺在2050年或之前实现碳中和目标，芬兰、奥地利也在官方文件中分别提出了2035年、2040年实现碳中和目标。

英国碳中和进展情况。鉴于英国于2021年退出欧盟，特将英国碳中和

①　巢清尘．"碳达峰和碳中和"的科学内涵及我国的政策措施［J］．环境与可持续发展，2021（2）：14-18.

②　王刚．美国与欧盟的碳减排方案分析及中国的应对策略［J］．地域研究与开发，2012（4）：142-145.

③　西交利物浦大学国际商学院．德国推进碳中和的路径及对中国的启示［J］．可持续发展经济导刊，2021（3）：27-30.

的进展情况单独说明。在应对全球气候变化、实现碳中和目标上，英国一直表现积极，试图通过一系列的承诺和改革措施，在该领域保持世界领先地位。2008 年，英国正式颁布《气候变化法》，成为世界上第一个将减排目标纳入法律框架的国家，2019 年 6 月，英国新修订的《气候变化法案》生效，正式确立到 2050 年实现温室气体"净零排放"，即碳中和。

美国碳中和目标进展情况。美国众议院于 2020 年公布了《解决气候危机：国会为建立清洁能源经济和一个健康、有弹性、公正的美国而制定的行动计划》，以帮助美国实现 2050 年净零排放，报告对气候目标的实现手段、技术储备等做出了详细规划。尽管特朗普政府退出了《巴黎协定》，但拜登上台后，美国于 2021 年 2 月 19 日重新加入《巴黎协定》，拜登政府承诺拟通过立法在 2050 年前实现全美国经济范围内的碳中和。

日本碳中和目标进展情况。2020 年 10 月，日本首相菅义伟宣布日本到 2050 年实现碳中和目标。为实现 2050 年碳中和目标，日本政府 2020 年年底发布了"绿色增长战略"，并于 2021 年 5 月 26 日通过了修订后的《全球变暖对策推进法》，以法律的形式明确了日本政府提出的到 2050 年实现碳中和的目标。

中国碳中和目标进展情况。2020 年 9 月 22 日，习近平总书记在第 75 届联合国大会上宣布中国力争 2030 年实现碳达峰 2060 年前实现碳中和。2020 年 12 月的中央经济工作会议上，将"2030 年碳达峰"和"2060 年碳中和"列为 2021 年八项重点任务之一。中国是全球主要排放国家里首个设定碳中和期限的发展中国家，彰显了大国的责任和担当，也明确了碳中和在中国未来 40 年发展中的战略定位与实现碳中和的基本思路、时间表及路线图，对全球可持续发展具有重要的意义。①

为了更直观地了解世界各国关于碳中和目标的进展情况，本书根据相关资料整理了世界各国碳中和目标的进展情况表（见表 1-1）。

---

① 林伯强. 中国如何迈向"碳中和"［N］. 21 世纪经济报道，2020-12-25.

表 1-1 世界各国碳中和目标进展情况表

国家	碳中和目标年	政策行动	承诺性质	决定作出的时间
奥地利	2040 年	2030 年 100%淘汰交通碳排放	政策宣示	2020 年 1 月
加拿大	2050 年	5 年一次的碳预算	政策宣示	2019 年 10 月
智利	2050 年	2024 年前关闭 28 座燃煤电厂中的 8 座，并在 2040 年前逐步淘汰煤电	政策宣示	2019 年 6 月宣布
中国	2060 年	2030 年前碳达峰	政策宣示	2020 年 9 月 22 日第七十五届联合国大会
哥斯达黎加	2050 年	制定了一揽子气候政策	提交联合国的计划	2019 年 2 月，12 月向联合国提交
丹麦	2050 年	从 2030 年起禁止销售新的汽油和柴油汽车，并支持电动汽车	政府计划，立法	2018 年；2019 年 6 月规定了更严格的排放目标
欧盟	2050 年	"绿色协议"，整个欧盟 2050 年净零排放	提交联合国	2019 年 12 月协议，2020 年 3 月提交
芬兰	2035 年	限制工业伐木，并逐步停止燃烧泥炭发电	气候法	2019 年 6 月
德国	2050 年	碳中性	气候法	2019 年 12 月
日本	2050 年后尽早	碳的捕集、利用和储存，以及作为清洁燃料来源的氢的开发	政策宣示	2019 年 6 月
瑞典	2045 年	至少 85%的减排要通过国内政策来实现，其余由国际减排来弥补	法律规定	2017 年

续表

国家	碳中和目标年	政策行动	承诺性质	决定作出的时间
新加坡	2050 年后尽早	2040 年，内燃机车将被逐步淘汰，取而代之的是电动汽车	提交联合国	2020 年 3 月

数据来源：潘家华，廖茂林，陈素梅．碳中和：中国能走多快？［J］．改革，2021（6）：1-13.

（三）碳中和目标提出与中国参与全球气候治理的历程

中国作为世界上最大的能源消费国和温室气体排放国，一直积极参与全球应对气候变化的进程，并将应对气候变化融入社会经济发展全局。[①]在应对全球气候变化问题上，习近平总书记从"内促高质量发展、外树负责任形象"的战略高度重视应对气候变化，提出应对气候变化是我国可持续发展的内在要求，也是负责任大国应尽的国际义务。在《巴黎协定》达成、签署、生效和实施过程中，我国发挥着关键作用，这充分展现了中国负责任大国的国际形象和以习近平同志为核心的党中央高超的政治智慧和卓越的领导能力，是在习近平新时代中国特色社会主义思想指引下取得的一项重大外交成果，给中国中长期坚持绿色低碳可持续发展营造了良好国际制度和外部环境。[②]在全球气候治理进程中，中国从谨慎参与到积极引领，主要经历了以下几个阶段：

第一阶段：谨慎参与阶段（1992—2009 年）。1992 年《联合国气候变化框架公约》达成时，中国将应对气候变化看成一个科学问题，国内协调

① 鲁传一，陈文颖．中国提前碳达峰情景及其宏观经济影响［J］．环境经济研究，2021（1）：10-30.

② 解振华．坚持积极应对气候变化战略定力 继续做全球生态文明建设的重要参与者、贡献者和引领者——纪念《巴黎协定》达成五周年［J］．环境与可持续发展，2021（1）：3-10.

工作归口中国气象局。在 1992 年里约联合国环境与发展大会上，中国批准了开放签署的《联合国气候变化框架公约》。由于对国际规则、制度及其运作模式需要熟悉过程，特别是发展阶段等原因，中国在参与全球气候治理上采取谨慎态度。①

第二阶段：积极参与阶段（2010—2013 年）。2009 年哥本哈根气候大会后，中国在国际气候谈判及国内工作推行中采取了更加开放、合作的态度。中国政府已经认识到，必须尽早行动才能适应全球气候治理的形势变化需要，也才能收到生态环境保护与气候变化应对的协同效应。2011 年，《中国应对气候变化的政策与行动（2011）》白皮书发布；其后印发了《"十二五"控制温室气体排放工作方案》，提出"探索建立碳排放交易市场"，展示出一个负责任的大国形象，为在全球气候治理中起到更大作用奠定了坚实基础。②

第三阶段：主动引领阶段（2014 年至今）。经过 20 多年的经验积累以及对全球气候治理规则制定、运行机制及后续影响的深入理解，自 2014 年起，我国积极参与国际气候治理，实现了由参与者、贡献者向引领者逐渐转变。③ 这一身份转变主要体现在《巴黎协议》的谈判、缔约生效以及实施阶段。

在《巴黎协议》谈判阶段，中国作为发展中国家，就《巴黎协定》中要体现"共同但有区别的责任"和各自能力原则应考虑不同国情进行了谈判，维护了广大发展中国家的利益。在全球合作应对气候变化的进程中，由于每个国家所处的国情和发展阶段不同，在实现自身可持续发展中所面临的突出问题和矛盾各异，在全球气候治理中也反映出不同的视角和利益

---

① 周宏春，霍黎明，李长征，等. 开拓创新 努力实现我国碳达峰与碳中和目标[J]. 城市与环境研究，2021（1）：35-51.

② 周宏春，霍黎明，李长征，等. 开拓创新 努力实现我国碳达峰与碳中和目标[J]. 城市与环境研究，2021（1）：35-51.

③ 周宏春，霍黎明，李长征，等. 开拓创新 努力实现我国碳达峰与碳中和目标[J]. 城市与环境研究，2021（1）：35-51.

诉求。① 2014 年 11 月，习近平主席与时任美国总统奥巴马发表了中美气候变化联合声明，这是中美两个全球最大经济体和排放国首次发表元首层面的气候变化联合声明，挽救了当时陷入僵局的利马气候大会，为巴黎大会的成功奠定了基础，为全球气候治理进程做出了"历史性"贡献。2015年 9 月，习近平主席与时任美国总统奥巴马第二次发表中美气候变化联合声明，第二次中美联合声明为《巴黎协定》谈判涉及的"共同但有区别的责任"原则、全球目标、减排、适应、资金、技术、透明度等关键难点问题找到了"着陆点"，为巴黎大会如期达成协议提供了政治解决方案。2015 年 11 月，习近平主席与时任法国总统奥朗德发表中法元首气候变化联合声明，在中美联合气候声明的基础上，中法联合声明增加了构建提高应对气候变化力度的机制，确保了《巴黎协定》达成后实施的可持续性。中美、中法联合气候声明基本框定了《巴黎协定》的核心内容。②

在《巴黎协议》缔约生效阶段，中国发挥了积极的推动作用。2015 年11 月 30 日，习近平主席出席巴黎大会开幕式并发表主旨讲话，这是我国国家元首第一次出席联合国气候变化缔约方大会。习近平主席在会上提出了"实现公约目标、引领绿色发展，凝聚全球力量、鼓励广泛参与，加大投入、强化行动保障，照顾各国国情、体现务实有效"的气候治理中国方案，号召各方创造一个"各尽所能、合作共赢，奉行法治、公平正义，包容互鉴、共同发展"的未来。2016 年 3 月，《巴黎协定》达成后，习近平主席与奥巴马总统第三次发表中美元首气候变化联合声明，宣布双方将于2016 年 4 月 22 日联合国《巴黎协定》开放签署日上签署协定，并呼吁其他国家尽快完成协定的签署和批准程序，以使《巴黎协定》尽早生效。2016 年 9 月 3 日，在 G20 杭州峰会前夕，为促成《巴黎协定》尽快生效，

① 王海林，黄晓丹，赵小凡，等. 全球气候治理若干关键问题及对策 [J]. 中国人口·资源与环境，2020（11）：26-33.

② 解振华. 坚持积极应对气候变化战略定力 继续做全球生态文明建设的重要参与者、贡献者和引领者——纪念《巴黎协定》达成五周年 [J]. 环境与可持续发展，2021（1）：3-10.

习近平主席与奥巴马总统共同向联合国秘书长潘基文交存中美两国各自参加《巴黎协定》的法律文书，并发表中美气候变化合作文件，呼吁推动《巴黎协定》尽早生效。在中美两国的推动下，《巴黎协定》于 2016 年 11 月 4 日正式生效。联合国秘书长潘基文称赞中国为全球应对气候变化做出了重要的、历史性的突出贡献。①

在《巴黎协议》的实施阶段，中国发挥了推动《巴黎协定》实施细则落地的作用。在《巴黎协定》落实和实施过程中，以美国为首的发达国家越来越力图淡化和抛弃"共同但有区别的责任"原则，片面强调共同的责任和行动，单纯强调各缔约方加大减排力度，而忽视发达国家对发展中国家减缓和适应气候变化应该提供的资金、技术和能力建设的支助，导致全球气候治理进程因美国气候政策出现变化而面临不确定性。2018 年 1 月 23 日至 26 日，习近平主席在参加达沃斯论坛和访问联合国日内瓦总部时，多次表明中方坚定支持《巴黎协定》的态度和积极行动应对气候变化的决心。针对美国退出《巴黎协定》后取消了经济大国能源与气候论坛机制，中国、欧盟、加拿大联合建立了主要国家加强气候行动的部长级会议机制，替代了经济大国论坛，继续围绕多边进程重点、热点、难点问题，从政治和政策层面寻求解决方案，发挥了重要作用。2018 年卡托维兹气候大会前夕，习近平主席在 G20 布宜诺斯艾利斯峰会上号召各国继续本着构建人类命运共同体的责任感，为应对气候变化国际合作提供政治推动力。在布宜诺斯艾利斯峰会期间，中国与法国、联合国联合举行气候变化会议，发表新闻公报，共同表态支持如期达成《巴黎协定》实施细则。②

中国积极参与全球气候治理，是《联合国气候变化框架公约》的首批

---

① 解振华. 坚持积极应对气候变化战略定力 继续做全球生态文明建设的重要参与者、贡献者和引领者——纪念《巴黎协定》达成五周年 [J]. 环境与可持续发展，2021（1）：3-10.

② 解振华. 坚持积极应对气候变化战略定力 继续做全球生态文明建设的重要参与者、贡献者和引领者——纪念《巴黎协定》达成五周年 [J]. 环境与可持续发展，2021（1）：3-10.

缔约国，并为达成《京都议定书》《巴黎协定》及其实施细则作出了重要贡献（胡鞍钢，2021）。2020 年 9 月 22 日，习近平总书记在第 75 届联合国大会一般性辩论会上宣布并承诺力争 2030 年前中国碳排放达到峰值，2060 年前实现碳中和。这是中国首次提出实现碳达峰与碳中和目标，引起了国际社会的极大关注（胡鞍钢，2021），这也意味着中国正以坚定而自信的步伐走进世界气候治理舞台中央，为全球应对气候变化提供中国方案，并通过实际行动作出中国贡献。①

需要注意的是，2030 年前碳达峰与 2060 年前碳中和，是我国履行碳减排国际承诺的两个阶段，而不是两件不同的事情。因此，二者具有很强的关联性，需要辩证认识，统筹规划实施。2030 年前如期实现碳达峰，可为 2060 年前碳中和创造良好的条件；而 2060 年前实现碳中和又为 2030 年前碳达峰设定好了大致范围。当前，社会上存在几个极端主张：一是主张越早达峰越好，最好现在就达峰；二是主张现阶段仍要大力发展化石能源和高碳重化工业，在 2030 年之前大幅度提高碳峰值，为中国争取碳排放空间；三是认为碳达峰是轻轻松松的目标，这种观点没有深刻认识到同步实现经济持续增长和能耗排放下降并不容易。显然，这些主张都有失偏颇，一方面低估了碳达峰、碳减排的难度，不利于中国经济发展，毕竟我国现阶段的能源系统主要还是依赖化石能源；另一方面是把问题简单化了，没有考虑到如果不从现在开始就低碳转型，而是延续高碳增长路径，将会产生严重的"路径依赖"和巨大的"沉没成本"，并将会对未来几十年的碳减排带来巨大的压力。②

（四）碳中和目标与中国参与全球气候治理的角色变化

1. 全球气候治理的国际形势发生转变

一是欧盟作为积极参与者与主动领导者的地位在下降。欧盟在气候治

---

① 陈迎. 全球应对气候变化的中国方案与中国贡献 [J]. 当代世界，2021 (5)：4-9.

② 郭朝先. 2060 碳中和引致中国经济体系根本性变革 [J]. 北京工业大学学报（社会科学版），2021 (5)：1-13.

理的立场上最为坚定，制定了参与巴黎气候谈判的内部立法文件《气候与能源 2030 政策框架》，并发布了《欧洲绿色协议》，作为构建经济增长与资源消耗脱钩、富有竞争力的现代经济体系，并于 2020 年 3 月发布了新版《循环经济行动计划》和《欧洲新工业战略》。但随着英国脱欧和难民问题导致的系列挑战和欧盟内部分歧，以及新冠肺炎疫情的影响，导致其全球气候治理领导力下降。

二是美国在全球气候治理中的领导地位开始动摇。2017 年 6 月，美国总统特朗普政府宣布退出《巴黎协定》，虽然拜登政府上台后重返《巴黎协定》，但整个国际气候治理格局依然充满着不确定性，从而在某种程度上打破了传统上基于欧盟、美国和发展中国家划分气候治理的格局。①

2. 中国参与全球气候治理的角色变化

作为世界上最大的发展中国家，中国面临着日益严峻的环境、生态、能源等方面的压力，而作为全球性问题，要消除全球气候问题带来的影响要求中国积极参与全球治理。② 近年来，中国积极应对气候变化，逐渐成为引领全球气候治理的重要新生力量。但由于经济发展阶段的不同和中国不同时期的国际影响力，中国在不同阶段表现出不同的态度，在参与全球气候治理中扮演着不同的角色。随着欧盟、美国全球气候治理地位的动摇，全球气候治理已然进入以中国、美国、欧盟国家为代表的大国博弈阶段，中国的角色正由参与者、贡献者向引领者逐渐转变。③ 尽管目前全球有 100 多个国家明确承诺了碳中和目标，但从国际关系关注度来看，中国提出"双碳"目标后所受到的关注度是其他国家不可比拟的，这也是中国巨大的国际影响力的表现之一。当前全球气候治理正处于关键时期，鉴于

① 胡志坚，刘如，陈志. 中国"碳中和"承诺下技术生态化发展战略思考 [J]. 中国科技论坛，2021（5）：14-20.

② 李波. 中国在全球气候治理中的角色研究 [D]. 济南：山东大学，2020.

③ 胡志坚，刘如，陈志. 中国"碳中和"承诺下技术生态化发展战略思考 [J]. 中国科技论坛，2021（5）：14-20.

中国的特殊地位，中国已经被推向了全球气候治理的关键位置，① 未来全球气候治理格局将很大可能呈现中美欧三方共同主导的局面。

3. 中国参与全球气候治理面临的机遇及挑战

碳中和目标的提出，对中国来说是一项重大的战略决策，其对中国既有机遇，又有挑战。在碳中和目标下，我国面临着如下挑战：

一是中国提出的碳中和目标相比其他国家更具挑战性。在当今世界经济格局中，发达国家工业革命早，已经历 200 多年，碳排放的时间很长。且发达国家大部分已经完成工业化进程，碳排放早已达到峰值（欧盟 27 国作为整体早在 1990 年就实现了碳达峰，美国于 2007 年实现碳达峰，日本则于 2013 年实现碳达峰）。而中国是一个发展中国家，处于工业化中后期阶段，且工业化进程开始晚，许多领域仍处于全球产业链的低端，存在生产管理粗放、高碳燃料用量大、产品能耗物耗高、产品附加值低等问题，亟待转变建立在化石能源基础上的工业体系以及依赖资源、劳动力等要素驱动的传统增长模式。但新动能培育在顺应工业体系调整、稳经济保就业的宏观环境中面临一系列客观压力，经济结构调整和产业升级任务艰巨，短期内实现碳排放与经济增长脱钩压力巨大。② 这就决定了未来一段时期内，中国仍会大力发展经济，对能源需求将会进一步加大，碳排放也将进一步上升，在现阶段中国碳排放还未达到峰值的情况下，中国却非常有诚意地提出 2030 年前实现碳达峰、2060 年前实现碳中和目标，欧美等发达国家从二氧化碳达到峰值到碳中和普遍都有 50~70 年的过渡期，中国提出 2030 年碳排放达到峰值，再到 2060 年实现碳中和，过渡期只有 30 年，仅比完成工业化的发达国家晚 10 年，其面临的压力和挑战可想而知。

二是碳中和目标约束下中国能源结构转型面临着严峻的挑战。中国能源结构以化石能源为主，占比高达 85%。其中，煤炭的占比达到 58%。

---

① 肖兰兰. 全球气候治理中的领导——跟随逻辑：欧盟的实践与中国的选择 [J]. 中国地质大学学报（社会科学版），2021（2）：91-102.

② 庄贵阳. 我国实现"双碳"目标面临的挑战及对策 [J]. 人民论坛，2021（18）：50-53.

2019 年，我国煤炭碳排放量占整个化石能源碳排放总量的比重为 80%，煤电装机量高达 10.4 亿千瓦，占全球煤电总装机的 50%，能源消费的二氧化碳排放强度比世界平均水平高出 30% 以上，而美国和欧盟煤炭消费比重仅为 12% 和 11%。① 中国"多煤、缺油、少气"的能源结构造就了我国能源消费结构，使得中国的能源转型路径不会走从以煤炭为主到以油气为主，再到可再生能源为主的发展路径，而是从以煤为主过渡到煤炭、石油、天然气、可再生能源和核能并存的多元能源结构，最终实现以可再生能源为主体的能源结构。② 以煤为主的能源结构转型和能源安全需要巨大的投入和付出，这个付出既有经济损失付出，还有就业等社会成本付出，其艰巨程度可想而知。

在碳中和目标下，我国虽然面临着前所未有的挑战，但也面临着碳中和带来的前所未有的发展机遇：

一是化被动为主动，有助于我国通过推行气候治理谋求多边合作。美国奉行的是维护美国全球领导力，任何崛起的大国一旦被美国视为挑战，就会遭到全力打压。针对习近平主席宣布中国将于 2060 年前实现碳中和目标，美国共和党和民主党在研究对进口产品征收碳关税并在国内实施碳福利的可能性和方案。③ 总体而言，美国政府单边实施碳边境调节税政策，是在全球紧迫减排目标和行动的新形势下，以应对气候变化名义，实施贸易保护主义、转移减排责任和减排成本的不公平行为。④

随着欧盟努力推动《巴黎协定》获得通过后，全球气候治理开启了共同应对气候变化的新篇章，奠定了国际社会加强应对气候变化行动与国际

---

① 刘满平. 我国实现"碳中和"目标的意义、基础、挑战与政策着力点 [J]. 价格理论与实践，2021（2）：421-426.

② 刘晓龙，崔磊磊，李彬，等. 碳中和目标下中国能源高质量发展路径研究 [J]. 北京理工大学学报（社会科学版），2020（3）：1-8.

③ 汤匀，陈伟. 拜登气候与能源政策主张对我国影响分析及对策建议 [J]. 世界科技研究与发展，2021（5）：605-615.

④ 王海林，黄晓丹，赵小凡，等. 全球气候治理若干关键问题及对策 [J]. 中国人口·资源与环境，2020（11）：26-33.

合作的制度基础。① 2019 年 12 月，新一届欧盟委员会发布了《欧洲绿色协议》，提出欧盟 2050 年在全球率先实现 "碳中和"。《欧洲绿色协议》提到将《巴黎协定》作为未来所有全面贸易协定的核心要素，促进绿色商品和绿色服务的贸易和投资。欧洲市场上的所有准化学品、材料、食品和其他产品都必须满足欧盟相关的绿色监管要求和标准。同时，《欧洲绿色协议》还提到欧盟将针对选定的行业提出碳边境调节机制，② 碳边境调节税、碳排放交易体系以及能源效率指令等改革措施的落地，必将带来 "欧盟贸易新模式"，并加剧全球绿色低碳领域竞争，引发新一轮 "环保风暴"，对国际贸易规则产生重大影响。可以预见，欧盟与其他经济体签署贸易协议时，将纳入更为具体的生态环境保护条款，以及更多的绿色能源政策。在企业层面意味着将来若想与欧盟做生意，欧盟将考察对方是否满足应对气候变化的要求，甚至还包括出口至欧盟的商品的生产流程、生产工艺等是否使用绿色可再生能源。③ 因此，我国提出碳中和目标，可以消除我国出口产品被征收碳税的潜在风险，有助于我国通过推行气候外交谋求与欧盟、美国等发达国家开展对外交流，进行多边合作的可能性。

二是化压力为动力，有利于倒逼我国能源结构向清洁能源转型和产业结构绿色化转型。1949 年以来，我国长期推行重工业优先的发展战略，在这一政策下，中国建立起了较为完备的工业体系。改革开放以来，特别是进入 21 世纪初，随着中国经济的不断发展，中国重工业发展十分迅速，为我国的经济发展做出了突出贡献。④ 与此同时，由于重工业高能耗、高排

---

① 寇静娜，张锐. 疫情后谁将继续领导全球气候治理——欧盟的衰退与反击 [J]. 中国地质大学（社会科学版），2021（1）：87-104.

② 钱立华，方琦，鲁政委. 欧盟绿色新政对我国的启示 [J]. 金融博览，2020（5）：56-58.

③ 郑军. 欧盟绿色新政与绿色协议的影响分析 [J]. 环境与可持续发展，2020（2）：40-42.

④ 刘奎. 产业结构调整背景下中国重工业能源环境问题研究 [D]. 厦门：厦门大学，2018.

放的特点，重工业的发展带来了一系列的资源与环境问题。再加上我国"多煤、缺油、少气"的能源禀赋特点，决定了我国能源消费以煤炭为主的结构模式，煤炭燃烧产生的二氧化碳占我国二氧化碳排放总量的 70% 以上。2006 年，我国超过美国成为世界二氧化碳第一排放大国，目前，我国的碳排放总量已经超过美国和欧盟的总和。随着我国加入《巴黎协定》以及碳达峰、碳中和目标的提出，如果延续当前的产业模式、能源消费模式将无法实现碳中和目标。我国要如期实现碳达峰、碳中和目标，一方面要改变当前以煤炭等化石能源为主的能源结构，努力控制和减少煤炭消费，合理发展天然气，安全发展核电，大力发展可再生能源，积极生产和利用绿色氢能，提高全经济部门的电气化水平，加强能源系统与信息技术的结合，实现能源体系智能化、数字化转型。另一方面，要严控高耗能、高排放行业扩张，促进工业低碳技术研发和推广应用，开展重点企业节能减排低碳行动，推动制造业向低碳、脱碳纵深发展，推动产业结构优化升级和现代化。[①]

总体来看，尽管我国参与全球气候治理机遇与挑战并存，但从根本上来说机遇大于挑战。

（五）碳中和目标的实现途径

碳中和正成为世界发展趋势，2019 年，欧盟、加拿大提出了碳中和目标，继中国 2020 年 9 月提出碳达峰碳中和目标后，日本、韩国和美国等政府都陆续明确了各自的碳中和目标和时间表。要实现碳中和，其主要手段包括技术措施、结构措施和管理措施，如果将管理措施纳入广义的技术措施之中，则碳中和的实现路径主要是两大类：技术路径和结构调整路径。其中，结构调整路径既包括产业结构措施，也包括能源结构措施，但产业

---

① 解振华. 坚持积极应对气候变化战略定力 继续做全球生态文明建设的重要参与者、贡献者和引领者——纪念《巴黎协定》达成五周年 [J]. 环境与可持续发展，2021（1）：3-10.

结构调整是实现碳中和目标的主要方面。①

从结构调整路径来看，产业结构优化升级、能源结构转型是实现碳达峰、碳中和的关键途径之一。而实现碳中和目标，既可以有效降低中国油气对外依存度，改变"一煤独大"的能源格局，切实保障我国能源安全，促进能源系统向清洁、低碳、高效、智能方向转型升级，又可以推动重点高耗能产业转型升级，进而进一步降低碳排放。总体来说，无论是产业结构优化升级还是能源结构转型，都有助于减少碳排放，推动碳中和目标实现。如郭朝先（2012）采用 LMDI 分解法，分析了产业结构变动对中国碳排放的影响。研究结果表明，未来产业结构变动将有助于减少二氧化碳排放。王媛等基于 LMDI 分解法，分析结构效应对于天津碳排放的影响，研究结果表明，能源消费碳排放的拉动或减缓作用与低碳能源比重、第三产业比重的大小有很强的关联性。② 徐成龙等（2014）分析了产业结构调整对山东省碳排放的影响，研究结果表明，产业结构调整对山东省碳排放增长的贡献度为 3.91%，工业比重上升或下降超过 1 个百分点对应的二氧化碳排放量增加或减少 $78.6 \times 10^4 \sim 83.7 \times 10^4$ 吨标煤；另外，未来产业结构的调整有助于减少碳排放。

从技术路径来看，减碳技术、零碳技术、去碳技术在促进碳中和目标实现的进程中，发挥着核心支撑作用。同时，技术创新推动新能源开发和利用成本不断下降，为能源结构的优化提供巨大支撑。但由于目前我国在新能源技术利用效率、绿色低碳技术推广应用甚至相关技术创新的体系化能力建设等方面仍然存在一些不足，从而导致中国科技创新支撑实现碳达峰、碳中和的能力不足。③

---

① 郭朝先. 产业结构变动对中国碳排放的影响 [J]. 中国人口·资源与环境，2012（7）：15-20.

② 王媛，贾皎皎，赵鹏，等. LMDI 方法分析结构效应对天津市碳排放的影响及对策 [J]. 天津大学学报（社会科学版），2014（6）：509-514.

③ 刘仁厚，王革，黄宁，等. 中国科技创新支撑碳达峰、碳中和的路径研究 [J]. 广西社会科学，2021（8）：1-7.

（六）碳中和目标与中国产业结构转型

在《巴黎协定》框架之下，中国开始承担温室气体强制减排的国际义务，受制于日益趋紧的国内生态容量和可能的二氧化碳排放空间，既往的温室气体与大气污染物协同规制模式并不足以实现我国的减排承诺。[①] 中国的能源结构以化石能源为主，且经济结构中高耗能的第二产业占比较高，这种资源依赖型、以重化工业产能扩张为驱动的粗放型发展方式已难以为继，必须向创新驱动型、内涵提高的绿色低碳发展方式转变。[②]

从中国的能源消费量和碳排放量现状来看，在资源禀赋的约束下，中国的能源结构仍然以化石能源为主。2019 年，中国煤炭消费量占比57.5%，石油消费量占比18.9%，天然气消费量占比8.1%，化石能源消费总量占比接近85%。不断增长的能源需求以及以化石能源为主的能源消费结构导致中国二氧化碳排放较高。目前中国由化石能源消费产生的碳排放量接近100 亿吨。而从分品种化石能源碳排放量来看，煤炭消耗导致的二氧化碳排放量已经超过75 亿吨，占化石能源碳排放总量超过75%；其次为石油和天然气消耗导致的二氧化碳排放，其占比大致为14%和7%。从不同行业的碳排放来看，作为一个高度工业化国家，中国的碳排放主要集中于发电和工业端。此外，交通部门的碳排放也占有较大的份额，而农业、居民、商业和公共服务等行业的碳排放相对较低。具体来看，对于发电行业而言，作为一个国家的经济命脉，电力部门在国民生活中具有不可或缺的地位。目前中国的电源结构仍然以煤电为主，截至2019 年年底，燃煤发电装机容量占发电装机总容量的51.8%，2019 年燃煤发电量占发电总量的62.2%。根据 IEA（国际能源署）的最新数据，中国电力和热力生产部门贡献了超过50%的化石能源碳排放。从工业端来看，能源加工行业、

① 杜群，张琪静.《巴黎协定》后我国温室气体控制规制模式的转变及法律对策[J].中国地质大学学报（社会科学版），2021（1）：19-29.

② 王勇，王恩东，毕莹.不同情景下碳排放达峰对中国经济的影响——基于 CGE 模型的分析[J].资源科学，2017（10）：1896-1908.

钢铁行业以及化学原料制造业等相关高耗能行业不仅是煤炭消费的重点行业，也是二氧化碳排放的主要行业。在除去电力和热力生产行业之外，其他工业行业贡献了将近 30% 的化石能源碳排放。最后，从交通行业来看，随着中国城镇化的持续推进，交通行业的能源消费和碳排放也呈现出显著的递增趋势。交通行业以石油消费为主，目前贡献了大概 10% 的化石能源碳排放。①

实现碳达峰碳中和既是中国在全球气候谈判中的国际承诺，也是中国实现经济结构转型和可持续发展的必然选择。② 中国是世界上第一大发展中国家，二氧化碳排放总量居世界第一，并且还没有达到峰值。③ 考虑到我国目前的能源结构、产业结构现状，要如期实现碳达峰碳中和目标，我国需要通过优化产业结构，带动能源消费结构、能源消费强度的改变，进而带动整个经济领域发生颠覆性改变。

首先，通过优化产业结构，带动能源消费领域的革命。能源消费转型和能源革命的进程，不仅能够提升能源利用效率，而且能够推动太阳能、风能、氢能源等新能源行业的发展，而新能源行业的快速发展，则推动了高碳行业逐步摆脱对化石能源的依赖，以更低的能源消耗支撑我国经济社会发展目标的实现和居民生活水平的不断提高，进而加快实现由高碳向低碳，再由低碳向零碳的转变。④ 在交通领域，随着新能源汽车技术的发展以及交通基础设施的完善，未来电动汽车将对传统燃油汽车实现有效替代，路面交通将实现完全电气化。因此，电动汽车加上完善的交通基础设施将是路面交通部门实现脱碳的重要途径。另外，随着制氢成本的下降以及氢能技术的成熟，未来氢燃料电池汽车也值得期待。对于航空、航海等

① 林伯强. 中国如何迈向"碳中和"［N］. 21 世纪经济报道，2020-12-25.

② 王勇，王恩东，毕莹. 不同情景下碳排放达峰对中国经济的影响——基于 CGE 模型的分析［J］. 资源科学，2017（10）：1896-1908.

③ 刘晓龙，崔磊磊，李彬，等. 碳中和目标下中国能源高质量发展路径研究［J］. 北京理工大学学报（社会科学版），2021（1）：1-10.

④ 刘满平. 我国实现"碳中和"目标的意义、基础、挑战与政策着力点［J］. 价格理论与实践，2021（2）：421-426.

交通部门，生物燃料、氢燃料等相关能源的使用可以降低这些部门的碳排放。①

其次，通过优化产业结构，能够推动中国工业结构向绿色化发展。在碳排放较高的工业领域，通过构筑低碳新工业体系，未来中国有望摆脱"高能耗、高污染"的产业结构，从而实现零碳排放，而要实现工业端的完全零碳排放，需要结合自然碳汇以及碳捕获、利用与封存（CCUS，Carbon Capture，Utilization and Storage）等负碳排放技术。在短期内，在这些技术实现突破性进展之前，提高工业端的能源使用效率、控制煤炭消费以及加快煤炭替代则是降低碳排放的重要手段。②

最后，通过优化产业结构，能够推动电力系统消费的革命。由于煤炭资源相对丰富，中国主要依靠火力发电。根据中国电力企业联合会发布的《2018—2019年度全国电力供需形势分析预测报告》，2018年中国火电装机容量为11.4亿千瓦，占总电力供应量的近60%，其中88.6%的火电为燃煤机组，产生了大量的二氧化碳排放。具体而言，2018年中国燃煤发电厂发电量的跃升超过5%，导致中国火电行业二氧化碳的排放量增加了2.5亿吨，远超过其他行业二氧化碳的排放量。尽管中国政府近年来加强了新能源的发展（如太阳能、核能和风能），但目前火电仍占中国总发电量的60%以上，导致了大量的二氧化碳排放。③ 因此，对于电力行业来说，电力系统的深度脱碳是中国实现碳中和目标的关键。在电气化发展的大方向下，未来的电力系统将形成以"可再生能源+储能"为主的电力供给体系。可再生能源中，风电、光伏具有显著的间接性和波动性的特点，在大规模并网之后，会对电力系统和电网的稳定性产生冲击。储能系统可以通过负荷管理进行电网调峰。可再生能源与储能系统的结合不仅可以有效地提升可再生能源发电的可靠性和稳定性，同时可以有效降低电力系统的碳排

---

① 林伯强．中国如何迈向"碳中和"［N］.21世纪经济报道，2020-12-25.
② 林伯强．中国如何迈向"碳中和"［N］.21世纪经济报道，2020-12-25.
③ 王雅娴．中国火电行业碳排放和总碳强度减排问题研究［D］.北京：华北电力大学，2020.

放，推动碳中和目标的实现。①

二、产业结构转型升级方面的研究进展

（一）产业结构内涵及划分标准

产业结构指一国国民经济总量中各个产业的构成及其相互关系。王永明从三个方面对产业结构的内涵进行展开阐释：第一，产业结构既动态地反映了产业之间的技术经济联系及其发展和变化趋势，也反映了国民经济中各个产业投入与产出的数量比例关系。第二，从地区的布局来看，产业结构反映了各个产业在各地区的分布状态。第三，从广义的角度来讲，产业结构反映了三次产业在国民经济总量中的比例关系和相互联系；从狭义的角度来讲，产业结构反映了产业内部具体的各个行业之间的比例和联系。②

关于产业结构的划分标准，主要有三种划分方法：一是英国经济学家阿·费舍尔（Fisher·A）于1935年提出的三次产业划分方法，他将人类的经济活动分为三个特征：以初级生产为主要特征、以大规模工业生产为主要特征、以资本和劳动力流向服务业为主要特征。阿·费舍尔根据三个不同特征的经济活动将产业结构划分为三次产业，第一产业为农业和畜牧业以及以天然物品为对象的采掘业，第二产业为工业制造业，相应的第三产业就是服务业。二是英国统计学家科林·克拉克（Colin Clark）于1940年提出的划分方法。与阿·费舍尔不同的是，科林·克拉克以活动与消费者的关系作为分类标准，他认为：第一产业为广义的农业，即除了包括狭义的农业以外，还包括林业、畜牧业、狩猎业、渔业等；第二产业为工业，包括矿业、制造业、建筑业和水电气等产业；第三产业为服务业，包

---

① 林伯强．中国如何迈向"碳中和"［N］．21世纪经济报道，2020-12-25.

② 王永明．高增长背景下我国经济增长与产业结构变动的关系研究［D］．北京：首都师范大学，2017.

括商业、金融保险业、运输业、政府服务和其他非物质生产部门。三是联合国于 1971 年提出的产业结构划分标准（联合国制定的产业结构划分标准详见《全部经济活动的国际标准产业分类索引》），该标准根据经济活动按照大、中、小、细四个层次进行分类，总共划分出 10 个大项，每个大项划分出若干中项，每个中项划分出若干小项，每个小项再划分出若干个细项。根据经济发展的需要，我国国家统计局于 2003 年发布了我国三次产业的划分标准，在此基础上，2011 年进一步颁布了关于国民经济行业分类标准。

产业结构作为现代经济增长的重要内生变量，其发展水平最能体现一国经济发展质量的高低。① 产业结构升级是我国经济高质量发展的内在动力，是建设现代化经济体系的重要内容。② 随着能源、资源和环境之间的矛盾日益突出，要保证经济的高质量发展，就必须转变经济发展方式，调整产业结构、推动产业结构升级。③ 近年来，国内外学者从不同的视角对产业结构进行了深入的研究，涌现出了大量关于产业结构方面的研究成果。

（二）关于产业结构调整和升级动力方面的研究进展

产业结构调整是指产业之间相互关系的变动和调整。产业结构升级是指产业结构从低级形态向高级形态转变的过程或趋势，通常包括第一、第二、第三产业之间的演替变化。④ 对于产业结构调整和升级的动力方面，主要有以下几个方面的观点阐释：一是认为产业结构调整和升级的动力主

---

① 汪晓文，李明，张云晟. 中国产业结构演进与发展：70 年回顾与展望 [J]. 经济问题，2019（8）：1-10.

② 陈晓东，杨晓霞. 数字经济发展对产业结构升级的影响——基于灰关联熵与耗散结构理论的研究 [J]. 改革，2021（3）：26-39.

③ 马艳华，魏辅轶. 产业结构调整理论研究综述 [J]. 山西财经大学学报，2011（3）：89-90.

④ 张国兴，张培德，修静，等. 节能减排政策措施对产业结构调整与升级的有效性 [J]. 中国人口·资源与环境，2018（2）：123-133.

要来自市场机制。主要代表有世界银行，世界银行（1993）认为，市场经济体制是推动产业结构升级的动力之一。二是认为政府干预是推动产业结构调整和升级的动力。其代表人物有 Alice Amsden① 和 Robert Wade②，他们认为，强势政府通过产业政策扶持关键性产业推动了产业结构调整和升级。从中国产业结构调整的过程来看，中国产业结构调整表现出很强的政府推动型特征，政府出台的产业政策仍然是影响产业结构调整的重要因素。三是认为创新对产业结构升级具有重要作用。Chandler③ 认为创新首先会引起部门生产率变化，在此过程中，生产要素从低生产率部门向高生产率部门转移，导致各产业投入结构发生改变，引起资源在部门之间重新分配，而资源的重新配置将进一步改变产业的比例变化，最终导致产业结构发生改变。四是认为技术进步是推动产业结构升级的重要因素。杨智峰等利用我国 2002—2007 年数据分析技术进步对我国产业结构升级的影响，研究发现：技术进步对重工业尤其是冶金工业和机械工业的产业结构升级贡献较大。④ 何德旭等认为，在资源环境等约束条件下，中国应通过大力发展高新技术，以技术进步推动中国产业结构调整，从而实现我国整体产业结构升级。⑤

从近现代世界各国经济发展来看，工业化是一个国家或地区由以农业经济为主向以工业经济为主过渡的现代化进程中不可逾越的发展过程。在这一过程中，产业结构必须不断适应社会经济状态的变化以实现自身合理

---

① Amsden, Alice H. Asia's next Giant: South Korea and Late Industrialization ［M］. Oxford: Oxford University Press, 1989.

② Wade, Robert. Governing the Marketing: Economic Theory and the Role of Government in East Asian Industrialization ［M］. Princeton: Princeton University Press, 1990.

③ Chandler A D. The Growth of the Transnational Industrial Firm in the United States and the United Kingdom: A Comparative Analysis ［J］. Economic History Review, 1980, 33 （3）: 396-410.

④ 杨智峰，陈霜华，汪伟. 中国产业结构变化的动因分析——基于投入产出模型的实证研究 ［J］. 财经研究，2014 （9）: 38-49, 61.

⑤ 何德旭，姚战琪. 中国产业结构调整的效用、优化升级目标和政策措施 ［J］. 中国工业经济，2008 （5）: 46-56.

化,并逐步朝高度化方向发展,由此推动经济持续发展。因此,产业结构的优化升级已成为现代经济发展的重要手段和必经途径。① 产业结构优化是指通过产业结构调整来实现产业结构合理化和产业结构高级化的过程。产业结构优化是一个动态过程,在不同的经济发展阶段,产业结构优化的衡量标准不同。仅从产业发展效率考虑,原则上产业结构优化只需考虑产业间协调发展以实现效率最大化,达到最优的资源配置和宏观经济效益最大化目标。在绿色发展理念的引领下,产业结构优化则需要考虑在提升产业投入产出率的同时,实现绿色资本投入与污染物排出最小化,并以此作为考量产业结构合理化和高级化的先决条件。② 产业结构合理化是指产业间协调能力加强和关联水平提高,包括产值结构协调、技术结构协调、资产结构协调和中间产品结构协调四个方面。目前国内对于产业结构合理化的界定并未统一,但归纳起来主要有四种定义:结构协调论、结构功能论、结构动态均衡论和资源配置论。③ 总体来看,产业结构合理化至少包括三方面的内容:资源配置合理、供需结构平衡、产业间比例均衡。广义的产业结构高级化是指通过应用新技术或新工艺提高劳动生产率,从而使产品或服务在短期内能够获得更高的附加值;狭义的产业结构高级化是指产业结构朝着技术结构升级、劳动生产率提高的方向演进的过程,即产业结构从低水平向高水平升级的过程。④

一般而言,产业结构合理化主要通过影响资源配置来实现。在不同发展阶段,产业结构合理化通过引导资源流向生产率更高的部门从而带动经济增长。经济发展初期,经济中的主导产业部门是农业部门,而农业部门

---

① 李博,胡进. 中国产业结构优化升级的测度和比较分析 [J]. 管理科学,2008 (2):86-93.

② 邵伟. 环境规制约束下中国产业结构优化的路径研究 [D]. 武汉:武汉大学,2017.

③ 郭进. 开放条件下上海产业结构调整问题研究 [D]. 上海:上海社会科学院,2014.

④ 郭进. 开放条件下上海产业结构调整问题研究 [D]. 上海:上海社会科学院,2014.

的生产率较低，能吸收的劳动力数量有限，导致经济发展效率低下。当经济中的主导部门由农业转变为工业时，工业生产的规模效应和先进技术的应用带来生产率的极大提升，使得经济快速增长。最终，当经济中服务业占主导地位时，具有高附加值、技术密集型、人才密集型等特点的产业发展会进一步扩大就业、加快工业化进程，从而促进经济的现代化发展。综上，产业结构合理化能优化资源配置，使生产要素从低生产率部门向高生产率部门转移，最终促进经济增长。随着社会生产力的发展和社会分工的不断细化，产业结构中低级产业逐渐向技术型等高级产业转移，低端的粗加工产业逐级向加工中级产品和高级产品的高精加工的产业演进，产业结构高级化程度加快。在技术进步的影响下，不断淘汰落后产能，改造传统技术，发展高附加值的知识密集型产业，也是产业结构变化的一个方面。产业结构高级化与技术进步的有机结合，为经济增长提供了新的视角。三次工业革命都大力推进了产业结构的升级以及经济跨越式增长。①

产业结构优化升级是推动产业结构合理化和高级化发展的过程，实现产业结构与资源供给结构、需求结构、技术结构相适应的状态。从现有文献的研究来看，产业结构优化问题的研究主要集中在传统的产业结构优化问题研究、产业结构优化水平的测度问题上。②

产业结构优化升级的动力来自多方面，可以划分为主要动力和次要动力，或者划分为内生动力和外生动力。一般而言，可以将那些在产业结构内部发展产生，并依靠自身变化对产业结构调整发挥直接性决定作用的动力称为内生动力，而将那些在产业结构外部产生并对产业结构调整发挥间接性作用的动力称为外生动力。③

---

① 张琳杰，崔海洋．长江中游城市群产业结构优化对碳排放的影响［J］．改革，2018（11）：130-138.

② 董聪．《巴黎协定》减排目标下中国产业结构与能源结构协同优化研究［D］．北京：中国石油大学，2018.

③ 谢宝禄．黑龙江省产业结构调整问题研究［D］．北京：中国社会科学院研究生院，2018.

（三）关于产业结构演进规律和趋势方面的研究进展

产业结构演进历程涉及供给、需求、国际贸易、国际投资和政策、市场等因素，在一定时期、一定程度内这些因素可能成为产业结构变化的诱因。[①] 威廉·配第（1676）描述了产业结构的演进趋势，他认为由于一国内各产业之间存在国民收入的回报不同，这会使得劳动力从较低国民收入回报的产业向高回报产业转移。[②] 但威廉·配第没有揭示出人均产值的高增长率与产业结构的高变动率之间的内在关系。[③] 在威廉·配第（1676）研究的基础上，克拉克通过统计研究的方法，总结出产业结构演进的一般规律：随着经济的发展和人均收入水平的提高，劳动力从第一产业向第二、三产业转移，随着人均收入水平的进一步提高，劳动力由第二产业向第三产业转移。这一就业结构变动规律被称为配第-克拉克定律。库兹涅茨在配第-克拉克研究的基础上，进一步研究发现：随着经济的发展，农业部门收入和劳动人口的占比逐渐呈现下降的趋势，然后工业部门的收入和占比开始提升，成为经济增长的主要贡献者。库兹涅茨法则很好地解释了全球主要工业化国家在20世纪60年代以前经济发展过程中三次产业结构的变化趋势，但当这些国家完成工业化后，该法则需要进一步完善。[④] 霍夫曼（1931）提出了著名的霍夫曼定理：消费资料工业净产值与资本资料工业净产值之比在工业化进程中是持续下降的。霍夫曼定理表示工业化进程中不同工业部门产值的比重特征，揭示出产业结构规律性变化不仅体现在

① 包伟杰. 中美两国产业结构演进驱动因素比较研究——基于国际贸易和国际直接投资的视角 [D]. 昆明：云南大学，2018.

② 包伟杰. 中美两国产业结构演进驱动因素比较研究——基于国际贸易和国际直接投资的视角 [D]. 昆明：云南大学，2018.

③ 周琴. 产业结构优化的路径选择——一般理论及其对长三角的应用分析 [D]. 上海：上海社会科学院，2010.

④ 兰君. 中国煤炭产业转型升级与空间布局优化研究 [D]. 北京：中国地质大学，2019.

就业人员的转移上，而且也体现在不同部门产值的变化上。① 日本经济学家盐谷佑一对霍夫曼工业化经验法则进行重新验证，研究结果发现：霍夫曼定理适用日本工业化初期的重化工业阶段，但不适用于工业化水平较高阶段。② 钱纳里运用投入产出分析等方法，分析了产业结构转变与经济增长的一般关系以及结构转变和工业化各个阶段的基本特征。他的研究结论表明：产业结构转变同经济增长之间具有密切的关系，不同收入水平上产业结构的状况不同。③ 针对产业结构演进的规律性，赫希曼主张应适时调整产业结构，采取不平衡发展战略。赫希曼不仅关注产业部门演进的规律性变化，而且开拓性地提出应通过调整产业部门来培养主导产业，以充分发挥地区优势，并通过关联效应最终实现全局发展。④

（四）产业结构和生态环境关系方面研究的最新进展

产业作为联系人类经济系统与生态环境系统的重要纽带，产业结构的变迁必然对生态环境产生重要影响。⑤ 产业结构和生态环境的关系研究源于 Grossman 和 Krueger，⑥ Copeland 和 Taylor⑦ 等提出的国际贸易对环境污染三大影响效应之一的结构效应（Composition Effect），也即产业结构变迁对生态环境所造成的影响。随后，学者们陆续对产业结构的生态环境效应

① 翟晓东. 山东省生态文明建设与产业结构调整融合发展研究 [D]. 青岛：青岛大学，2019.

② 郭进. 开放条件下上海产业结构调整问题研究 [D]. 上海：上海社会科学院，2014.

③ 金碚，吕铁，李晓华. 关于产业结构调整几个问题的探讨 [J]. 经济学动态，2010（8）：14-20.

④ 翟晓东. 山东省生态文明建设与产业结构调整融合发展研究 [D]. 青岛：青岛大学，2019.

⑤ 黄勤，刘波. 四川产业结构变迁及其生态环境效应研究 [J]. 西南民族大学学报（人文社科版），2009（6）：183-186.

⑥ Grossman G M, Krueger A B. Environmental Impacts of a North American Free Trade Agreement [J]. NBER Working Paper, 1991（3914）.

⑦ Copeland B R, Taylor M S. Trade, Growth, and the Environment [J]. Journal of Economic Literature, 2004（1）：7-71.

进行了有益的探索研究。由于传统产业结构优化升级内涵并不排斥环境因素，但由于环境问题长期被看作外部性经济行为，导致传统产业结构理论中对环境保护重要性的强调不够，在用以指导区域产业结构调整时容易片面强调传统因素，而忽视环境因素，经过 20 世纪 60 年代的发展，经济发展过程中工业化与环境保护、经济发展与社会成本的矛盾日益突出。为了解决这些矛盾，国内外学者在研究产业结构问题时将环境因素纳入分析。①

袁杭松等以巢湖流域为例，分析巢湖流域产业结构的演变对其流域自然生态环境的影响，研究结果表明：研究时段内巢湖流域三市产业结构发生了较大变动，产业结构的变化对生态环境影响较大。② 李芳等③以生态脆弱的新疆为研究对象，选取 1995—2009 年时间序列数据，运用主成分分析法对新疆产业结构和生态环境质量进行综合测度，然后运用广义脉冲响应和方差分解方法分析新疆产业结构变迁对新疆生态环境的动态影响，研究结果表明：产业结构与生态环境变化之间存在着长期的动态均衡关系，产业结构变迁是影响新疆总体环境质量的关键因素，通过优化产业结构能够提升新疆总体环境质量。杨建林等④以呼包银榆经济区为例，采用 2000—2012 年呼包银榆经济区的统计数据，运用典型相关法、协整检验、脉冲响应函数及方差分解法，检验了经济区产业结构变动对生态环境的动态效应。研究结果表明：经济区第一产业、第二产业和生态环境相关性较高，且二者和固体环境、大气环境相关性最大。具体来说，第二、三产业与水环境质量呈正协整关系，第一产业与水环境存在负协整关系，第一、三产业与大气环境呈负协整关系，第二、三产业与固体环

① 张少兵. 环境约束下区域产业结构优化升级研究：以长三角为例 [D]. 武汉：华中农业大学，2008.

② 袁杭松，陈来. 巢湖流域产业结构演化及其生态环境效应 [J]. 中国人口·资源与环境，2010（3 专刊）：349-352.

③ 李芳，龚新蜀，张磊. 生态脆弱区产业结构变迁的生态环境效应研究——以新疆为例 [J]. 统计与信息论坛，2011（12）：63-69.

④ 杨建林，徐君. 经济区产业结构变动对生态环境的动态效应分析——以呼包银榆经济区为例 [J]. 经济地理，2015（10）：179-186.

境质量呈正协整关系，第一产业与其存在负协整关系；第二产业比重增加会引起生态环境大幅度污染，第三产业比重增加对生态环境有一定改善。王莎等以京津冀13个城市为研究对象，构建了产业结构与生态环境的耦合系统综合评价指标体系，结合 CRITIC 赋权法和耦合协调度模型分析了 2007—2016 年该区域各产业结构与生态环境的耦合协调度变化及其时空演变特征。结果表明：京津冀区域产业结构指数均有不同程度增长，但北京以绝对优势保持领先；生态环境指数略有波动，区域间差异不大；产业结构与生态环境耦合协调度稳步增长，但河北大部分城市还处于低度协调状态。①

（五）产业结构和碳减排关系方面研究的最新进展

产业结构是碳排放强度的决定性因素，要达到减少碳排放的目的，只有对产业结构进行优化提升，才能从根本上解决高碳排放所带来的对环境和气候的影响问题，② 但工业化过程不可避免地产生碳排放。对产业结构与碳排放关系的研究最早可以追溯到环境库兹涅茨曲线的解释，环境库兹涅茨曲线解释了产业结构变迁对环境质量的影响过程：在经济发展初期，经济中的主导产业部门是农业部门，农业部门对环境质量的影响有限；而当经济中的主导部门由农业转变为工业时，环境恶化率开始超过环境再生率，导致环境污染加剧，而随着经济结构向服务业转型，环境恶化情况呈现逐步改善的趋势。③ 产业结构变迁与环境库兹涅茨曲线之间关系的也间接解释了产业结构对碳排放的影响。

关于产业结构对碳排放的影响，大部分学者采用了 LMDI 分解法来进

① 王莎，童磊，贺玉德．京津冀产业结构与生态环境交互耦合关系的定量测度［J］．软科学，2019（3）：75-79．

② 孙亚静，安佳，侍术凯．产业结构调整视角下吉林省低碳经济发展研究［J］．税务与经济，2020（5）：103-108．

③ 赵秀娟．低碳转型目标下产业结构优化的机制与政策研究——以广东省为例［D］．广州：暨南大学，2015：7．

行分析研究。如郭朝先（2012）采用 LMDI 分解方法，对中国 1996—2009 年的碳排放进行分解，定量分析了产业结构变动对碳排放的影响，研究结果表明，产业结构变动驱动了碳排放增长，随着产业结构的优化，未来产业结构变动有助于减少碳排放。徐成龙等（2014）采用 LMDI 分解方法定量分析了 1994—2010 年山东省产业结构调整对碳排放的影响，研究结果表明，产业结构对碳排放增长的贡献度为 3.91%，随着产业结构的优化调整，未来山东省产业结构的调整有助于减少碳排放。董莹等运用 LMDI 模型对甘肃省碳排放影响因素进行了量化分析，研究结果表明，以工业为主的第二产业是碳排放量最大的产业。①

　　另外，也有一些学者采用其他的实证方法分析产业结构与碳排放之间的关系。如袁晓玲等专门分析了工业结构对碳排放的影响，该研究运用 IPAT 模型，分析工业部门细分为八大行业碳排放达到峰值的时间和大小，研究结果表明，在基准情境下，仅轻工业和石油业能够实现 2030 年达峰；化工和钢铁行业属于高增排风险行业。因而，未来中国应加快全国碳市场建设，合理分配不同行业间碳排放配额。② 与袁晓玲等研究不同的是，朱佩誉等则依据 2017 年投入产出表数据，运用可计算一般均衡理论，构建包括 13 个中间产业部门和 5 个能源产业部门的动态 CGE 模型，分析不同碳达峰情景对产业结构的影响。研究结果表明，碳减排政策能促进产业结构优化，低碳产业部门在总产出中的比例会增加，而高耗能产业部门在总产出中的比例会下降。③ 张梓杰等从产业结构合理化和产业结构高级化两个维度分析城市产业结构优化对碳排放的影响，运用长江中游城市群 31 个城市 1997—2016 年的数据构建面板数据模型，实证分析长江中游城市群产业

　　① 董莹，许宝荣，华中，等．基于 LMDI 的甘肃省碳排放影响因素分解研究 [J]．兰州大学学报（自然科学版），2020（5）：606-614.

　　② 袁晓玲，郗继宏，李朝鹏，等．中国工业部门碳排放峰值预测及减排潜力研究 [J]．统计与信息论坛，2020（9）：72-82.

　　③ 朱佩誉，凌文．不同碳排放达峰情景对产业结构的影响——基于动态 CGE 模型的分析 [J]．财经理论与实践，2020（5）：110-118.

结构优化对碳排放的影响。研究结果表明，长江中游城市群的产业结构高级化相较于产业结构合理化对碳减排的效果更好。①

从产业结构对碳排放影响的研究来看，大多数文献能够从理论与实证两方面来分析二者之间的关系，但在实证方面，大多数文献从全国层面或者从省域层面来进行研究，而针对某个特定的城市来分析二者之间关系的较少，因而无法对地方政府制定可行的产业政策进行具体指导。

第三节 研究方法、研究内容和创新点

一、研究方法

本书采用理论与实证相结合的研究方法，分析碳达峰碳中和和产业结构优化升级之间的关系。运用偏离-份额模型，分析武汉市产业结构变迁过程中存在的问题，并从碳中和背景下武汉市产业结构调整面临的机遇及挑战出发，利用情景分析法模拟预测不同环境规制下工业结构调整及其对生态效益的长期、短期和时变影响，分析武汉市产业结构调整对武汉市碳达峰碳中和的影响。

第一，运用数理模型从理论上阐释产业结构调整对碳排放的影响，在此基础上，从产业结构调整的两个方面（产业结构合理化、产业结构高级化）分析产业结构优化对碳排放效率的影响，从而为产业结构优化调整提出针对性的政策建议。

第二，利用偏离-份额分析法分析武汉市三次产业发展中存在的主要问题，在此基础上，采用 LMDI 分解法分析影响武汉市碳排放的因素，着重分析产业结构对武汉市碳排放的影响。运用时间序列 ADF 模型，通过协整检验、格兰杰因果检验、脉冲响应、方差分解等方法分析武汉市产业结构

① 张梓杰，崔海洋. 长江中游城市群产业结构优化对碳排放的影响 [J]. 改革，2018（11）：130-138.

变动与碳排放之间的短期、长期动态演进与响应关系；并运用灰色关联模型分析三次产业结构与碳排放之间的关联关系，进而为分析产业结构优化与碳排放效率之间的关系建立基础，运用耦合协调度模型分析产业结构合理化、产业结构高级化对碳排放效率的影响。

第三，案例分析方法的运用。通过对国外发达国家碳达峰碳中和进行产业结构升级的案例进行分析，总结国外发达国家通过产业结构优化调整实现碳达峰碳中和的经验，为武汉市碳中和背景下产业结构升级提出针对性的政策建议。

第四，情景分析法的运用。利用情景分析法模拟预测不同情景下武汉市产业结构调整及其对碳达峰的长期、短期和时变影响，从而为碳中和背景下武汉市产业结构优化升级提供针对性的政策建议。

二、研究内容

本书的研究思路遵循着文献研究—理论研究—实证研究—经验借鉴—政策与建议的行文逻辑，全书共分为七章，具体安排如下：

第一章导论，主要介绍选题的背景、研究意义、研究方法、文献综述及研究的创新点。

第二章主要分析碳达峰碳中和背景与武汉市经济结构转型。首先，分析在碳达峰碳中和国际与国内背景下，武汉进行经济结构调整的意义。在此基础上，分析碳达峰碳中和背景下，武汉进行经济结构调整的必要性和可行性。然后，分析碳中和背景下武汉进行经济结构转型面临的机遇与挑战。最后，分析碳中和背景下武汉经济结构调整需要注意碳减排与经济发展战略之间的关系。

第三章主要分析碳中和背景下武汉市产业结构的现状及发展。本章研究主要分四个部分：首先，从总体上分析武汉市产业结构的发展现状。主要从三次产业增加值占武汉市地区生产总值的比重、三次产业就业人数占武汉市全社会就业人数的比重两个角度来分析武汉市产业结构的总体情况。其次，分析武汉市三次产业结构的内部特征及存在的问题。武汉市第一产业内部结构不尽合理，以传统的种植业为主，过于单一的种植结构给农民带来较大的风险。武汉市的农业产业还停留在传统的小农经营、低水准运行层级上，农业市场和附属产品的竞争力不高。武汉市第二产业呈现工业结构偏重的结构特征，导致武汉如期实现碳中和目标面临着巨大的挑战。武汉市第三产业发展严重滞后，落后于经济社会发展，对地方经济发展的贡献率不高，也在一定程度上阻碍了武汉市居民生活水平的提高。从供给结构角度看，武汉市服务业供给不足问题较为突出。生产性服务业发展相对滞后，尤其是高端的生产性服务供给不足，生活性服务业在总量上较大，但发展水平不高，基本处于那种中低层次、粗放式的发展阶段，无法满足工农业生产发展和居民消费升级的需要。再次，利用偏离-份额模型分析了武汉市三次产业结构的演进过程，武汉市第一产业严重依赖于湖北省第一产业的总体增长率。与第二产业、第三产业相比，武汉市的第一产业结构优势较小，符合产业结构演变的一般规律。武汉市逐步形成了以第二产业、第三产业为结构优势和竞争优势的发展趋势。最后，从碳中和目标对武汉市未来产业结构的发展及能源消费结构的发展进行了预测。根据碳达峰碳中和目标，武汉市未来能源消费结构呈现清洁化发展特征，煤炭消费下降，天然气等清洁能源、非化石能源消费比重将上升；另外，碳中和背景下武汉市产业结构将会向低碳、绿色化方向转型，武汉市的战略性新兴产业、现代服务业将会迎来良好的发展机遇。

第四章主要分析武汉碳排放总体特征及影响因素。首先，利用 2006 年 IPCC 国家温室气体清单指南对于碳排放核算的方法，对武汉市总体的碳排放水平进行核算，并分析了武汉市碳排放水平的变化规律。其次，对武汉市的工业行业碳排放水平进行核算，并分析了武汉市工业行业碳排放水平的变化规律。最后，利用 Kaya 恒等式 LMDI 模型分解法对武汉市碳排放影响因素进行分析，着重分析武汉市影响二氧化碳排放驱动因素中的产业结构效应。从分解结构来看，2000—2019 年，产业结构效应对碳排放的增加表现出负效应，表明武汉市通过产业结构调整降低了二氧化碳的排放。

第五章着重分析武汉市产业结构优化升级对碳排放的影响。首先，构建产业结构与碳排放之间关系的数理模型，从理论上阐释产业结构调整对碳排放的影响。其次，通过构建时间序列模型，运用 ADF 检验、协整检验、因果关系检验，探讨武汉市产业结构与碳排放之间的短期、长期均衡关系。再次，利用灰色关联模型，分析武汉市三次产业结构与碳排放之间的关系。最后，利用耦合协调度模型分析武汉市产业结构优化调整与碳排放效率之间的关系，主要从产业结构合理化、产业结构高级化两个方面分析各自与碳排放效率之间的关系，其目的是分析产业结构优化调整是否提升了碳排放效率，从而为后来碳中和约束条件下产业结构优化提供针对性的政策建议。

第六章主要分析碳中和目标下武汉市碳减排潜力与情景分析。基于 STIRPAT 拓展模型对武汉的二氧化碳排放总量进行预测，在此基础上，对武汉市碳减排潜力进行分析。设定基准情景、低碳情景、强排放模式情景三种条件，模拟不同情景下武汉市碳排放的总量及达峰的可能性。研究表明，在低碳情景模式下，武汉市将在 2025 年实现碳达峰，有利于武汉市如期实现国家层面碳中和目标。在低碳情景模式下，分析了武汉市二氧化碳的减排潜力。

第七章主要讨论在碳中和背景下国际经验借鉴对武汉市实现碳中和的启示。通过对美国、欧盟、日本等发达国家和地区的碳达峰、碳中和国际经验进行总结，尤其是对美国、欧盟、日本等发达国家和地区如何通过优化调整产业结构实现碳达峰的经验进行总结，为武汉市通过优化调整产业结构实现碳达峰碳中和提供借鉴，从而为武汉市如期实现碳达峰、碳中和提供针对性的政策建议。

第八章主要讨论在碳中和背景下武汉市如何优化调整产业结构。主要从政府、市场两个角度来进行分析。政府方面：一是要制定武汉市如期实现碳达峰、碳中和的法律法规、绿色低碳政策体系和标准体系等，通过法律法规、绿色低碳政策体系和标准体系等举措推动产业结构优化调整；二是结合国家碳达峰碳中和的政策，制定武汉市"十四五"碳达峰碳中和发展规划，确定碳达峰、碳中和目标下，武汉市产业低碳绿色化调整的目标、路径及重点。市场方面：一是大力推动碳排放交易市场建设，构建以市场为主导的碳价格机制，充分利用财政政策、货币政策、税收政策，形成对碳减排的约束和激励机制，引导武汉市产业结构低碳绿色化调整；二是要大力发展绿色技术，通过绿色技术创新推动武汉市高耗能、高污染行业进行优化升级，进而推动武汉市碳达峰、碳中和目标的如期实现。

三、研究思路及框架

本书的研究思路沿着提出问题—理论框架—实证分析—经验借鉴—政策研究的思路进行。本书的研究框架如图 1-1 所示。

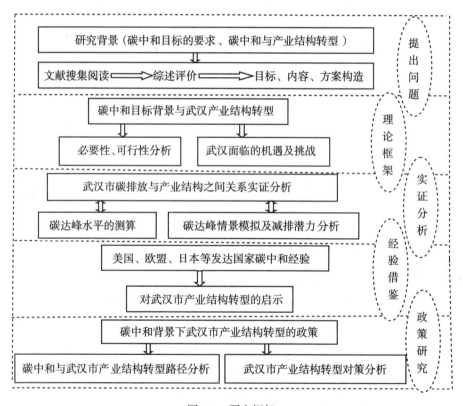

图 1-1　研究框架

四、可能的创新之处

本书对碳中和背景下武汉市产业结构优化升级进行了深入的分析，与现有研究相比，主要从以下三个方面进行了创新：

第一，从国际、国内碳达峰碳中和的背景出发，分析武汉市为什么要进行结构调整，武汉市进行产业结构优化升级的意义、武汉市产业结构调整的必要性和可行性，以及武汉市进行产业结构调整面临的机遇及挑战。在此基础上，回答了碳达峰、碳中和目标与武汉市经济增长的关系，从而为武汉市如期实现碳达峰、碳中和目标进行产业结构优化升级提供决策参考。

第二，运用 Kaya 恒等式 LMDI 模型分解法，对影响武汉市碳排放水平影响因素进行分解，通过分解的各影响因素计算其对武汉市历史碳排放的贡献率，并着重分析了产业结构效应。在此基础上，基于我国 2030 年碳达峰、2060 年碳中和目标，充分考虑产业结构、能源结构等因素对碳排放的影响，构建 STRIPAT 模型对满足武汉市经济社会发展目标的未来碳排放峰值进行预测，并设定基准情景、强排放模式情景、低碳情景三种模式。

第三，从美国、欧盟、日本等经济发达国家碳达峰经验出发，总结发达国家从碳达峰到碳中和过程中产业政策的变化，为武汉市产业结构优化调整制定针对性的产业政策。

第二章 碳中和目标与武汉经济结构转型

第一节 碳中和背景下武汉经济结构转型的意义

一、碳达峰碳中和的国际国内背景与武汉经济结构转型分析

（一）从国际环境来看

实现碳达峰碳中和目标已成为国际共识。全球气候变化是全人类面临的共同挑战，其科学性和严峻性得到国际社会的广泛共识，极大促进了全球应对气候变化的政治共识和重大行动，实现碳中和成为必然选择。从20世纪70年代到今天，全球气候治理经历了40多年的波折发展，形成了包括《联合国气候变化公约》《京都议定书》《巴黎协定》在内的多项阶段性成果。其中，《联合国气候变化公约》和《京都议定书》奠定了全球气候治理的基本框架，而《巴黎协定》则标志着国际合作应对气候变化进入全新阶段。[①]

受全球经济衰退和贸易环境恶化影响，以及人口老龄化、债务杠杆、环境污染、结构失衡等要素制约，固定资产投资效果系数正逐年下降，尤其是2020年突发的新冠肺炎疫情使得世界经济进一步衰退，全球正处于发

---

① 王彬彬. 全球气候治理变局分析及中国气候传播应对策略 [J]. 东岳论丛，2017（4）：43-51.

展方式转型的十字路口，经济下滑、就业低迷、贫富分化正诱发社会撕裂，这意味着自工业革命以来的高碳生产方式已无力推动经济恢复常态、持续增长。在疫情防控常态化时期，通过全方位绿色低碳转型实现"绿色复苏"越来越成为国际社会的广泛共识，欧盟及日本、韩国、加拿大等国家已相继提出碳中和目标，美国总统拜登上任首日即签署重返《巴黎协定》的行政令，并承诺 2050 年实现碳中和。世界各国具有广泛共识的"碳中和新政"正推动一场经济增长与碳排放脱钩的产业革命，从化石能源转向可再生能源的能源革命即将拉动全球新一轮经济增长，新技术所带来的新动能将化解传统发展模式导致的全球危机。①

（二）从国内环境来看

实现碳达峰、碳中和是一场广泛而深刻的经济社会系统性变革，碳达峰、碳中和将加速中国经济结构转型。我国碳排放基数大，仍是全球碳排放量第一大国，2010—2019 年，我国碳排放增速为 21%。其原因在于我国以重化工为主的产业结构、以煤为主的能源结构，从能源结构看，80% 的二氧化碳排放来自煤炭的燃烧；从产业结构看，电力、工业、交通运输业三部门二氧化碳排放的比重接近 90%。为如期实现碳中和目标，产业结构和能源结构亟待优化。中国理应承担起产业改革和碳减排的大国责任，将优化产业结构和能源结构作为碳达峰碳中和的工作重点，积极参与全球气候变化治理。中国宣告 2030 年前碳达峰、2060 年前碳中和，不仅与《巴黎协定》提出的温控目标一致，而且与我国在 21 世纪中叶建成社会主义现代化强国和美丽中国的目标相契合，② 碳达峰碳中和事关中华民族永续发展和构建人类命运共同体。在碳达峰、碳中和目标以及政策措施影响下，未来 40 年间，我国能源结构、产业结构将面

① 朱晓明. 抓住碳中和发展机遇，推动经济高质量发展 [N]. 南方周末，2021-03-16.

② 郭朝先. 2060 年碳中和引致中国经济系统根本性变革 [J]. 北京工业大学学报（社会科学版），2021（5）：64-77.

临深刻调整。

（三）从地方政府行动来看

各级地方政府都为积极落实部署碳达峰、碳中和目标而共同努力、协同发力。党的十九届五中全会、中央经济工作会议和2021年国务院《政府工作报告》都把"做好碳达峰、碳中和工作"列入重要议程，指明攻坚方向。2021年3月15日，习近平主持召开中央财经委员会第九次会议时强调：实现碳达峰、碳中和是一场广泛而深刻的经济社会系统性变革，把碳达峰、碳中和纳入生态文明建设整体布局，拿出抓铁有痕的劲头，如期实现2030年前碳达峰、2060年前碳中和的目标。这是以习近平同志为核心的党中央统筹考虑国际国内两个大局、我国全局和长远发展、全面建设社会主义现代化国家作出的重大战略决策。

地方作为落实国家碳达峰碳中和的责任主体，为贯彻落实党中央国务院的系列部署，国家发改委、生态环境部、工信部、央行、证监会等部门立即行动，围绕碳达峰、碳中和展开相关工作，积极制定碳达峰、碳中和的行动方案及路线图。2021年1月5日，生态环境部公布《碳排放权交易管理办法（试行）》，自2021年2月1日施行。受此影响，各地编制的各类"十四五"发展规划纲要都将"碳达峰、碳中和"目标或政策写入本地区的五年发展规划纲要中，北京、天津、山西、山东、海南、重庆等地已经提出了明确的碳达峰目标。近日，上海、江苏、广东、四川等地提出力争在全国率先实现碳达峰。其中，上海给出了明确的时间表。

武汉市"十四五"规划纲要和2035年远景目标规划纲要中也提出，聚焦重点领域，深入推进结构优化调整，力争加快实现碳排放达峰，使绿色低碳生产生活方式更加深入人心、成为自觉行动。党中央"碳达峰、碳中和"的宏大战略目标为武汉市的经济发展和生态文明建设指明了重要的发展方向，武汉市应在国家碳中和目标的指引下，提早安排、扎实做好"碳达峰、碳中和"各项工作，坚定不移地贯彻新发展理念，构建新发展格局, 推进产业的转型和升级, 走绿色、低碳、循环的发展路径, 为率先实现碳达峰、碳中和赢得机遇、赢得主动, 进而为全球应对气候变化作出武汉贡献。

二、碳中和背景下武汉经济结构转型的意义分析

实现碳达峰碳中和对武汉加快促进生态文明建设、提高能源利用效率、推动经济转型升级具有重大意义。

一是碳达峰碳中和推动武汉进入加快生态文明建设新时代。建设生态文明是迈向新发展阶段所必须确立的发展方向, 实现碳中和将转变传统的低碳污染发展模式为绿色、低碳、循环的可持续发展模式, 从而有利于武汉更快融入新发展格局, 实现武汉全面、协调、安全、可持续发展。

二是碳达峰碳中和推动武汉迈入能源可持续发展新阶段。实现碳中和目标, 有效降低油气依存度, 有利于改变武汉市以煤炭为主的能源格局, 促进武汉市能源系统向清洁、低碳、高效、智能方向转型升级。

三是碳达峰碳中和推动武汉构建经济高质量发展的新格局。实现碳中和目标, 有利于推动武汉经济转型增效, 引领绿色低碳技术和产业革命, 从而推动武汉市经济高质量发展。

三、碳中和背景下武汉经济结构转型的必要性分析

(一) 武汉为适应碳达峰碳中和进行经济结构转型符合可持续发展理念

温室气体排放量的不断增加导致了全球气候变暖, 世界已经进入全球气候变化时代, 海平面上升、生态系统损害等一系列环境问题随之而来, 全球气候变化对全球人类社会构成重大威胁, 已经严重危害了人类的可持续发展。为了应对全球气候给人类发展带来的挑战, 联合国政府间气候变化专门委员会要求世界各国必须减少二氧化碳等温室气体排放, 且必须在

21 世纪中叶实现温室气体净零排放，即碳中和，才有可能实现碳中和目标。① 因此，碳达峰碳中和已经成为全球气候治理和可持续发展的重要目标。

碳达峰、碳中和涉及的资源利用问题、环境污染问题与可持续发展理念息息相关。可持续发展这一概念最早可以追溯到 1978 年，至今在全球范围内最受认可、影响力最大的定义：可持续发展是既能满足当代人的需要，又不对后代满足其需要的能力产生损害的发展。② 可持续发展包含了两层含义：发展与可持续。可持续发展作为一种新的发展理念，其目标的实现不但要求体现在以资源利用和环境保护为主的环境生活领域，更要求体现在作为发展源头的经济生活和社会生活中。实施可持续发展，需要遵循公平性原则、持续性原则、共同性原则和需求性原则。③ 可持续发展的前提是发展，只有发展是积极的行为，才能解决人类面临的各种危机。对发展中国家而言，造成生态环境恶化的根源是贫穷，只有发展，才能提高生活水平，才能为解决生态危机供必要的物质基础。可持续发展的核心是可持续，当代人要充分尊重后代人永续利用资源和生态环境的平等权利。可持续发展强调要以保护自然为基础，强调在发展经济的同时必须保护环境，特别是在经济快速增长的情况下，强化资源和环境的保护。同时，可持续发展以改善和提高人类的生活质量为目的，要求发展和社会的进步相一致，强调的是整体性、协调性和综合性。④

不可否认，化石能源在经济发展过程中发挥了重要作用，但却是不可再生资源，在使用过程中应遵循可持续发展理论的指导思想，不能为眼前

① 胡鞍钢. 中国实现 2030 年前碳达峰目标及主要路径 [J]. 北京工业大学学报（社会科学版），2021（3）：1-15.

② 董聪.《巴黎协定》减排目标下中国产业结构与能源结构协同优化研究 [D]. 北京：中国石油大学，2018.

③ 施应玲. 基于可持续发展理论的中国电源结构多目标决策研究 [D]. 北京：华北电力大学，2010.

④ 施应玲. 基于可持续发展理论的中国电源结构多目标决策研究 [D]. 北京：华北电力大学，2010.

利益而盲目、无限制开发，要注重开发和保护并存。同时化石能源的大量使用也存在着给环境带来负外部性的问题，进而影响气候变化。因此，实现碳达峰碳中和的目标与可持续发展的目标是一致的。[1]

（二）武汉为适应碳达峰碳中和进行经济结构转型与构建人类命运共同体高度契合

洪涝干旱、海平面上升等极端气候频繁出现对经济社会发展造成的负面影响越来越严重，加剧了粮食供给、局部武装冲突、资源竞争等问题和矛盾，已日益威胁人类的安全和生存。全球气候问题的出现，源自早期工业化国家的温室气体排放累积，后期发展中国家的安全和生存也因此受到威胁。与传统安全领域的问题不同，它超越了国家和地区的界限，成为影响全人类命运的共同问题，因而需要全人类共同应对。[2]《巴黎协定》签署生效开启了全球气候治理的"后巴黎时代"，展现了人类应对气候变化的雄心。全球气候治理旨在建立为国际社会所普遍接受和遵循的国际气候机制，制定可测量、可报告、可核查的减排份额分配，动员最广泛意义上的国家参与并约束"搭便车"行为。围绕全球气候治理进行的国际气候谈判在本质上就是各国在维护其利益基础上谋求共同利益的博弈，个体利益诉求的差异致使国家在博弈中的战略选择也有所不同。建立国际气候机制是破解博弈的关键，以制度设定的框架可以对各国的博弈环境进行限定，以期约束各国做出"搭便车"的消极选择，确保各国以积极态度并通过合作行动参与全球气候治理，最终实现应对气候变化的宏伟目标。但在气候治理逐步开展的过程中出现了不同的利益主体，在利益分化的情况下，需要兼顾各方利益和诉求。

鉴于人类社会共处一个地球，以地理疆界和国家主权为界分的世界

---

① 董聪.《巴黎协定》减排目标下中国产业结构与能源结构协同优化研究［D］. 北京：中国石油大学，2018.

② 李波，刘昌明. 人类命运共同体视域下的全球气候治理：中国方案与实践路径［J］. 当代世界与社会主义，2019（5）：170-177.

政治格局显然使得任何一个国家想要以一己之力单独应对气候问题成为一种妄想。随着人类面临的全球性气候挑战日益增多、国家之间的相互依存不断加深，世界各国成为紧密相连的命运共同体，对全球治理体系进行相应的调整、改革和完善已势在必行。全球治理体系只有适应国际变革的新要求，才能为全球发展提供有力保障。构建人类命运共同体，加强全球生态保护与治理的意义，在于世界各国的共同参与。解决全球生态问题的国家主权壁垒，不仅是集体行动的限制，更是对广泛国际合作的邀约。① 这就要求行为体之间要相互尊重，并在各方妥协和让步的情况下实现共同治理，这符合人类命运共同体的基本内涵。人类命运共同体理念从全人类的视角出发，描绘了中国有关未来参与全球治理的愿景，它与全球气候治理的目标相契合，也为全球气候治理奠定了理论基础。②

　　人类气候命运共同体是一种基于能被全球广为接受的国际气候机制的全球治理秩序，体现出鲜明的依存性、公平性和可持续性。依存性是指人类只有一个地球，气候变化的公共物品属性使其带有明显的外部性特征，没有任何国家能够免于气候变化的影响，各国在气候灾难面前已经形成利益交融、安危与共的共同利益和共同命运。气候变化的不可分割性、渗透性、严重性和紧迫性等典型外部性特征要求国际社会必须尽快采取有效行动，以减缓和适应其带来的各种负面影响。公平性是针对各国在应对气候变化中所承担的责任而言，地球是人类共同的家园，各国在为应对气候变化做出努力方面的责任是共同的，没有任何国家有权利逃避这一责任。但这种责任本身又是存在差异的，发达国家和发展中国家在温室气体排放方面的历史责任不同，在减缓和适应方面的能力亦不相同。因此每个国家在

---

① 杨帆 . 人类命运共同体视域下的全球生态保护与治理研究［D］. 长春：吉林大学，2020.

② 李波，刘昌明 . 人类命运共同体视域下的全球气候治理：中国方案与实践路径［J］. 当代世界与社会主义，2019（5）：170-177.

应对气候变化方面承担的责任应有所区别。①

（三）武汉为适应碳达峰碳中和进行经济结构转型符合新发展理念

碳达峰、碳中和要求以生态优先、绿色发展为导向，坚持社会全面绿色低碳转型、加强生态环境保护，这与党中央、国务院立足新发展阶段，贯彻新发展理念，构建新发展格局紧密相连。以习近平同志为核心的党中央领导集体在新的历史时期提出了创新、协调、绿色、开放、共享的新发展理念，② 这是马克思主义社会发展理论中国化的产物，是党的历代领导集体的发展思想在新时代的结晶，是当代世界先进发展理念在中国的体现，深刻反映了人类社会发展规律、社会主义建设规律和共产党执政规律。新发展理念具有丰富的科学内涵，是习近平新时代中国特色社会主义思想的重要组成部分，是我国发展思路、发展方向、发展着力点的集中体现，是经济新常态背景下，破解发展难题，厚植发展优势，力求解决我国供给侧结构性改革进程中的主要矛盾、根本问题和发展短板的根本引领。③

中国提出碳中和目标，是中国进入新发展阶段、新发展格局的战略选择，是党的十八大后中国发展理念深刻变化的结果。通过创新发展，着力提升低碳技术创新水平。把低碳技术创新放在更加突出的位置，为节能、非化石能源发展以及碳捕捉与封存提供强大的技术支撑；通过协调发展，注重协调地区之间碳排放达峰行动方案的差异性和协同性，注重提升跨区域产业链的整体碳排放效率，使局部与总体的碳达峰、碳中和行动方案相协同；通过绿色发展，协同推进降碳、减污和国土绿化；通过开放发展，积极开展低碳发展国际合作，提升低碳发展能力；通过共享发展，动员全

---

① 李强 . 构建"人类气候命运共同体"：内涵、挑战及出路 [EB/OL]. http：// news. cssn. cn/zx/bwyc/201912/t20191212_5057589. shtml. [本文系国家社科基金项目 "后巴黎时代中国构建全球气候治理话语权研究（18BJ082）" 阶段性成果]

② 张杨 . 习近平新发展理念研究 [D]. 长沙：湖南师范大学，2018.

③ 邓文平 . 新发展理念对马克思主义社会发展理论的丰富和发展 [D]. 南昌：江西师范大学，2018.

社会力量参与低碳发展，在全社会广泛形成低碳生产、生活方式，共建生态环境良好的低碳社会。① 因此，碳达峰、碳中和目标符合新发展理念，而坚持新发展理念，积极融入新发展格局，有利于推动碳达峰、碳中和工作在"十四五"期间开好局、起好步。

三、碳中和背景下武汉经济结构转型的可行性分析

（一）强大的经济实力为武汉实现"碳中和"目标奠定了经济基础

碳中和在某种意义上意味着经济结构调整和能源转型，而经济结构调整和能源转型是有代价的，需要有强大的经济实力来支撑。武汉市经济社会发展"十四五"规划和 2035 年远景目标纲要，确立了到 2035 年基本建成现代化大武汉和全面建成国家中心城市，到 2035 年，武汉市的经济实力、科技实力、综合竞争力将大幅跃升，经济总量和城乡居民人均收入迈上新的大台阶，创新型城市走在全国前列。GDP 与居民人均收入均将比 2020 年翻一番，关键核心技术实现重大突破，进入创新型城市前列；基本实现新型工业化、信息化、城镇化、农业现代化，建成现代化经济体系，现代服务业增加值占 GDP 比重大幅提升，建成国家级先进制造业集群，现代产业进入世界中高端。

（二）武汉市以低碳产业和低碳技术为载体的低碳城市转型为实现"碳中和"目标奠定了现实基础

作为全国第一批低碳试点省的省会城市和第二批低碳试点城市，低碳发展成为武汉市经济社会发展的必然选择。武汉市以低碳产业、低碳技术为载体，通过创新大力推进低碳城市建设，为应对国际气候变化做出武汉贡献。

---

① 张友国. 碳达峰、碳中和工作面临的形势与开局思路 [J]. 行政管理改革，2021（3）：77-85.

一是构建了特大中心城市碳汇体系。森林碳汇具有固碳效应，可以在一定时间范围内"中和"一部分碳排放。目前，武汉市以园博园绿化为龙头，以张公堤城市森林公园、三环线生态隔离带、东湖绿道、城市主干道绿色建设为重点，全市已形成"两轴两环、六楔多廊"的多层次城市生态格局，带动了全市园林绿化整体提升，为武汉市实现碳中和形成了大量的碳汇体系。截至2019年年末，全市建成区绿地面积25866.47公顷，比上年增加3458.24公顷，全年新增绿地650万平方米，新建绿道303.44千米，人均公园绿地面积10.19平方米，建成区绿地率35.74%，建成区绿化覆盖率40.02%，森林碳汇体系的形成为武汉市碳中和目标的实现奠定了现实基础。

二是以脱碳技术的研发和推广应用为抓手为武汉实现"碳中和"目标奠定了技术基础。实现碳中和目标需要技术创新的支撑，先进能源和低碳技术将成为大国竞争的高科技前沿和研究领域。目前，武汉市依托华中科技大学煤燃烧国家重点实验室、中美清洁能源联合研究中心"清洁煤"产学研联盟建成了国内首套3MW富氧燃烧与二氧化碳捕捉综合试验台。通过富氧燃烧技术的应用，可以减少二次助燃风量，从而减少废气的排放，提高热效率，达到节能的目的，推动煤炭由单一燃料属性向燃料、原料方向转变，从而实现高碳能源低碳利用；通过碳捕捉、封存与利用技术，可以将生产过程中排放的二氧化碳捕获并投入新的生产过程进行循环利用，从而减少二氧化碳的排放。在化石能源仍是当今世界主体能源的情况下，中国以煤为主的能源结构短期内难以改变，将二氧化碳捕集、埋存与油气田提高采收率相结合是碳捕获与封存技术现今阶段比较可行的办法，也比较符合中国现今发展阶段和能源构造的实际情况，不但完成了二氧化碳减排的社会效益，还创造了较大的经济效益，也是目前实现碳捕获与封存技术的最理想路径。通过对富氧燃烧与二氧化碳捕捉综合试验台关键核心技术的研发和推广，增强了工业固碳能力，为武汉市碳中和目标的实现提供技术支撑。

三是形成了以低碳发展为特征的现代产业体系，低碳产业在经济结构中占据重要地位，成为武汉经济社会发展的主要驱动力。目前，武汉着力打造信息技术、生命健康、智能制造三大产业，形成了以集成电路、新型显示器件、下一代信息网络和生物医药等以低碳排放为特征的现代产业集群，力争成为国际知名、国内领先的光电子制造业创新中心和新一代信息技术产业创新基地、生命健康产业创新基地、智能制造产业创新基地。

（三）武汉市碳减排取得的成效为提前实现"碳中和"目标奠定社会基础

在过去十几年间，武汉市积极推动产业结构调整、能源结构优化以及重点行业能效提升，在碳减排方面已取得了显著成效，主要表现在以下几个方面：单位 GDP 能耗逐步降低，平均每万元工业总产值能源消费量增速变缓，能源消费结构中化石消费占比降低，非化石能源消费占一次性能源消费比重进一步上升。根据《2020 年武汉市统计年鉴》的统计数据显示，2015—2019 年单位 GDP 能耗分别降低 5.95%、4.59%、4.85%、4.79%、3.31%，五年间共降低超过 23.49%。全市平均每万元工业总产值能源消费量从 2000 年的 1.43 吨/标准煤下降到 2019 年的 0.17 吨/标准煤，基本扭转碳排放快速增长的局面。能源消费结构中，煤炭消费占比降低，煤炭消费占比由 2010 年的 53.81% 降至 2019 年的 36.58%，而非化石能源在一次能源消费中的占比由 2010 年的 11.5% 上升到 2019 年的 15.6%。过去多年碳减排取得的成效，让社会认识到碳减排与经济增长并不是相悖的，而是可以融合发展的，也让社会相信"碳中和"政策会引致能源技术进步，并推动清洁能源技术的更快发展，由此带来清洁能源成本的进一步下降，推动清洁能源价格下降。成功的减排经验，加上社会主义集中力量办大事的体制优势，为武汉实现"碳中和"目标奠定了良好的社会基础。

（四）武汉市围绕碳减排出台的一系列政策法规为实现"碳中和"目标奠定法律基础

自"十二五"以来，武汉市先后制定实施了《武汉市国民经济和社会发展第十三个五年规划纲要》、《武汉市循环经济发展"十三五"规划》（武政办〔2016〕161号）、《武汉市低碳发展"十三五"规划》（武政办〔2016〕164号）、《武汉市环境保护"十三五"规划》（武政〔2017〕5号）、《武汉市能源发展"十三五"规划》（武政〔2017〕15号）、《武汉市碳排放达峰行动计划（2017—2022）》（武政〔2017〕36号）、《武汉市煤炭消费总量控制3年行动计划（2018—2020年）》（武政办〔2018〕83号）、《武汉市国民经济和社会发展第十四个五年规划和2035年远景目标纲要》，这些政策的出台在一定程度上推动了武汉市二氧化碳的排放，这些工作的开展也促成了一般性、特殊性和间接引导性三大类节能减排政策工具的形成，特别是一些节能政策的力度远胜于从前，从而为武汉市如期实现碳达峰、碳中和目标奠定了法律基础。

第二节 碳中和背景下武汉面临的挑战分析

尽管碳中和目标的出台为武汉未来绿色低碳发展擘画了宏伟蓝图，但从武汉所处经济发展阶段来看，武汉市实现碳中和目标面临着巨大的压力与挑战：

一是武汉市正处于工业化发展中后期阶段，能源消耗量及碳排放量巨大。武汉市经济的快速发展带动着能源消费尤其是工业部门的能源消费持续上升，规模以上工业能源消费量由2000年的2485.33万吨标准煤，上升到2019年的5354.99万吨标准煤，2000—2019年，规模以上工业能源消费量年均增速为4.122%，偏重的工业结构决定了武汉经济的发展对能源消费量需求很大。此外，武汉目前正处于大建设、大发展的阶段，城镇化的快速推进将是武汉下一阶段发展的主旋律，而城镇化的推进将会导致对能源的消费和碳排放量的增加。

二是武汉市"碳中和"过渡期短、任务重。从欧美等发达国家和地区的发展历程来看，欧美等发达国家和地区从二氧化碳排放达到峰值到"碳中和"普遍有50~70年的过渡期。在国家碳中和目标的约束下，武汉作为

"率先达峰城市联盟（APPC）"平台城市之一，承诺二氧化碳排放将早于国家达峰，以支持中国在 2030 年左右二氧化碳排放达到峰值。为此，2017年，武汉出台了《武汉市碳排放达峰行动计划 2017—2022 年》，明确了武汉碳达峰的目标和政策行动，并提出 2022 年左右实现碳达峰的宏伟目标。按照武汉市与国家目标相比提前 8 年实现碳达峰的计划，武汉市大概率提前 8 年实现碳中和目标，因此武汉市如期实现碳中和目标只有 30 年左右的时间。考虑到武汉市人口数量、发展速度、经济规模以及武汉市资源禀赋，用短短 30 年走完欧美国家走了 60、70 年的道路，其难度可想而知。

三是武汉市的能源结构以煤为主，高碳化石能源占比过高。武汉市能源结构以高碳的化石能源为主，武汉市规模以上工业能源消费结构主要包括煤炭、油、电力、焦炭等。2019 年，武汉市化石能源占一次能源消费比重高达 84.4%。其中，煤炭消费占一次能源消费总量的 36.58%。在煤炭消费总量中，武汉市工业领域重点煤炭消费行业包括钢铁、电力和水泥、建材、化工以及制造业，其中，钢铁、电力和水泥三大行业煤炭消耗量高达煤消耗总量的 90%，武钢（即现在的武汉宝武钢铁集团）是最为典型的高耗煤企业；此外，武汉的火力发电厂也是煤炭消耗大户。2019 年，工业领域二氧化碳排放总量占武汉市二氧化碳排放总量的 58%，其中大部分来自煤炭消费带来的二氧化碳排放。能源结构不优制约着 2030 年武汉碳达峰目标的实现，进而影响武汉碳中和目标的实现。

四是从产业结构上来看，武汉市实现碳减排与经济协同发展的产业基础仍不牢靠。根据《武汉市统计年鉴 2020》的数据，2019 年，按照当年价格计算，在规模以上工业总产值中，武汉市的重工业达到 11092.56 亿元，占比为 74.96%，而轻工业为 3705.86 亿元，占比 25.04%。2019 年，武汉市规模以上工业能源消费量为 5354.99 万吨标准煤，煤炭消费占规模以上工业能源消费量的 32.21%。武汉市的重工业包括钢铁行业、石油化工等行业，这也是武汉市的支柱产业，但钢铁、石油化工行业等是典型的高耗能行业，传统高耗能行业及传统能源消费领域仍存在大量的落后产能、过剩产能，形成的高碳锁定效应极大影响了整个行业的绿色转型，进而影响武汉市如期完成国家层面的碳中和目标，导致武汉市工业绿色低碳转型以及如期实现国家层面的碳中和目标面临巨大压力。

第三节　碳中和背景下武汉面临的机遇分析

尽管碳中和目标对武汉的经济发展是一个重大挑战，但同时也是一次重大的发展机遇。主要表现在以下几个方面：

一是碳达峰目标和碳中和愿景符合武汉市发展转型的内在要求，也是建设现代化大武汉的必要条件。碳达峰、碳中和战略代表着人类应对气候变化进行绿色低碳转型的大方向，这种转型不仅仅是能源转型，还有发展方式的转型，实现由资源依赖向技术依赖转型，实现这种转变并非不消耗能源和资源，而是要实现能源的可再生和资源的循环利用。因此不论是碳达峰行动计划，还是碳中和都需要统筹能源绿色低碳转型和发展绿色低碳转型，乃至生活方式的绿色转型，做好绿色发展、低碳发展和循环发展。

根据武汉市国民经济和社会发展"十四五"规划和 2035 年远景目标纲要，武汉市以创建国家生态文明建设示范市、国家生态园林城市为契机，推进产业基础高级化和产业链现代化，并以战略性新兴产业为引领、先进制造业为支撑、现代服务业为主体的"965"现代产业体系。但从武汉的实际来看，钢铁、化工和石化、水泥等重工业是武汉经济发展的支柱产业，而这些产业是最大的能源消耗和二氧化碳排放部门，严重制约了武汉经济的高质量发展。因此，碳达峰、碳中和目标符合现代化、国际化、生态化大武汉发展的需要。武汉市要如期完成国家达峰减排目标，必须以国家 2060 年实现碳中和这一宏大的远景目标为导向，必须对经济系统进行"脱胎换骨"的转变，这就要求武汉市经济系统从现在开始，实行绿色改革、绿色发展、绿色创新、绿色工业革命，进行彻底的绿色低碳转型发展。

二是为武汉市产业结构调整迎来发展良机。发达国家的历史经验表明，碳减排曲线与国家产业结构、能源结构等因素密切相关。通常情况下，一个国家的产业结构中服务业占比达到约70%的时候，碳排放才开始达峰并逐渐呈下降趋势。而武汉目前正处于工业化中后期快速发展阶段，仍依赖于高碳的能源结构和产业结构。做好碳达峰、碳中和工作对武汉加快形成新发展格局，贯彻新发展理念，探索以生态优先、绿色发展为导向的高质量发展新路子具有重要意义。

当前，绿色技术革命与低碳产业变革正以前所未有的速度和力量影响世界经济社会发展，重塑各国竞争格局，并成为各国"硬实力"和"软实力"的关键决定力量。武汉市要抓住新一轮科技革命和产业变革的机遇，以碳达峰、碳中和目标为契机，加快推进产业结构转型。第一，优化产能结构，加快淘汰落后产能、化解过剩产能、优化存量产能，全面禁止新建钢铁、水泥、平板玻璃、焦化、有色金属等行业高污染项目。第二，重点高耗能产业转型升级，全面提高各产业能源利用率。加快推进钢铁、水泥等传统产业改造升级，支持企业实施工业锅炉窑炉节能改造、电机系统节能改造、余热余压回收利用、热电联产、工业副产煤气回收利用、企业能源管控中心建设等能效提升工程。第三，大力发展高技术含量、高附加值、资源节约的战略性新兴产业，大幅提升信息技术、生命健康、智能制造产业三大战略性新兴产业产值占高新技术产业产值的比重；加快推动现代服务业、绿色制造业等低碳产业的发展。国家层面提出的碳中和目标必将影响着武汉的新技术、新产业、新模式，必将为武汉带来新的经济增长点、新的市场和新的就业机会。①

二是有利于为武汉市拓展科技创新空间。碳中和本质上是一场能源革命、产业变革，其中涉及新能源技术、绿色生产技术、绿色建筑、智能电网、智慧交通等一系列战略新兴产业的创新发展。按照国家2060年碳中和目标，武汉市必须在2060年前实现碳中和，那么武汉市将投入大量研发资金用于科技创新，而这些研发资金的投入预计将带来巨大的收益，从而为

① 胡志坚，刘如，陈志.中国"碳中和"承诺下技术生态化发展战略思考［J］.中国科技论坛，2021（5）：14-20.

零碳产业进一步发展提供巨大的市场空间和潜能。

第四节　碳达峰碳中和战略与武汉经济增长之间的关系

碳达峰目标与碳中和愿景，是党中央、国务院统筹国际国内两个大局作出的重大战略决策，影响深远、意义重大。因此，武汉市的决策者一定要辩证、系统地认识碳达峰、碳中和战略，准确把握好碳达峰、碳中和战略相关政策与经济增长的关系。

第一，要明确碳达峰、碳中和战略不是不发展，而是要高质量发展。实施碳达峰、碳中和战略不是给发展设置"天花板"，而是通过思路提档、产品创新、技术升级带动更大投资、更多就业，从转型和升级的角度，促使"减碳"任务的完成和社会经济高质量发展目标的实现。

第二，要明确碳达峰、碳中和战略不是一刀切，但要敢于切一刀。实施"碳达峰、碳中和"战略不是以牺牲经济为代价的一刀切，实施过程中必然会经历传统产业转型的阵痛，以及新兴产业成本由高向低的发展过程。需要以行业为主推进碳达峰，主动摒弃高碳的生产方式；以区域为主推进碳中和，统筹布局区域内的产业、基建以及科研力量，协调多能互补、物质综合利用的新方式，实现生产方式的变革、生活方式的转变。

第三，要明确碳达峰、碳中和战略既要有雄心，更要有行动。武汉市正处于工业化中后期阶段，工业化的快速发展对能源需求持续攀高，30年实现达峰到中和是一个巨大的挑战，所以武汉市政府需树立尽早达峰的雄心，为碳中和争取时间、空间。同时，要明确碳达峰、碳中和不是某个部门的事情，而是需要武汉市全社会的统一步调、统一行动，明确好路径、研究好政策、强化技术创新，为碳达峰、碳中和铺设道路。

第四，要明确碳达峰、碳中和之间的辩证关系。碳达峰与碳中和是相互关联的两个阶段，碳中和是远景目标，碳达峰是过程。碳达峰是实现碳中和的基础和前提，达峰时间的早晚和峰值的高低直接影响武汉碳中和实现的时长和难度。碳达峰时间越早，峰值排放量越低，就越有利于实现长期的碳中和目标。因此，武汉市应力争尽早达峰，切实利用好"十四五"碳达峰的关键期和窗口期，率先达峰，进而尽快转向碳中和目标下的减排路径。

第五节 本章小结

2030 年前碳达峰、2060 年前碳中和的目标是以习近平同志为核心的党中央统筹考虑国际国内两个大局、我国全局和长远发展、全面建设社会主义现代化国家作出的重大战略决策。武汉应该大力发扬"敢为人先，追求卓越"的武汉精神，把武汉精神变成行动，以更大的决心和力度，坚决落实好党中央、国务院关于"双碳"工作的决策部署，推进经济结构转型和升级，坚决打赢碳达峰、碳中和目标攻坚战。为全球应对气候变化作出武汉贡献。

实现碳达峰碳中和对武汉经济转型升级具有重大意义。一是碳达峰碳中和推动武汉进入加快生态文明建设新时代；二是碳达峰碳中和推动武汉迈入能源可持续发展新阶段；三是碳达峰碳中和推动武汉构建经济高质量发展的新格局。

碳中和背景下武汉经济结构转型的必要性分析：一是武汉为适应碳达峰碳中和进行经济结构转型符合可持续发展理念；二是武汉为适应碳达峰碳中和进行经济结构转型与构建人类命运共同体理念高度契合；三是武汉为适应碳达峰碳中和进行经济结构转型符合新发展理念。

碳中和背景下武汉经济结构转型的可行性分析：一是强大的经济实力为武汉实现碳中和目标奠定了经济基础；二是武汉市以低碳产业和低碳技术为载体的低碳城市转型为实现碳中和目标奠定了现实基础；三是武汉市碳减排取得的成效为提前实现碳中和目标奠定了社会基础。

目前，武汉要如期实现碳达峰碳中和目标，面临着四大挑战：一是武汉市正处于工业化发展中后期阶段，能源消耗量及碳排放量巨大；二是武汉市碳中和过渡期短、任务重；三是武汉市的能源结构以煤为主，高碳化石能源占比过高；四是从产业结构来看，武汉市的第二产业偏重。当然，武汉如期实现碳中和目标，也具有一定的发展机遇：一是碳达峰目标和碳中和愿景符合武汉市发展转型的内在要求，也是建设现代化大武汉的必要条件；二是有利于为武汉市拓展科技创新空间。

在处理好碳达峰碳中和目标与经济增长的关系时，要处理好四种关系：一是要明确碳达峰、碳中和战略不是不发展，而是要高质量发展；二是要明确碳达峰、碳中和战略不是一刀切，但要敢于切一刀；三是要明确碳达峰、碳中和战略既要有雄心，更要有行动；四是要明确碳达峰、碳中和之间的辩证关系。

第三章 碳中和背景下武汉市产业结构现状及其发展

第一节 武汉市产业结构发展现状

改革开放 40 多年来，武汉市的经济取得了巨大的成就。2018 年的数据显示，武汉市地区生产总值为 14847.2 亿元，比上年增长 8%。其中，第一产业增加值 36 亿元；第二产业增加值 6377.75 亿元，增长 5.7%；第三产业增加值 8107.54 亿元，增长 10.1%。从工业化程度来判断，根据钱纳里工业化阶段理论，如果以 2010 年美元计，武汉市的产业结构已经进入了服务业和技术密集产业快速发展的阶段，正处于工业化后期产业转型升级的重要战略机遇期。

一、武汉市产业结构发展现状分析

改革开放 40 多年以来，武汉市第一产业占 GDP 的比重由 1978 年的 11.7% 下降到 2019 年的 2.3%，第二产业的比重由 1978 年的 63.3% 下降到 2019 年的 36.9%，第三产业的比重由 1978 年的 25% 增加到 2019 年的 60.7%。1998 年，武汉市第三产业占比超过第二产业，首次形成了"三、二、一"顺序的产业结构。从此以后，第三产业规模不断加大，发展加快，在三次产业结构中所占比重逐步提高。自此，武汉市"三、二、一"顺序产业结构得到全面巩固和发展（见表 3-1）。

表 3-1　　　　武汉市 2000—2019 年各产业总值及构成情况表

年份	第一产业		第二产业		第三产业	
	增加值（亿元）	比重（%）	增加值（亿元）	比重（%）	增加值（亿元）	比重（%）
2000	82.17	7.1	482.27	41.8	588.94	51.1
2001	85.00	6.4	582.40	43.6	668.00	50.0
2002	90.40	6.2	635.50	43.3	741.90	50.5
2003	95.13	5.8	701.87	43.3	825.18	50.9
2004	102.23	5.4	825.78	43.9	954.23	50.7
2005	105.90	4.7	1025.87	45.3	1131.00	50.0
2006	110.21	4.1	1186.45	44.5	1372.22	51.4
2007	120.88	3.8	1398.18	43.9	1665.74	52.3
2008	133.32	3.3	1788.85	44.0	2142.45	52.7
2009	135.18	2.9	2024.99	42.7	2581.52	54.4
2010	151.81	2.8	2363.64	43.3	2942.91	53.9
2011	174.62	2.7	2993.25	45.4	3418.65	51.9
2012	260.57	3.4	3503.95	45.2	3987.99	51.4
2013	285.62	3.3	3938.70	45.0	4523.32	51.7
2014	302.17	3.0	4222.72	42.1	5501.04	54.9
2015	305.35	2.9	4360.74	41.3	5881.58	55.8
2016	342.20	3.0	4579.29	39.7	6609.93	57.3
2017	359.60	2.7	5053.35	38.6	7677.86	58.7
2018	362.00	2.4	5579.42	37.4	8987.31	60.2
2019	378.99	2.3	5988.88	36.9	9855.34	60.7

（数据来源：2020 年《武汉市统计年鉴》）

从表 3-1 可以看出，2000—2019 年，武汉市第一产业占 GDP 的比重呈现"下降—上升—下降"的波动特征，其占比稳定在 2%~8%；第二产业占 GDP 的比重呈现波动特征，其占比稳定在 35%~50%；第三产业占 GDP

的比重稳定在 50% 以上。

表 3-2　武汉市 2000—2019 年各产业就业人数及就业结构情况表

年份	第一产业		第二产业		第三产业	
	就业人数（万人）	比重（%）	就业人数（万人）	比重（%）	就业人数（万人）	比重（%）
2000	91.43	21.88	148.95	35.65	177.42	42.47
2001	90.42	22.26	141.47	34.83	174.23	42.90
2002	86.02	21.12	143.41	35.21	177.87	43.67
2003	83.08	20.17	144.43	35.06	184.49	77.78
2004	81.81	19.60	141.3	33.84	194.39	46.56
2005	80.58	19.10	137.66	32.64	203.56	48.26
2006	83.36	19.40	140.39	32.68	205.85	47.92
2007	82.96	18.76	146.6	33.15	212.64	48.09
2008	79.57	17.45	156	34.21	220.43	48.34
2009	63.84	13.62	175.26	37.40	229.5	48.98
2010	63.52	13.15	178.46	36.95	241.02	49.90
2011	61.1	12.27	189.5	38.05	247.4	49.68
2012	61.34	12.11	194.5	38.41	250.56	49.48
2013	50.87	9.74	200.86	38.46	270.51	51.80
2014	48.38	9.12	204.75	38.60	277.31	52.28
2015	49.68	9.12	209.24	38.40	286	52.48
2016	49.6	9.01	209.16	38.00	291.61	52.98
2017	49.57	8.79	209.13	37.07	305.38	54.14
2018	49.94	8.18	225.96	37.00	334.82	54.82
2019	49.66	7.97	230.31	36.96	343.16	55.07

（数据来源：2020 年《武汉市统计年鉴》）

从表 3-2 可以看出，2000—2019 年，武汉市三次产业占就业总人数的比重中，第一产业从业人数占比在下降，第二产业呈现波动特征，第三产业占比呈现上升的发展趋势。以 2019 年武汉市三次产业就业人数为例，第一产业就业人数为 49.66 万人，第二产业就业人数为 230.31 万人，第三产业就业人数为 343.16 万人，第一、二、三产业就业人数比例为 7.97 : 36.96 : 55.07，第三产业就业人数比重高于第二产业就业人数比重 18 个百分点。第三产业增加值占 GDP 的比重和第三产业就业人数占就业总人数的比重明显高于第一产业及第二产业，产业结构进一步向服务业渗透。因此，武汉市产业结构总体呈现出服务业规模大、服务业和工业 "两业并举" 的格局。

二、武汉市三次产业存在的问题及原因分析

（一）武汉市三次产业内部结构特征及存在的问题

1. 第一产业内部结构特征及存在的问题

首先，武汉市的农业产业体系结构不尽合理。武汉市传统农业以种植业为主（见表 3-3），2000—2019 年，传统农业一直占 50% 以上，林、牧、副、渔业等其他产业份额不高，且牧业呈现下降趋势。传统农业中种植业内部也呈现单一化倾向，主要以水稻、玉米、大豆等种植业为主，过于单一的种植结构给农民带来较大的风险。从我国粮食产业目前的发展情况看，三大粮食品种中有两种粮食的价格较低，产业的市场风险加大，经济效益前景令人担忧。因粮价下跌、自然灾害等多重因素影响，部分家庭农场、种粮大户、合作社、农业企业等新型经营主体出现亏损，种粮的积极性受挫，影响种粮大户、合作社、企业等规模经营主体的积极性，导致退出农业、"毁约退地" 现象增多，加大了农业产业的风险。其次，武汉市的农业产业还停留在传统的、小农经营、低水准运行层级上，农业市场和附属产品的竞争力不高。最后，武汉市特色农副产品的生产标准还未建立起来，缺乏品牌效应。

表 3-3　　武汉市 2000—2019 年第一产业构成情况表（单位：%）

年份	农业	林业	牧业	渔业	农林牧渔服务业
2000	61.6	0.7	22.9	14.8	—
2001	59.4	0.5	24.3	15.8	—
2002	59.7	0.6	24	15.7	—
2003	58.1	1	24.3	15.4	—
2004	58.0	0.8	24.7	15.7	0.8
2005	57.2	0.8	25.4	16	0.6
2006	58.7	0.7	23.4	16.6	0.6
2007	56.2	0.6	26	16.7	0.5
2008	54.1	0.6	28.4	16.4	0.5
2009	55.1	0.6	25.7	18.1	0.5
2010	53.8	0.7	26.3	18.7	0.5
2011	53	1.1	27.3	18	0.6
2012	54.3	1	25.5	16.5	2.7
2013	57.5	1.2	22.4	15.8	3.1
2014	56.5	1.6	22.7	15.6	3.6
2015	57.9	1.6	21.8	14.8	3.9
2016	62.4	1.8	13.8	16.7	5.3
2017	62.8	1.7	12	16.9	6.6
2018	63.3	1.9	10.8	16.7	7.3
2019	62.9	2.1	11.3	15.8	7.9

（数据来源：2020 年《武汉市统计年鉴》）

2. 第二产业内部结构特征及存在的问题

总体来看，武汉市第二产业内部结构呈现多种所有制主体并存的发展特征。经过 40 多年的改革开放洗礼，武汉市第二产业的发展呈现公有制经济与非公有制经济并存的发展特征，在规模以上工业总产值中，公有制经济主体的产值占第二产业的比重呈现下降趋势，而非公有制经济产值占第二产业的比重呈现上升趋势（见表 3-4）。

表 3-4　　　　　**2010—2019 年武汉市规模以上工业总产值**

经济类型构成情况表（单位：%）

年份	国有经济	集体经济	外商及港澳台经济	其他经济
2010	26.4	0.5	32.9	40.2
2011	25.9	0.3	32.6	41.2
2012	30.9	0.4	31.1	37.5
2013	24.8	0.3	31.4	43.5
2014	16.0	0.3	30.9	52.8
2015	16.5	0.3	30.8	52.4
2016	16.0	0.2	30.9	52.9
2017	8.1	0.1	32.8	59.0
2018	7.2	0.1	30.1	62.6
2019	7.6	0.1	32.2	60.1

（数据来源：2015 年、2020 年《武汉市统计年鉴》）

从公有制经济与非公有制经济从业人员比重来看（见表 3-5），公有制企业从业人数占全社会从业人员数比重不足 20%，非公有制企业从业人员数占全社会从业人员数比重在 80% 以上，表明非公有制企业对武汉市就业做出了巨大贡献。另外，在非公有制经济中，私营个体经济从业人员数占全社会从业人员数的比重呈现上升的趋势，农村经济从业人员数占全社会从业人员数比重呈现下降趋势，其他经济从业人员数占全社会从业人员数的比重较为稳定。这也表明，随着武汉市经济的发展，农村劳动力开始向其他行业转移，导致农村经济体吸收的就业人员占全社会从业人员的比重呈现下降的趋势。

表 3-5　　　　　　　　**2010—2019 年武汉市按经济类型划分的**
全社会从业人员构成情况表（单位：%）

年份	国有经济	集体经济	私营个体经济	农村经济	其他经济
2010	16.5	1.5	29.1	29.3	23.6
2011	17.1	0.9	28.9	29.3	23.8
2012	16.3	0.8	39.7	18.9	24.4
2013	16.8	0.9	40.6	17.0	24.7
2014	16.9	0.8	40.6	15.4	26.2
2015	15.7	0.7	41.1	15.3	27.2
2016	15.4	0.6	40.7	15.2	28.1
2017	15.0	0.5	40.5	15.0	29.0
2018	14.6	0.5	40.3	14.0	30.6
2019	14.3	0.5	41.7	13.9	29.6

（数据来源：2015 年、2020 年《武汉市统计年鉴》）

　　一是从武汉市第二产业存在的问题来看，主要表现在以下三个方面：一是武汉市工业结构偏重重工业，导致武汉如期实现碳达峰碳中和目标面临着巨大的挑战。从表 3-6 中可以看出，2000—2019 年，在规模以上工业总产值中，重工业总产值占规模以上工业总产值的比重在 50% 以上，从 2004 年以后，重工业总产值占规模以上工业总产值的比重在 70% 以上。2004 年以前，轻工业总产值占规模以上工业总产值的比重在 40% 以上，2004 年以后，轻工业总产值占规模以上工业总产值比重在 20% 左右。从这里可以看出，武汉市的工业结构偏向重工业，钢铁、石化、装备制造产业是武汉市经济发展的支柱产业。但由于武汉市炼钢没有可供开采的矿石，炼油没有可供开采的油田，是典型的资源依赖型、资源消耗型的地区，导致经济发展对外依存度过大。一旦国际国内矿石、油、煤、电、气等资源能源价格发生巨大波动，就会对武汉市的经济发展造成深度影响甚至致命冲击，不仅辖区的企业受到影响，也会波及与之相关联的中小企业。另外，钢铁、石化等重化工业的能源消耗比重过高，造成武汉市能耗高、碳排放量大、环境污染严重。在重化工业中，钢铁工业作为碳排放量最多的行业之一，钢铁工业的能源消耗以煤炭为主，煤炭占钢铁工业能源消耗比例高达 70%，是碳排放量的主要来源。这样的能源消费结构严重制约着武汉市如期实现国家层面的碳达峰、碳中和目标。

表 3-6　　**2000—2019 年武汉市规模以上工业总产值及构成情况表**

年份	规模以上工业总产值（亿元）	轻工业总产值（亿元）	比重（%）	重工业总产值（亿元）	比重（%）
2000	1422.37	612.56	43.07	809.81	56.93
2001	1611.76	660.38	40.97	951.38	59.03
2002	1769.92	712.19	40.24	1057.73	59.76
2003	1994.49	804.98	40.36	1189.51	59.64
2004	1678.34	460.90	27.46	1217.44	72.54
2005	2286.69	502.08	21.96	1784.61	78.04
2006	2818.59	617.79	21.92	2200.80	78.08
2007	3525.63	785.91	22.29	2739.72	77.71
2008	4338.28	944.10	21.76	3394.18	78.24
2009	5032.18	1152.79	22.91	3879.39	77.09
2010	6424.59	1493.30	23.24	4931.29	76.76
2011	7390.66	1564.57	21.17	5826.09	78.83
2012	9018.88	1967.92	21.82	7050.96	78.18
2013	10394.07	2393.00	23.02	8001.07	76.98
2014	11764.59	2721.74	23.14	9042.85	76.86
2015	12374.92	3240.87	26.19	9134.05	73.81
2016	13159.09	2995.36	22.76	10163.73	77.24
2017	14433.27	3525.47	24.43	10907.80	75.57

续表

年份	规模以上工业总产值（亿元）	轻工业总产值（亿元）	比重（%）	重工业总产值（亿元）	比重（%）
2018	14422.86	3529.34	24.47	10893.52	75.53
2019	14798.42	3705.86	25.04	11092.56	74.96

（数据来源：2012 年、2020 年《武汉市统计年鉴》；关于轻重工业划分标准见附录中附表 1）

　　二是从产权结构来看武汉市第二产业的结构性问题。武汉市民营工业发展相对滞后，国有工业占比过高。根据《武汉企业发展报告（2017）》统计的数据表明，2016 年，武汉上市公司一半以上的控股股东为国有法人（国家），这一比例超过南京（43.33%），显著超过成都（27.27%）。1/4 的武汉上市公司的实际控制人是中央国资管理机构，这个比例在三个城市中是最高的。武汉另一个特色是高校和科研院所拥有的上市公司较多，比如华中科技大学一所高校就拥有 3 家上市公司，而南京和成都一家都没有。武汉邮电科学研究院一家单位就拥有 4 家上市公司。但是武汉民营上市公司无论是数量还是占比都落后于南京和成都。这从一个侧面反映出武汉市民营经济发展存在不足，优质的民营企业比较少，在上市的竞争过程中缺乏足够的竞争力。[①] 综合来看，民营工业发展不足、国有工业占比过大的产权结构性矛盾是释放武汉市工业企业活力的制约因素。对武汉市工业经济发展而言，如果不能创设形成有利于民营经济充分发展的良好竞争氛围，其产业结构调整将会受制于产权结构性矛盾的刚性约束，缺乏发展活力和内生动力的有效支撑。

　　三是从产品结构来看武汉市第二产业的结构性问题。一是工业部门产品同质化程度高，产品结构简单。钢铁、石化、装备制造产业是武汉市经

---

　　① 杨卫东，邝培润. 武汉企业发展报告（2017）[M]. 武汉：武汉大学出版社，2018.

济发展的支柱产业，产业结构决定了产品结构，但长期以来，这种产业结构所形成的产品结构却没有随着时代的变迁而相应地进行变革，因而在日新月异的工业化发展中，武汉市的产品结构明显落后。这种简单的产品结构不能适应外部需求变化，发挥出武汉市工业经济的特色和优势，反而制约了工业利润水平的进一步提高。二是工业部门产品加工度和利润水平处于产业链低端。武汉市重化工业发达，但与重化工业相配套的上下游产业发展不够，优势产业链还没有完全形成。主要表现在产品深加工不够，大部分半成品运往区外，而加工业所需的大部分原料又需从外地输入，无法通过上下游产业之间的互动和技术外溢机制来促进区内产业关联群的形成与发展，限制了产业链的延长和技术创新能力的提高。例如，与钢铁紧密相关的重型铸造、大型机床、钢材深加工、钢结构等企业和项目发展不够，缺乏大型骨干企业的支撑。与重化工业配套的环保产业由于缺乏龙头企业的引领，聚集效应不强，产值不高，发展不快，不管是产业链延伸还是经济规模，都与新的市场需求相脱节。在重化工业中，需要去产能的落后产业部门仍比重高，难动摇，若不能及时予以淘汰则会使整个行业衰退。总体上看，工业经济中存在的低端产品比重较高、高端产品比重偏少的产品结构性矛盾，严重制约了武汉市工业部门整体效益的增长和提升。

3. 第三产业内部结构特征及存在的问题

第三产业发展状况与水平，是衡量一个地区经济发展水平的重要标准，也是体现一个地区经济发展活力的重要标志。从表 3-7 中可以看出，在历年统计数据中，武汉市的传统服务业只统计了交通运输、仓储和邮政业，批发和零售业，住宿和餐饮业。现代服务业只统计了金融业、房地产业，其他没有细分的数据统统纳入其他服务业。鉴于武汉市统计年鉴现有的统计方式，本书按照传统服务业包括交通运输、仓储和邮政业，批发和零售业，住宿和餐饮业，现代服务业包括金融业、房地产业的方式对武汉市第三产业的内部结构进行阐释。

受"先生产后生活""先配套后服务"等传统思想的影响，武汉市第三产业发展严重滞后，落后于经济社会发展，对地方经济发展的贡献率不高，也一定程度上阻碍了武汉市居民生活水平的提高。从供给结构角度看，武汉市服务业供给不足的问题较为突出。生产性服务业发展相对滞后，尤其是高端的生产性服务供给不足，生活性服务业在总量上占比较大，但发展水平不高，基本处于那种中低层次、粗放式的发展阶段，无法满足工农业生产发展和居民消费升级的需要。

表 3-7 **2000—2019 年武汉市第三产业内部结构情况表（单位：亿元）**

年份	批发和零售业	交通运输、仓储和邮政业	住宿和餐饮业	金融业	房地产业	其他服务业
2000	225.07	82.43	73.87	41.54	30.81	138.45
2001	248.58	89.38	88.28	43.70	37.08	160.91
2002	271.31	99.70	99.33	48.13	45.74	178.53
2003	186.22	100.84	83.71	64.48	64.84	201.94
2004	216.00	112.00	100.00	76.00	79.00	229.00
2005	234.62	165.59	105.00	88.22	86.83	187.57
2006	261.19	167.21	121.42	125.98	105.92	212.42
2007	301.19	182.74	131.95	195.23	134.14	273.54
2008	396.86	233.06	168.15	239.19	137.62	349.81
2009	445.30	235.07	160.98	292.57	283.95	344.12
2010	586.61	303.61	188.61	352.07	297.01	370.57
2011	686.22	334.89	214.15	398.20	342.26	418.59
2012	779.27	353.48	277.42	530.11	408.70	—
2013	851.08	386.45	298.28	607.32	505.88	—
2014	913.50	437.39	322.09	699.57	584.20	1977.01
2015	994.05	455.28	349.13	837.49	641.47	2269.25
2016	1054.50	492.10	373.99	974.32	770.06	2601.56
2017	1122.32	543.53	406.58	1097.58	881.48	3054.72

续表

年份	批发和 零售业	交通运输、 仓储和邮政业	住宿和 餐饮业	金融业	房地产业	其他服务业
2018	1164.64	842.15	324.26	1353.26	1623.60	3645.38
2019	1259.72	930.58	361.06	1486.05	1789.16	3991.25

（数据来源：历年《武汉市统计年鉴》）

从表3-8中可以看出，在第三产业内部结构中，虽然传统服务业地位相对下降，现代服务业地位不断提升，但传统服务业依然具有明显优势，现代服务业比重较小、贡献不高，行业结构不优问题仍比较突出。同时，金融服务业发展滞后。武汉市大企业云集，生产规模大，对生产资金的需求巨大，对金融行业依赖程度高，但银行、保险、证券等金融服务行业至今没有一家在武汉设立总部。信息传输、计算机服务和软件业比重偏小，对服务业贡献不大，难以满足武汉市企业发展的需要。

表3-8　　2000—2019年武汉市第三产业内部结构占
第三产业增加值的比重情况表（单位：%）

年份	批发和 零售业	交通运输、 仓储和邮政业	住宿和 餐饮业	金融业	房地产业	其他服务业
2000	38.22	14.00	12.54	7.05	5.23	23.51
2001	37.21	13.38	13.22	6.54	5.55	24.09
2002	36.57	13.44	13.39	6.49	6.17	24.06
2003	22.57	12.22	10.14	7.81	7.86	24.47
2004	22.64	11.74	10.48	7.96	8.28	24.00
2005	20.74	14.64	9.28	7.80	7.68	16.58
2006	19.03	12.19	8.85	9.18	7.72	15.48
2007	18.08	10.97	7.92	11.72	8.05	16.42

续表

年份	批发和零售业	交通运输、仓储和邮政业	住宿和餐饮业	金融业	房地产业	其他服务业
2008	18.52	10.88	7.85	11.16	6.42	16.33
2009	17.25	9.11	6.24	11.33	11.00	13.33
2010	19.93	10.32	6.41	11.96	10.09	12.59
2011	20.07	9.80	6.26	11.65	10.01	12.24
2012	19.54	8.86	6.96	13.29	10.25	—
2013	18.82	8.54	6.59	13.43	11.18	—
2014	16.61	7.95	5.86	12.72	10.62	35.94
2015	16.90	7.74	5.94	14.24	10.91	38.58
2016	15.95	7.44	5.66	14.74	11.65	39.36
2017	14.62	7.08	5.30	14.30	11.48	39.79
2018	12.96	9.37	3.61	15.06	18.07	40.56
2019	12.78	9.44	3.66	15.08	18.15	40.50

（数据来源：历年《武汉市统计年鉴》）

（二）武汉市产业结构存在问题的原因分析——基于产业结构和人才结构匹配度分析的视角

为了分析武汉市产业结构存在问题的原因，借鉴杨益民[1]的分析思路，从人才结构和产业结构匹配度的视角分析武汉市产业结构存在问题的因素。杨益民等引入产业人才结构偏离度来分析制约产业结构升级的因素。产业人才结构偏离度的基本思想是：不同的经济发展水平下的国家，人才结构与产业结构应保持合理的比例，超出这一比例的程度称为产业人才结

---

① 杨益民．人才结构与经济发展协调性分析的指标及应用 [J]．安徽大学学报（哲学社会科学版），2007（1）：118-123.

构偏离度。人才结构与产业结构越不对称，偏离度越高，产业结构效益越低。① 因此，只有人才结构与产业结构相匹配，才能提升武汉市产业结构的效益，进而推动武汉市经济的高质量发展。目前，武汉市产业发展依然面临着不少问题，主要是产业层次还比较低、产业技术含量还不高、产品加工深度需要进一步延伸、产品质量和档次需要进一步提升、知名的企业和产品品牌还不太多等。从三次产业看，服务业比重还比较低、内部结构不完善、整体供给能力较弱。工业大而不强，武汉市以工业产业发达而著称，以非农产品为原料的制造业比重较高，但制造业中机电产业比重与发达国家相比还不高，表明工业产业结构高度有待大幅度提升。农业基础还比较薄弱，主要表现是小农经济、劳动成本高、效率低，亟待摆脱弱质产业的地位。与武汉市产业结构相对应的是，武汉市的人才结构与国内发达地区之间还有一定的差距，主要表现在人才创新创业能力不强、高层次创新型人才匮乏、人才结构和布局不尽合理、人才发展体制机制障碍仍然存在、人才资源开发投入不足等问题，这极大地制约了武汉市产业结构的优化调整。

为了更好地了解武汉市产业结构和人才结构相匹配的情况，借鉴杨益民等的研究，产业人才结构偏离度 = [（产业产值构成比/产业专业人才构成比）-1]。根据产业人才结构偏离度公式，如果偏离度为 0，表明产业结构与人才结构完全匹配；如果偏离度大于 0，表明产业结构产值构成比大于产业人才构成比，表明产业人才是欠缺的；如果偏离度小于 0，表明产业人才过剩，存在人才浪费现象。从绝对值的大小来看，偏离度的绝对值越小，说明产业与人才的匹配度越低。从偏离度的变化趋势来看，如果偏离度的绝对值逐渐趋向于 0，表明产业结构和人才结构之间的匹配性得到改善；反之，则表明产业结构和人才结构之间的匹配性越来越差，二者之间相互制约。为了更好地了解武汉市三次产业结构与人才结构的偏离

① 李丽萍，黄薇. 武汉市产业结构的偏离度趋势 [J]. 统计与决策，2006（4）：79-80.

度，将杨益民等的公式进行变形，可以得到：

产业人才结构总偏离度=｜第一产业偏离度｜+｜第二产业偏离度｜+｜第三产业偏离度｜

根据武汉市 2000—2017 年三次产业产值与专业技术人才的数据，计算出武汉市各产业的偏离度、总偏离度以及各产业对偏离度的贡献，见表 3-9。

表 3-9　　　　武汉市 2000—2017 年三次产业人才结构偏离度
及各产业对偏离度的贡献

年份	总偏离度	各产业偏离度			各产业对偏离度的贡献（%）		
		第一产业	第二产业	第三产业	第一产业	第二产业	第三产业
2000	1.0897	-0.6938	0.2398	0.1561	63.6659%	22.0084%	14.3256%
2001	1.1298	-0.7125	0.2518	0.1655	63.0641%	22.2869%	14.6489%
2002	1.0926	-0.7064	0.2298	0.1564	64.6565%	21.0291%	14.3145%
2003	1.2931	-0.7124	0.2350	-0.3456	55.0975%	18.1759%	26.7265%
2004	1.1107	-0.7245	0.2973	0.0889	65.2289%	26.7655%	8.0056%
2005	1.1715	-0.7487	0.3909	0.0319	63.9070%	33.3692%	2.7238%
2006	1.2134	-0.7784	0.3770	0.0580	64.1487%	31.0700%	4.7812%
2007	1.2038	-0.7868	0.3544	0.0626	65.3569%	29.4437%	5.1994%
2008	1.1836	-0.7994	0.3271	0.0571	67.5409%	27.6353%	4.8238%
2009	1.0347	-0.7651	0.2406	0.0290	73.9405%	23.2575%	2.8020%
2010	1.0257	-0.7643	0.2314	0.0301	74.5100%	22.5593%	2.9307%
2011	1.0353	-0.7555	0.2641	-0.0157	72.9722%	25.5114%	1.5165%
2012	0.9710	-0.6862	0.2549	-0.0299	70.6702%	26.2493%	3.0804%
2013	0.9629	-0.6201	0.2637	-0.0792	64.4000%	27.3802%	8.2198%
2014	0.9095	-0.6162	0.2306	-0.0627	67.7518%	25.3503%	6.8979%
2015	0.8565	-0.6382	0.1901	-0.0282	74.5108%	22.1964%	3.2928%

年份	总偏离度	各产业偏离度			各产业对偏离度的贡献（%）		
		第一产业	第二产业	第三产业	第一产业	第二产业	第三产业
2016	0.7924	−0.6337	0.1553	−0.0034	79.9772%	19.5940%	0.4288%
2017	0.8531	−0.6587	0.1789	−0.0155	77.2157%	20.9656%	1.8188%

从表3-9中可以看出，武汉市在三大产业之间的人才分布是不合理和不匹配的，但从总体来看，这种不合理正在逐渐缩小，尽管与发达地区存在着一定的差距，但随着武汉市相关人才政策的实施，以及大学生留汉政策的落地，武汉市产业人才结构的偏离度将进一步趋于收敛，武汉市人才结构将会得到进一步改善。

从各产业偏离度来看，武汉市三次产业的偏离度系数呈现出动态差异性。第二产业的产业人才偏离度为正值，而第一产业的产业人才偏离度为负值，第三产业部分年份的产业人才偏离度系数为负值。第二产业的产业人才偏离度为正值，表明第二产业的产值比例大于其专业技术人才的比例，人才处于供不应求的状态；第一产业的产业人才偏离度为负值，表明第一产业的产值比例小于专业技术人才的比例，表明人才处于饱和状态；第三产业在2000—2010年的产业人才偏离度为正值（除2003年以外），表明在此期间第三产业人才处于供不应求的状态，而2011—2017年，第三产业的产业人才偏离度为负值，表明第三产业的人才处于饱和状态。

综上所述，武汉市第一产业与人才结构匹配程度最低，而且匹配性越来越差，人才明显过剩。第二产业与人才结构的匹配处于供不应求状态，这需要进一步为武汉市第二产业的发展留住更多的人才，尤其是近年来，随着武汉市工业结构的调整升级，武汉市先进制造业、高科技新兴产业迅速发展，专业人才数量落后于产业发展的需要。第三产业在2010年以前，处于人才供不应求状态，而在2010年以后，人才处于饱和状态。从三次产业对偏离度的贡献来看，第一产业对偏离度的贡献最大，第二产业次之，第三产业最小。这表明，武汉市第一产业人才供需间的差距最大，第二产业次之，第三产业最小。

从目前来看，武汉市第二产业人才供给存在结构性短缺。现行教育体制培养的人才实践经验不足且很多相关专业毕业生流向东部发达城市，不能有效满足本地第二产业发展需求，导致第二产业专业人才缺口大。因此，武汉市要重视第一产业人才向第二产业转移，同时，要大力发展现代服务业，构建现代服务业的现代产业体系，转移第三产业过剩的人才。另外，在新一轮的科技革命和产业革命背景下，武汉市要加大先进制造业、高新技术产业急需紧缺专门人才的培养开发力度，尤其是在新能源汽车和新材料、光电子、新能源和节能环保、电子信息、装备制造、石油化工、生物等重点产业还具有吸纳劳动力的大量空间。

第二节 武汉市产业结构的演进：
基于动态偏离份额模型分析

一、偏离-份额模型简介

偏离-份额分析法是把区域经济的变化看作一个动态的过程，以该区域或更大区域的经济变量为参照系，构造经济指标，将某一时期的区域经济总量变动分解为三个分量，即份额分量、结构偏离分量和竞争力分量，以此说明区域经济结构优劣和自身竞争力的强弱，找出区域具有相对竞争优势的产业部门，进而可以确定区域未来经济发展的合理方向和产业结构调整的原则。① 偏离-份额分析法是由美国经济学家 Daniel 于 1942 年提出的，是一种被广泛运用于分析产业结构和区域经济的方法，它将区域经济的演变看成一个动态过程，将目标区域的上级区域作为参照系，将目标区域的经济总增长量分解成三个分量：总体份额分量、结构份额分量和竞争力分

① 郭进．开放条件下上海产业结构调整问题研究［D］.上海：上海社会科学院，2014.

量，以此说明经济增长或衰退的原因，分析目标区域经济结构中的优势产业部门，为目标区域未来经济发展确定合理的发展方向和产业结构调整原则。[①] 在 Daniel（1942）的研究基础上，Esteban（1972）对偏离-份额模型进行了改良，提出了动态偏离-份额模型。动态偏离-份额模型将考察对象按时间维度一阶一阶地展开，以便观察各产业在特定时期内对经济增长的贡献。动态偏离-份额模型是对传统偏离-份额模型的进一步改善，消除了传统模型在时间上的处理问题。动态偏离-份额模型通过将研究时间按 1 年等时间间隔划分为不同时段，分别计算各时间段内的偏离-份额分解结果，通过加总得到研究时间内的偏离-份额分解结果。[②] 为了更好地运用动态偏离-份额模型，先介绍静态偏离-份额模型，静态偏离-份额模型基本公式如下：

$$G = N + P + D \qquad S = P + D$$

上式中，G 表示考察区域内总产值总增长量；S 表示总转移分量；N 表示考察区域的分享分量；P 表示考察区域结构性转移分量；D 表示考察区域竞争性转移分量。

$$R = \frac{E^{(t)} - E^{(0)}}{E^{(0)}}, \ R_i = \frac{E_i^{(t)} - E_i^{(0)}}{E_i^{(0)}}, \ r = \frac{e^{(t)} - e^{(0)}}{e^{(0)}}, \ r_i = \frac{e_i^{(t)} - e_i^{(0)}}{e_i^{(0)}}$$

上式中，R 表示背景区域在考察期内的总产值变化率；R_i 表示第 i 次产业在考察期内的产值变化率；r 表示研究区域在考察期内的总产值变化率；r_i 表示考察区域第 i 次产业在考察期内的产值变化率。E 表示背景区域在某时刻的总产值；E_i 表示背景区域第 i 次产业在某时刻的产值。e 表示研究区域在某时刻的总产值；e_i 表示研究区域第 i 次产业在某时刻的产值。0 表示基期，t 表示末期。则有：

$$N = \sum_{i=1}^{3} e_i^{(0)} \times R; \ P = \sum_{i=1}^{3} e_i^{(0)} \times (R_i - R); \ D = \sum_{i=1}^{3} e_i^{(0)} \times (r_i - R_i)$$

---

① 安景文，李松林，梁志霞，等. 产业结构视角下京津冀都市圈经济差异测度 [J]. 城市问题，2018（9）：48-54.

② 王贝贝，肖海峰. 基于动态偏离-份额模型的广东省农业产业结构和竞争力研究 [J]. 科技管理研究，2015（19）：41-46.

动态偏离-份额模型仍然将研究区域的实际经济增长量 G 分为：研究区域分享份额 N、研究区域结构份额 P 和研究区域竞争份额 D，与静态偏离-份额模型分析不同的是，动态偏离-份额模型将研究对象的时间序列一期一期拓展开，从而能够展现考察期内各时间段各产业的贡献随时间维度的变化趋势。为了更好地了解动态偏离-份额模型，将静态偏离-份额模型进行对比说明。

在静态偏离-份额模型中，区域分享份额为：$N = \sum_{i=1}^{3} e_i^{(0)} \times R$，令 N_i 为研究区域第 i 次产业的分享份额：

$$N_i = e_i^{(0)} \times \left[\frac{E^{(t)} - E^{(0)}}{E^{(0)}} \right], \quad 则可以得到：N_i = e_i^{(0)} \times$$

$$\left[\frac{E^{(t)} - E^{(t-1)} + \cdots + E^{(1)} - E^{(0)}}{E^{(0)}} \right]$$

$$\Rightarrow N_i = e_i^{(0)} \times \sum_{k=1}^{t} \left[\frac{E^{(k)} - E^{(k-1)}}{E^{(0)}} \right] = \sum_{k=1}^{t} N_i^{(k)}$$

其中，$N_i^{(k)} = e_i^{(0)} \times \left[\dfrac{E^{(k)} - E^{(k-1)}}{E^{(0)}} \right], \quad (k = 1, 2, \cdots, t)$

在静态偏离-份额模型中，区域结构份额为：$P = \sum_{i=1}^{3} e_i^{(0)} \times (R_i - R)$，令 P_i 表示研究区域第 i 次产业的结构份额，则有：$P_i = e_i^{(0)} \times$

$$\left[\frac{E_i^{(t)} - E_i^{(0)}}{E_i^{(0)}} - \frac{E^{(t)} - E^{(0)}}{E^{(0)}} \right], \quad 从而可得：$$

$$P_i = e_i^{(0)} \times \left[\frac{E_i^{(t)} - E_i^{(t-1)} + \cdots + E_i^{1} - E_i^{(0)}}{E_i^{(0)}} - \frac{E^{(t)} - E^{(t-1)} + \cdots + E^{(1)} - E^{(0)}}{E^{(0)}} \right]$$

$$\Rightarrow P_i = e_i^{(0)} \times \sum_{k=1}^{t} \left[\frac{E_i^{(k)} - E_i^{(k-1)}}{E_i^{(0)}} - \frac{E^{(k)} - E^{(k-1)}}{E^{(0)}} \right] = \sum_{k=1}^{t} P_i^{(k)}$$

其中，$P_i^{(k)} = e_i^{(0)} \times \left[\dfrac{E_i^{(k)} - E_i^{(k-1)}}{E_i^{(0)}} - \dfrac{E^{(k)} - E^{(k-1)}}{E^{(0)}} \right], \quad (k = 1, 2, \cdots, t)$

在静态偏离-份额模型中，区域竞争份额为：$D = \sum_{i=1}^{3} e_i^{(0)} \times (r_i - R_i)$，

同理可以求出动态偏离-份额模型的区域竞争份额为：

$$D_i = \sum_{k=1}^{t} D_i^{(k)} \; ; \; 其中, D_i^{(k)} = e_i^{(0)} \times \left[\frac{e_i^{(k)} - e_i^{(k-1)}}{e_i^{(0)}} - \frac{E_i^{(k)} - E_i^{(k-1)}}{E_i^{(0)}} \right], \; (k = 1, 2, \cdots, t)$$

二、武汉市产业结构演进的静态偏离-份额分析

根据静态偏离-份额的计算公式，以 2000 年为基期，2017 年为考察期，以湖北省为背景区域，根据 2018 年《武汉市统计年鉴》、2018 年《湖北省统计年鉴》中的数据，运用传统静态偏离-份额分析模型，可以计算 2000—2010 年、2011—2017 年武汉市静态偏离-份额的结果，见表 3-10。

表 3-10　　**2000—2010 年、2011—2017 年武汉市静态偏离-份额分析结果**

时间段（年）	增长率（%）	总增长量（G）	分享份额（N）	结构份额（P）	竞争份额（D）	总偏离
2000—2010	361.20	4359.09	4278.52	196.03	−115.46	80.57
2011—2017	98.31	6648.14	5344.93	702.43	600.79	1303.21

从表 3-10 中可以看出，2000—2010 年，武汉市结构份额为正但竞争份额为负，属于产业结构推动型。武汉市的产业结构份额为正，说明武汉市的产业结构相对于湖北省整体来说较为合理，但由于武汉市的竞争份额为负，产业竞争力对武汉市经济增长的贡献较弱，说明此阶段武汉市对湖北省依赖性较强，缺乏产业竞争力。而在 2011—2017 年，武汉市的结构份额、竞争份额都为正，表明武汉市相对于湖北省来说，具有较强的结构优势和竞争优势，武汉市的经济增长逐步摆脱了对湖北省的依赖。

为了具体了解各产业的产业结构和产业竞争力具体情况，运用静态偏离-份额模型，计算出三次产业的分享份额、结构份额和竞争份额，具体计算结果见表 3-11。

表3-11 2000—2010年、2011—2017年武汉市三次产业静态偏离-份额分析结果

时间段（年）	分享份额（N）				结构份额（P）				竞争份额（D）			
	第一产业	第二产业	第三产业	合计	第一产业	第二产业	第三产业	合计	第一产业	第二产业	第三产业	合计
2000—2010	288.44	1890.70	2099.38	4278.52	-106.05	495.62	-193.54	196.03	-93.71	-386.82	365.07	-115.46
2011—2017	157.05	2572.02	2615.85	5344.93	-82.84	-775.10	1560.36	702.43	-135.28	810.41	-344.91	330.22

从表 3-11 中可以看出，从结构份额的计算结果来看，两个时间段（2000—2010 年和 2011—2017 年）结构份额合计都是正值，但在两个时间段三次产业结构的结果份额却存在着差异：2000—2010 年，第一产业、第三产业的结构份额为负值，而第二产业为正值，表明 2000—2010 年，武汉市第二产业较第一产业、第三产业有结构优势；而 2011—2017 年，第一产业、第二产业的结构份额为负值，而第三产业为正值，表明在此阶段，武汉市第三产业较第一产业、第二产业有结构优势。

在竞争份额方面，2000—2010 年，武汉市的竞争份额合计为负值，而 2011—2017 年，竞争份额合计为正值。这表明武汉市的产业竞争力与湖北省其他地区之间形成了较大差距。具体来说，2000—2010 年，第一产业、第二产业的竞争份额为负值，而第三产业为正值，表明武汉市的产业竞争以第三产业为主要竞争力；而 2011—2017 年，第一产业、第三产业的竞争份额为负值，而第二产业为正值，表明武汉市的产业竞争以第二产业为主要竞争力。

三、武汉市产业结构演进的动态偏离-份额分析

根据动态偏离-份额模型的计算公式，可以求出 2001—2017 年武汉市三次产业结构的动态偏离-份额表，见表 3-12。

根据表 3-12 绘制出 2000—2017 年武汉市产业结构动态偏离-份额曲线（如图 3-1 所示），可以更直接地观察 2000—2017 年武汉市产业结构变化的构成。从图中的分享份额曲线变化可以看出，武汉市经济总增长中的分享份额处于波动变化的趋势，具体来说：2001—2008 年，分享份额逐年增长，尤其是 2006—2008 年，分享份额增长速度最快；但 2008—2009 年，分享份额曲线呈现急剧下降的趋势；2009—2011 年，分享份额曲线呈现快速上升的发展趋势；2011—2012 年，分享份额曲线呈现急剧下降的变化趋势；2012—2014 年，分享份额曲线呈现缓慢上升的发展趋势；2014—2015 年，分享份额曲线呈现下降的发展趋势；2015—2017 年，分享份额曲线呈现上升的发展趋势。

表3-12　武汉市2000—2017年动态偏离-份额分析结果一览表

年份	分享份额 (N)				结构份额 (P)				竞争份额 (D)			
	第一产业	第二产业	第三产业	合计	第一产业	第二产业	第三产业	合计	第一产业	第二产业	第三产业	合计
2001	7.69	50.41	55.98	114.08	-4.02	0.43	12.94	9.35	-0.03	-1.75	6.91	5.14
2002	7.28	49.87	57.20	114.35	-5.46	0.25	18.11	12.91	3.58	2.98	-1.41	5.14
2003	11.69	82.16	95.91	189.76	-0.01	9.32	-10.34	-1.02	-6.95	-25.11	-2.29	-34.35
2004	18.13	133.77	157.27	309.16	8.29	4.00	-33.26	-20.97	-19.32	-13.85	5.04	-28.14
2005	17.46	141.05	162.99	321.51	-11.24	48.92	-10.94	26.74	1.12	10.52	19.04	30.69
2006	17.17	160.82	176.34	354.33	-11.27	24.77	17.62	31.12	0.44	-6.44	38.71	32.72
2007	26.08	271.20	305.52	602.80	-1.93	6.18	0.67	4.92	-10.91	-42.80	-23.87	-77.58
2008	27.73	309.14	352.15	689.01	9.95	20.61	-70.96	-40.41	-22.13	97.46	182.10	257.43
2009	21.15	272.89	307.43	601.47	-19.85	84.41	5.63	70.18	3.07	-82.37	-87.00	-166.3
2010	34.55	496.58	540.05	1071.18	-5.41	114.98	-118.81	-9.25	-8.16	-220.88	112.17	-116.87
2011	39.05	581.71	657.55	1278.31	-5.61	87.53	-94.44	-12.52	-4.79	51.96	-116.70	-69.53
2012	26.71	437.49	444.94	909.14	-5.10	25.41	-5.32	14.99	80.90	142.64	93.94	317.49
2013	34.64	443.86	441.96	920.45	-15.45	-231.00	384.11	137.66	15.00	323.75	-349.41	-10.66
2014	35.17	460.95	452.93	949.04	-18.94	-58.47	142.18	64.76	-1.57	-12.98	18.95	4.40
2015	27.68	378.42	390.13	796.24	-13.03	-135.11	210.55	62.41	-4.90	-47.43	29.81	-22.52
2016	33.50	463.87	518.13	1015.50	4.49	-137.44	146.77	13.82	-7.18	-80.91	65.79	-22.31
2017	33.63	450.08	542.04	1025.75	-47.55	-169.23	403.50	186.72	31.50	353.44	-99.68	285.26

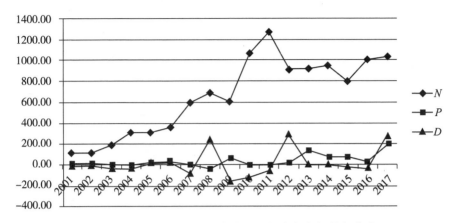

图 3-1　2000—2017 年武汉市产业结构动态偏离-份额曲线

从结构份额曲线变化来看，2001—2017 年，武汉市结构份额曲线总体上呈现波动变化的发展趋势，但变化趋势较为平稳，且呈现缓慢上升的变化趋势，这表明武汉市的产业结构不断优化，呈现良好的发展态势。

从竞争份额曲线来看，2001—2017 年，武汉市竞争份额曲线尽管也呈现波动变化的趋势，但相较于结构份额曲线，竞争份额曲线的波动幅度较大。具体来说：2001—2017 年，武汉市竞争份额曲线出现了四个较大的波幅，分别出现在 2008 年、2009 年、2012 年和 2017 年，其中，2008 年、2012 年和 2017 年的波峰均为正值，且在 2012 年达到峰值，但 2009 年的波峰却为负值。

（一）武汉市第一产业的动态偏离-份额分析

总体来看（如图 3-2 所示），2001—2017 年，武汉市第一产业的结构份额曲线呈现平缓的波动趋势，而分享份额曲线、竞争份额曲线呈现剧烈的波动趋势。

从分享份额曲线的变动趋势来看，2001—2008 年，武汉市第一产业的分享份额曲线呈现缓慢上升的发展趋势；而 2008—2009 年，分享份额曲线

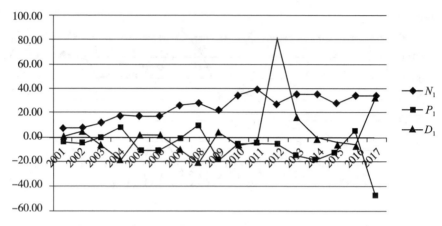

图 3-2 2000—2017 年武汉市第一产业动态偏离-份额曲线

急剧下降；2009—2011 年，分享份额曲线大幅度上升；2011—2012 年，呈现急剧下降趋势；2012—2014 年，呈现缓慢上升的发展趋势；2014—2015年，呈现下降的发展趋势；2015—2017 年，呈现上升的发展趋势。武汉市第一产业的分享曲线呈现大幅度的波动，表明武汉市第一产业严重依赖于湖北省第一产业的总体增长率。

从结构份额曲线的变动趋势来看，武汉市第一产业的结构份额曲线波动较为平缓，除了 2004 年、2008 年和 2016 年以外，其他年份的结构份额都是负值，这表明武汉市第一产业呈现总体下降的趋势，与第二产业、第三产业相比，武汉市的第一产业结构优势较小，符合产业结构演变的一般规律。

从竞争份额来看，2001—2017 年，武汉市第一产业竞争份额曲线出现了四个较大的波幅，分别出现在 2008 年、2009 年、2012 年和 2017 年，其中，2008 年、2012 年和 2017 年为正值，且在 2012 年达到峰值，而 2009年为负值。可以看出，武汉市第一产业竞争份额曲线与总竞争份额曲线变动趋势一致，这也表明，武汉市第一产业相较于第二产业、第三产业的竞争优势较小。

从结构份额和竞争份额来看，武汉市第一产业的结构份额和竞争份额不具有优势，表明第一产业对武汉市的地区生产总值的贡献率在不断下降，武汉市逐步形成了以第二产业、第三产业为结构优势和竞争优势的发展趋势。

（二）武汉市第二产业的动态偏离-份额分析

从图 3-3 中可以看出，总体来看，武汉市第二产业的分享份额曲线形状与总分享份额曲线大致相似，波动幅度比第一产业分享份额曲线大，整体上呈现上升趋势，在 2011 年达到峰值（581.71 亿元）。从 2011 年开始，分享份额曲线呈现波动下降的发展趋势，但仍在高位运行。具体来说，2001—2008 年，武汉市第二产业的分享份额曲线呈现上升的发展趋势，其中，2001—2005 年，分享份额曲线上升趋势较为平缓，但 2006—2008 年，分享份额曲线呈现急剧上升的趋势；2008—2009 年，武汉市第二产业分享份额曲线呈现下降的发展趋势；2009—2011 年，第二产业分享份额曲线呈现大幅度的上升趋势，直到 2011 年达到峰值；2011—2017 年，分享份额曲线呈现"下降—上升—下降—上升"的波动变化趋势。

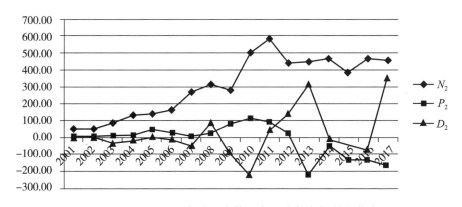

图 3-3　2000—2017 年武汉市第二产业动态偏离-份额曲线

从结构份额曲线的变动趋势来看，武汉市第二产业的结构份额经历了"先上升—后下降"的变化趋势，以 2012 年为分水岭，2012 年以前，武汉市第二产业的结构份额呈现缓慢上升的发展趋势；2012 年以后，武汉市第二产业结构份额呈现大幅度下降，主要原因在于武汉市第二产业是以重化工业为主的结构，随着我国进入经济新常态，再加上资源环境约束力的趋紧，武汉市经历了产业结构的调整升级，第二产业在武汉市经济增长中的作用优势有所下降。

从竞争份额曲线的变动趋势来看，2001—2017 年，武汉市第二产业竞争份额曲线也出现了四个较大的波幅，分别出现在 2010 年、2013 年、2016 年和 2017 年，其中，2013 年、2017 年均为正值，2017 年达到峰值，而 2010 年、2016 年为负值。

总而言之，武汉市第二产业的结构优势正在减弱，尤其是自 2013 年我国进入经济新常态以来，武汉市进行供给侧结构性改革，第二产业的结构优势有所减弱，而产业结构的优化调整提升了竞争优势，从而使竞争份额曲线从 2013 年起呈现大幅上升的趋势。

（三）武汉市第三产业的动态偏离-份额分析

从图 3-4 可以看出，武汉市第三产业的分享份额曲线形状与总分享份额曲线相似，波动幅度与第二产业分享份额曲线相似，整体呈现上升趋势，也在 2011 年达到峰值（657.55 亿元）。在 2011 年以前，分享份额曲线呈现上升的发展趋势，但在 2011 年以后，分享份额曲线呈现下降的趋势。尽管与 2011 年相比，分享份额曲线呈现下降趋势，但仍处于高位运行区间。具体来说，2001—2008 年，武汉市第三产业的分享份额曲线呈现上升的发展趋势，其中，2001—2006 年，分享份额曲线上升趋势较为平缓，但从 2006—2008 年，分享份额曲线呈现急剧上升的趋势；2008—2009 年，武汉市第三产业分享份额曲线呈现下降的发展趋势；2009—2011 年，第三产业分享份额曲线呈现大幅度的上升趋势，直到 2011 年达到峰值；2011—

2017 年，分享份额曲线呈现"下降—上升—下降—上升"的波动变化趋势。

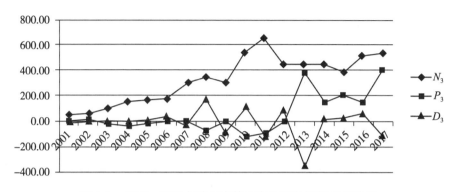

图 3-4　2000—2017 年武汉市第三产业动态偏离-份额曲线

从结构份额曲线的变动趋势来看，武汉市第三产业的结构份额经历了先波动、后大幅上升的变化趋势。最大变化出现在 2012—2013 年和2016—2017 年，2012—2013 年，呈现大幅度上升的变化趋势，2013—2016年，尽管呈现不断的波动变化，但总体上变化较为平稳，但从 2016 年开始直至 2017 年，呈现较大的变化，直至 2017 年达到峰值（403.50 亿元）。这也表明，随着武汉市产业结构的调整升级，第三产业在武汉市经济增长中的作用体现得日渐明显。

从竞争份额曲线的变动趋势来看，2001—2017 年，武汉市第三产业竞争份额曲线呈现出与第二产业竞争份额曲线不同的变化趋势，2007 年以前，武汉市第三产业竞争份额曲线呈现缓慢的波动趋势，但从 2007 年以后，武汉市第三产业竞争份额曲线呈现大幅度的波动变化趋势，竞争份额曲线出现了八个较大的波幅，分别出现在 2008 年、2009 年、2010 年、2011 年、2012 年、2013 年、2016 年和 2017 年，其中，2008 年、2010 年、2012 年、2016 年均为正值，在 2008 年达到峰值，而 2009 年、2011 年、2013 年、2017 年均为负值，在 2013 年处于最低点。

第三节 碳中和背景下武汉市产业结构
对能源消费的影响分析

一、武汉市产业结构影响下的能源结构现状

（一）偏重工业结构下的武汉市能源消费现状分析

从武汉市历年的统计数据可知（见表 3-13），在规模以上工业总产值中，2000—2004 年，武汉市重工业的总产值占规模以上工业总产值的比重稳定在 50% 以上，而 2004—2019 年，武汉市重工业的总产值占规模以上工业总产值的比重稳定在 70% 以上，从这些统计数据可以看出武汉市的工业结构偏重，这种偏重的工业结构也影响了武汉市的能源结构。能源结构指能源总生产量或总消费量中各类能源的构成与比例关系，它包括能源生产结构和能源消费结构（董聪，2018）。从武汉市的能源结构来看，武汉市的资源禀赋为"无煤、无油、无气"，煤炭、天然气、原油等能源需从外地调入，这种资源禀赋决定了在分析武汉市能源结构时，主要分析能源消费结构的影响。从武汉市的能源消费结构来看，受中国"多煤、少油、缺气"资源禀赋特点的影响，武汉市的能源消费主要以煤炭为主。根据武汉市统计年鉴的统计数据，在煤炭、焦炭、原油、燃料油、电力五种能源中（如图 3-5 所示），煤炭消费量占规模以上工业能源消费量的比重一直稳定在 30% 以上，2005 年煤炭消费量的比重甚至超过了 50%。总体上看，煤炭的消费量在总体能源消费结构中呈现下降趋势；焦炭消费量在总体能源消费结构中呈现小幅波动，但基本维持在 10% 以上，总体上焦炭消费量占规模以上工业能源消费量的比重呈现小幅波动趋势；原油的消费量呈现波动中总体上升的趋势；电力的消费量经历两次大的波动后，呈现缓慢的上升趋势；燃料油消费量占规模以上工业能源消费量的比重保持稳定。

表 3-13 　　　　　　**2000—2019 年武汉市规模以上工业能源**
消费量一览表（单位：万吨标煤）

年份	能源消费总量	煤炭	焦炭	原油	燃料油	电力
2000	2485.33	926.39	333.58	430.29	25.16	403.96
2001	2265.24	863.67	320.59	365.58	25.62	442.30
2002	2356.15	950.27	331.34	412.45	21.97	325.54
2003	2615.67	1084.49	379.43	435.27	25.47	395.33
2004	3274.48	1435.12	368.92	530.24	29.21	710.32
2005	3255.39	1742.06	411.12	584.18	38.96	223.26
2006	3828.17	1891.64	441.93	580.95	29.58	178.24
2007	3884.03	1863.85	422.65	611.07	26.50	215.37
2008	3914.27	1793.92	506.28	569.31	27.29	221.32
2009	3741.91	1672.25	485.07	646.93	11.68	229.67
2010	4071.71	1768.01	644.22	713.41	8.14	259.98
2011	4396.63	1977.36	668.84	720.11	8.29	296.52
2012	4230.66	1824.80	627.09	619.07	4.61	375.71
2013	4872.01	1928.65	637.33	917.30	2.74	391.61
2014	5191.93	1781.16	613.81	1127.25	2.30	408.59
2015	5105.13	1725.62	585.67	1101.35	1.92	415.28
2016	4860.15	1659.16	575.42	967.13	0.66	434.75
2017	5233.69	1672.47	559.06	1133.26	0.45	454.29
2018	5289.77	1703.79	567.91	1146.22	0.23	481.08
2019	5354.99	1724.76	550.00	1163.45	0.40	509.95

（数据来源：2020 年《武汉市统计年鉴》）

　　从武汉市的工业结构来看，钢铁行业、石油化工、装备制造业等高耗能行业是武汉市的支柱产业，而这些行业都是能源消费大户，尤其是煤炭消耗大户，导致武汉市的能源消耗高、碳排放高。以武汉市 2019 年的工业数据为例，武汉市规模以上工业能源消费量为 5354.99 万吨标准煤，煤炭

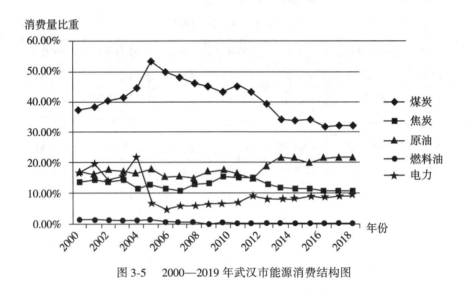

图 3-5　2000—2019 年武汉市能源消费结构图

消费量为 1724.76 万吨标准煤，占规模以上工业能源消费量的比重为 32.21%；焦炭消费量为 550 万吨标准煤，占规模以上工业能源消费量的比重为 10.27%；原油消费量为 1163.45 万吨标准煤，占规模以上工业能源消费量的比重为 21.73%；燃料油消费量为 0.4 万吨标准煤，占规模以上工业能源消费量的比重为 0.01%；电力消费量为 509.95 万吨标准煤，占规模以上工业能源消费量的比重为 9.52%。

从平均每万元工业总产值能源消费量来看（见表 3-14），2000—2019 年，武汉市每万元工业总产值能源消费量总体上呈现下降趋势，从 2000 年的 1.43 吨标准煤下降到 2019 年的 0.17 吨标准煤，年均下降 11.24%，这也表明，武汉市的能源利用效率不断改善；从煤炭消费量来看，每万元工业总产值能源消费量中煤炭消费量总体上也呈现下降趋势，从 2000 年的 1.50 吨下降到 2019 年的 0.13 吨，年均下降 13.01%；从焦炭消费量来看，除去 2001—2002 年波动较大外，每万元工业总产值能源消费量中焦炭消费量总体上呈现下降趋势，从 2000 年的 0.44 吨下降到 2019 年的 0.04 吨，年均下降 12.74%；从原油消费量来看，每万元工业总产值能源消费量中原油消费量呈现四次较大的波动，波动后原油消费量总体上保持稳定，但最终呈现下降趋势，从 2000 年的 0.39 吨下降到 2019 年的 0.08 吨，年均下降 8.24%；从燃料油消费量来看，每万元工业总产值能源消费量中燃料油消费量经历两次大幅的波动后，呈现缓慢的小幅波动，最终保持稳定，总体上也呈现下降趋势，从 2000 年的 0.02 吨下降到 2019 年的 0.00003 吨，年均下降 38.42%；从电力消费量来看，每万元工业总产值能源消费量中电力消费量虽然总体上呈现下降趋势，但经历了"大幅下降—大幅上升—大幅下降—波动"的变化过程，从 2000 年的 1205 千瓦时下降到 2019 年的 302 千瓦时，年均下降 7.16%。

表 3-14　**2000—2019 年武汉市平均每万元工业总产值能源消费量一览表**

年份	能源总量（吨标煤）	煤炭（吨）	焦炭（吨）	原油（吨）	燃料油（吨）	电力（千瓦时）
2000	1.43	1.50	0.44	0.39	0.02	1205
2001	1.15	1.18	0.32	0.25	0.02	1016
2002	1.35	0.84	0.34	0.28	0.02	795
2003	0.82	1.13	0.29	0.23	0.02	733
2004	0.94	0.89	0.23	0.22	0.01	1006
2005	0.81	0.99	0.19	0.18	0.01	975
2006	0.79	0.88	0.16	0.14	0.01	515
2007	0.63	0.74	0.12	0.12	0.01	497
2008	0.45	0.58	0.12	0.09	0.004	415
2009	0.34	0.33	0.10	0.13	0.002	456
2010	0.29	0.28	0.10	0.11	0.001	405
2011	0.27	0.33	0.09	0.10	0.001	400
2012	0.23	0.26	0.07	0.07	0.001	417

续表

年份	能源总量（吨标煤）	煤炭（吨）	焦炭（吨）	原油（吨）	燃料油（吨）	电力（千瓦时）
2013	0.21	0.24	0.06	0.06	0.002	307
2014	0.20	0.15	0.05	0.10	0.0002	347
2015	0.18	0.18	0.05	0.06	0.001	273
2016	0.17	0.16	0.05	0.05	0.00003	269
2017	0.15	0.12	0.04	0.08	0.00003	256
2018	0.16	0.12	0.04	0.08	0.00002	272
2019	0.17	0.13	0.04	0.08	0.00003	302

（数据来源：2020 年《武汉市统计年鉴》）

（二）碳达峰碳中和目标对武汉市能源消费的影响分析

2016 年以来，武汉市先后出台了《武汉市低碳发展"十三五"规划》《武汉市能源发展"十三五"规划》《武汉市煤炭消费量总量控制 3 年行动计划（2018—2020 年）》，在此基础上，武汉又提出了 2022 年碳排放达峰，并颁布了《武汉市碳排放达峰行动计划（2017—2022 年）》。这些措施的出台控制了武汉市煤炭消费总量，在此基础上，武汉市下大力气推动发展天然气、电力等清洁能源，能源消费量结构持续优化。2010—2019年，原煤消费量占比由 53.81% 下降到 36.58%，下降了 17 个百分点；原油消费量占比由 20.59% 下降到 20.28%，成品油消费量占比由 6.06% 上升到 7.81%；天然气消费量占比由 2.69% 上升到 10.23%。2019 年，非化石能源占一次能源消费量的比重为 15.6%。

从单位 GDP 能耗来看，随着武汉市提出 2022 年实现碳达峰目标以及《武汉市低碳发展"十三五"规划》《武汉市能源发展"十三五"规划》《武汉市煤炭消费量总量控制 3 年行动计划（2018—2020 年）》等规划措施的出台，武汉市单位 GDP 能耗强度持续下降，2016—2019 年，武汉市单位 GDP 能耗强度分别下降 4.64%、4.85%、4.88%、3.31%，五年间共降低超过 17.68%。

二、碳中和背景下武汉市产业结构优化调整对能源消费的影响分析

在武汉市提出 2022 年前实现碳达峰以及国家层面 2060 年碳中和目标的约束下，可以预见，未来武汉市产业结构将会向智能化、绿色化、高端化方向转型升级，武汉市将形成以低碳、绿色、环保、循环为特征的低碳产业体系，武汉市偏重的工业结构也会向低碳化方向转型升级，进而对武汉市能源消费结构产生一定的影响，可以对武汉市未来能源消费结构的发展做出如下判断：

一是化石能源消费结构将进一步优化。在煤炭消费方面，随着武汉市产业结构的绿色化、智能化升级，武汉市的煤炭消费量将会得到进一步控制压减，煤炭将会向清洁高效利用方向发展。在工业结构方面，随着武汉市钢铁、化工等行业调整产品结构，以及钢铁、化工等行业供给侧结构性改革去产能措施的实施，扩大天然气等清洁能源在钢铁、化工等行业消费的比重，再加上进一步严控散煤，未来煤炭消费量在钢铁、化工等高耗能行业有望实现大幅度下降；在原油及成品油消费方面，在交通领域，新增公共交通的电气化比率提升，逐步以电动公交、电动的士替换一部分淘汰车辆，但是家庭用车数量仍在逐年增长，而在航空领域，武汉市航空业向国际枢纽转型，成品油的消费量将有所提升，综合来看，未来武汉市原油与成品油的消费量将呈现相对稳定或弱下降趋势；在天然气消费方面，由于人口增长、出租车与公交车总数量增长、工业部分煤改气，天然气需求必将大幅度增长。

二是非化石能源消费占武汉市一次能源消费的比重将进一步提升。为了如期实现国家 2060 年碳中和目标，未来武汉光伏发电、风力发电等非化石能源在武汉市一次能源消费中的作用将会进一步凸显。

第四节　碳中和背景下武汉市产业结构未来发展的基本判断

目前，在武汉市的产业结构中，工业占据着重要地位，而在工业结构中，轻工业和服务业这些低能耗的产业相对偏低，而工业产业中高能耗、高排放的重工业占据了70%以上。在武汉市提出2022年前实现碳达峰以及国家层面2060年碳中和目标的约束下，可以预见，武汉市未来产业结构将会呈现如下变化：

一是武汉市的重工业部门将重点发展节能循环经济和减少煤炭消费占比。武汉市要如期完成国家2060年碳中和目标，需要抑制钢铁、化工、建材、水泥、有色金属等高耗能、高污染行业的产能扩张，实现结构节能，同时通过产业技术升级，推广先进高效节能技术，淘汰落后产能，提高能效，实现技术节能。预计这些行业的产能退出和压减速度加快，同时这些行业生产技术装备的更新换代将进一步加快。

二是武汉市的战略性新兴产业将会迎来重大发展机遇。未来武汉市将依托长江存储器基地、国家航天产业基地、国家新能源与智能网联汽车基地、国家网络安全人才与创新基地、大健康产业基地五大基地，大力发展战略新兴产业，推动武汉市工业结构向智能化、信息化、绿色化方向发展。依托长江存储器基地，武汉的集成电路、新型显示、5G移动通信、物联网、智能终端、软件与信息技术等光电子信息产业将迎来快速发展；依托国家航天产业基地，武汉的火箭卫星设计研发、制造发射、卫星物联网等领域将得到快速发展；依托国家新能源与智能网联汽车基地，武汉市的人工智能、无人驾驶、物联网、通信导航、车载芯片等产品开发与产业化，将推动向下一代汽车转型升级；依托国家网络安全人才与创新基地，通过重点建设网络安全学院、网络安全研究院、大数据中心等，培养一流网络安全人才，大力发展网络安全产业；依托大健康产业基地，武汉市的新药创制、医疗器械、微生物和生物育种等产业将会得到快速发展。

三是武汉市的现代服务业将会得到快速发展。在武汉市的第三产业内部结构中，虽然传统服务业地位相对下降，现代服务业地位不断提升，但传统服务业依然具有明显优势，现代服务业比重较小、贡献不高，行业结构不优问题仍比较突出。服务业作为技术密集和知识密集的产业，且直接能耗少，由此带来的碳排放量远低于第一、二产业。为了如期实现 2022 年碳达峰目标以及国家层面的 2060 年碳中和目标，武汉市未来应壮大现代物流、金融业、软件和信息技术服务业、商务会展四大生产性服务业，提升现代商贸业、旅游业、房地产业、公共服务业四大生活性服务业。

第五节 本章小结

改革开放 40 多年以来，武汉市第一产业占 GDP 的比重由 1978 年的 11.7% 下降到 2019 年的 2.3%，第二产业的比重由 1978 年的 63.3% 下降到 2019 年的 36.9%，第三产业的比重由 1978 年的 25% 增加到 2019 年的 60.7%。1998 年，武汉市第三产业占比超过第二产业，首次形成了"三、二、一"顺序的产业结构。从此以后，第三产业规模不断加大，发展加快，在三次产业结构中所占比重逐步提高。自此，武汉市"三、二、一"顺序产业结构得到全面巩固和发展。

尽管武汉市产业结构得到了发展，但武汉市产业结构仍然存在着一些问题：第一产业结构过于单一，存在较大的风险；第二产业结构偏向重工业，钢铁、石化、装备制造产业是武汉市经济发展的支柱产业；第三产业发展严重滞后，落后于经济社会发展，对地方经济发展的贡献率不高，也一定程度上阻碍了武汉市居民生活水平的提高。武汉市产业结构存在问题的原因在于，产业结构与人才结构的匹配程度之间存在着差距。第一产业与人才结构匹配程度最低，而且匹配性越来越差，人才明显过剩。第二产业与人才结构的匹配处于供不应求状态，这需要进一步为武汉市第二产业的发展留住更多的人才，尤其是近年来，随着武汉市工业结构的调整升级，武汉市先进制造业、高科技新兴产业迅速发展，专业人才数量落后于产业发展的需要。

从武汉市产业结构的演进规律来看：武汉市第一产业严重依赖于湖北省第一产业的总体增长率。与第二产业、第三产业相比，武汉市的第一产业结构优势较小，符合产业结构演变的一般规律。武汉市逐步形成了以第二产业、第三产业为主的结构特点和竞争优势的发展趋势。

在碳中和背景下，武汉市偏重的工业结构也会向低碳化方向转型升级，进而对武汉能源消费结构产生一定的影响，一是武汉市产业结构的绿色化、智能化升级将导致化石能源消费结构进一步优化；二是非化石能源消费占武汉市一次能源消费的比重将进一步提升。

在武汉市提出 2022 年前实现碳达峰以及国家层面 2060 年碳中和目标的约束下，可以预见，武汉市未来产业结构将会呈现如下变化：一是武汉市的重工业部门将重点发展节能循环经济和减少煤炭消费占比；二是武汉市的战略性新兴产业将会迎来重大发展机遇；三是武汉市的现代服务业将会得到快速发展。

第四章 武汉市产业结构与碳排放之间的关系分析

第一节 武汉市碳排放水平的测算

一、武汉市碳排放水平测算及变化趋势分析

(一) 碳排放总量测算方法简介

在全球气候变暖的大背景下，控制碳排放、实现碳达峰碳中和成为世界各国的共同选择。合理、准确估算二氧化碳排放量，是制定国家碳减排战略、实施碳减排措施并进行政策评估的基础。对于碳排放量的核算，由于世界范围内的大部分国家都没有公布碳排放量的直接检测数据，一般主要采取联合国政府间气候变化专门委员会 (IPCC) 出版的《2006 年 IPCC 国家温室气体清单指南》中关于温室气体排放来源的界定以及碳排放估算方法计算的。根据《2006 年 IPCC 国家温室气体清单指南》关于换算燃料燃烧中的温室气体排放量的核算方法介绍，基于化石能源消耗估算排放的方法有三种：一是基于燃料消耗来测算，在此方法中所有燃料的碳排放估算可以根据消费的燃料数量 (此数据通常来自各国或区域的能源统计) 以及平均排放因子进行计算，因此碳排放数量可以基于燃烧的燃料总量和燃料中平均碳含量进行相对精确的估算；二是燃料燃烧的碳排放量估算也采

用燃料消耗数据，但其中的燃料排放因子是用特定国家排放因子来替代方法一中的缺省因子；三是从微观层面考察碳排放，偏向于对微观低碳行为的直接碳排放数据收集。[①] 本书收集的能源消费数据主要来自于历年的《中国能源统计年鉴》，按照能源产生的方式可将能源划分为一次能源和二次能源，一次能源包括煤炭、原油和天然气，二次能源包括焦炭、汽油、煤油、柴油、燃料油，电力除风电、水电、核电直接来自自然资源外，还包括使用煤炭或油料的火电。中国的能源消费统计已经包括了用于加工转换投入的消费量即二次能源，因此在碳排放的核算中只计算能源消耗量数量及由此产生的碳排放总量。[②] 根据 2006 年 IPCC 国家温室气体清单指南对于碳排放核算的方法，碳排放量的计算公式如下：

$$C_t = \sum_{i=1}^{3} C_{i,\,t} = \sum_{i=1}^{3} E_{i,\,t} \times NCV_i \times CEF_i \times COF_i \times \frac{44}{12}$$

在上式中，C_t 表示二氧化碳的总排放量。$E_{i,t}$ 为 t 时期第 i 种化石能源的实物消耗量；NCV_i 为相应能源的平均低位发热量，CEF_i 为 IPCC（2006）提供的碳排放系数，COF_i 为碳氧化因子，44/12 为二氧化碳和碳分子量比率。

在能源种类的选择方面，碳排放量由分能源品种的终端能源消费量乘以相应的排放系数得到，由于能源平衡表中能源种类繁多，单独进行核算过于繁琐，且有可能造成重复计算，而仅选择几种重要能源进行测算也不够全面，其计算结果可能比实际偏小。基于此，在能源平衡表给定能源的基础上，本书所选能源主要包括原煤、洗精煤、其他洗煤、型煤、焦炭、焦炉煤气、高炉煤气、转炉煤气、其他煤气、原油、汽油、柴油、燃料油、液化石油气、炼厂干气、天然气、热力和电力。燃料的碳含量通常与能源的热值相关，因此宜将能源消耗转换为热值单位。IPCC 法中，能源的

---

①　陈祥兵. 产业结构、产业布局的碳排放影响及其结构性减排效应研究 ［D］. 北京：北京邮电大学，2017.

②　陈祥兵. 产业结构、产业布局的碳排放影响及其结构性减排效应研究 ［D］. 北京：北京邮电大学，2017.

碳氧化率和含碳量可因不同国家的实际情况具体赋值，IPCC 法中燃料碳氧化率的缺省值为 1，与 IPCC 法不同的是，本书的碳氧化率和碳排放因子主要来源于《省级温室气体清单编制指南》，IPCC 法提供的数据作为补充。对于煤炭的碳排放系数，由于煤品中原煤的消费占了绝对比重，且洗精煤等其他二次能源与原煤碳排放系数接近，因此煤炭的碳排放系数与原煤保持一致。考虑到计算的可操作性，本书假定，除了热力和电力以外，各种能源的碳排放系数维持不变。[①] 二氧化碳排放量核算所涉及的相关参数系数以及不同能源的二氧化碳排放系数见表 4-1。

表 4-1　　　　　　　　　各种能源的二氧化碳排放系数

能源名称	平均低位发热量	单位热值含碳量（千克/千焦）	碳氧化率	二氧化碳排放系数
原煤	20908 千焦/千克	27.4	0.94	1.9745 千克·CO_2/千克标煤
洗精煤	26344 千焦/千克	25.4	0.98	2.4044 千克·CO_2/千克标煤
其他洗煤	14636 千焦/千克	26.1	0.98	1.3727 千克·CO_2/千克标煤
焦炭	28435 千焦/千克	29.5	0.93	2.8604 千克·CO_2/千克标煤
焦炉煤气	17406 千焦/立方米	13.6	0.99	0.8593 千克·CO_2/立方米
高炉煤气	3279 千焦/立方米	70.8	0.99	0.8427 千克·CO_2/立方米
转炉煤气	7413 千焦/立方米	49.6	0.99	1.3347 千克·CO_2/立方米
其他煤气	15758 千焦/立方米	12.1	0.99	0.6921 千克·CO_2/立方米
原油	41816 千焦/千克	20.1	0.98	3.0202 千克·CO_2/千克标煤
汽油	43070 千焦/千克	18.9	0.98	2.9251 千克·CO_2/千克标煤
煤油	43070 千焦/千克	19.6	0.98	3.0334 千克·CO_2/千克标煤
柴油	42652 千焦/千克	20.2	0.98	3.0959 千克·CO_2/千克标煤

①　范凤岩.北京市碳排放影响因素与减排政策研究［D］.北京：中国地质大学（北京），2016.

续表

能源名称	平均低位 发热量	单位热值 含碳量 （千克/千焦）	碳氧化率	二氧化碳排放系数
燃料油	41816 千焦/千克	21.1	0.98	3.1705 千克·CO_2/千克标煤
液化石油气	50179 千焦/千克	17.2	0.98	3.1013 千克·CO_2/千克标煤
炼厂干气	45998 千焦/千克	18.2	0.98	3.0082 千克·CO_2/千克标煤
天然气	38931 千焦/立方米	15.3	0.99	2.1622 千克·CO_2/立方米

（资料来源：范凤岩. 北京市碳排放影响因素与减排政策研究［D］. 北京：中国地质大学（北京），2016.）

热力和电力是两种重要的二次能源，由于热力在生产阶段就核算了碳排放，热力消费的碳排放一般不予核算；对于电力碳排放的核算，由于电力的碳排放已经在电力部门发电时核算过一次，为了避免重复计算，将电力消费视作零排放。[①]

（二）武汉市碳排放总量特征及变化趋势分析

由于武汉市统计机构没有公布二氧化碳排放数据，本书对武汉市二氧化碳排放采取估算的办法。对于武汉市碳排放量的测算，本书借鉴赵秀娟等的测算方法，可估算出武汉市碳排放总量。其具体计算步骤为：首先，根据湖北省地区能源平衡表（实物量），利用排放因子法，计算出湖北省农林牧副渔业、工业、交通运输仓储和邮政业、批发零售和住宿餐饮业、其他服务业及生活能源消费产生的碳排放；其次，按照武汉市农林牧副渔业、交通运输仓储和邮政业、批发零售和住宿餐饮业、其他服务业增加值占湖北省该行业增加值的比重，将这些行业的碳排放分摊至武汉市；再次，考虑到工业内部结构差异对碳排放的影响不同，根

---

　① 齐绍洲，付坤. 低碳经济转型中省级碳排放核算方法比较分析［J］. 武汉大学学报（哲学社会科学版），2013（2）：85-92.

据工业内部各行业的能源消耗占工业能源消耗的比重，将工业碳排放量分摊至各行业，然后根据历年《湖北省统计年鉴》中武汉市规模以上工业企业分行业增加值数据，按照各行业增加值占湖北省该行业增加值的比重，将各行业的碳排放数据再继续分摊至武汉市。[①] 一般而言，碳排放计算公式可设定为：

$$E = \sum E_i = \sum T_i \times \delta_i$$

在上式中，E 为碳排放总量；E_i 为各种碳源的碳排放量；T_i 为各种碳排放源的量；δ_i 为各碳排放源的碳排放系数。由于原始统计时，各种能源的消费均为实物统计量，测算碳排放时必须转化为标准统计量，各种能源折标准煤参考系数见 2019 年《中国能源统计年鉴》。根据表 4-1 给出的碳排放因子数，可以计算出武汉市碳排放总量，结果如图 4-1 所示。

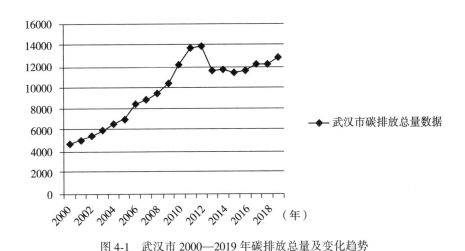

图 4-1　武汉市 2000—2019 年碳排放总量及变化趋势

从图 4-1 中可以看出，武汉市的碳排放经历了"先上升—下降—再上升"的过程，武汉市的碳排放量在 2012 年达到峰值，达到 13843.6 万吨

① 赵秀娟，张捷．基于绿色索洛模型的产业结构变动对碳排放影响——以广东省为例的实证研究 [J]．产经评论，2015（3）：38-53.

（测算值），2013 年急剧下降，随后经历缓慢下降到缓慢上升的过程。

二、武汉市工业碳排放总量及变化趋势分析

工业部门是一个城市的重要生产部门，同时也是高污染、高碳排放的部门。因此，工业部门的碳排放问题关系到一个城市未来碳减排潜力和发展空间。[①] 当前武汉市仍处于工业化进程中，工业作为武汉市经济发展的支柱，对能源消耗和二氧化碳排放贡献巨大。为了准确了解武汉市工业碳排放的特征，本书利用 IPCC 碳排放计算公式，对武汉市工业碳排放进行测算。由于在《武汉市统计年鉴》中，仅有武汉市 1999 年以后规模以上工业能源消费资料，受统计数据的限制，本书用规模以上工业碳排放情况代表武汉市工业碳排放来测算武汉市工业的碳排放总量。武汉市工业能源消耗量、总人口数、地区年生产总值以及各类能源消耗量相关数据参考各年武汉市统计年鉴。碳排放系数参见表 4-1，由于液化石油气的消耗量相较于其他能源较小，同时天然气数据在年鉴中缺失，因此本书计算的数据中不予考虑。本书根据 IPCC 碳排放的估算公式，计算出了武汉市工业2000—2019 年二氧化碳排放量、人均碳排放的数据（见表 4-2）。

表 4-2　　　　　武汉市工业碳排放、人均碳排放和

单位 GDP 工业碳排放比较（2000—2019 年）

年份	能源总量 （万吨标煤）	碳排放 （万吨）	人均碳排 放（吨/人）	单位 GDP 碳排放量 （吨/亿元）
2000	2485.33	4162.661	5.1722	3.6091
2001	2265.24	3807.685	4.6789	2.8513
2002	2356.15	4139.41	5.0254	2.8201
2003	2615.67	4622.002	5.5234	2.8493

① 王东，廖世明，梁植军. 深圳工业二氧化碳直接排放总量和结构的演化研究[J]. 特区经济，2019（10）：10-13.

年份	能源总量 （万吨标煤）	碳排放 （万吨）	人均碳排 放（吨/人）	单位 GDP 碳排放量 （吨/亿元）
2004	3274.48	5582.944	6.6037	2.9661
2005	3255.39	6503.528	7.5799	2.8741
2006	3828.17	6847.508	7.8257	2.5657
2007	3884.03	6818.692	7.6529	2.1410
2008	3914.27	6796.211	7.5766	1.6720
2009	3741.91	6680.241	7.3409	1.4088
2010	4071.71	7514.111	7.6789	1.3766
2011	4396.63	8018.607	8.0026	1.2174
2012	4230.66	7281.127	7.1948	0.9392
2013	4872.01	8410.255	8.2292	0.9614
2014	5191.93	8684.455	8.4005	0.8662
2015	5105.13	8414.872	7.9328	0.7978
2016	4860.15	7844.961	7.2867	0.6803
2017	5233.69	8325.526	7.6431	0.6360
2018	5289.77	8451.126	7.6267	0.5661
2019	5354.99	8493.879	7.5757	0.5236

（数据来源：2020 年《武汉市统计年鉴》）

根据表 4-2 可以描绘出武汉市工业 2000—2019 年能源消费总量、碳排放总量、人均碳排放量和单位 GDP 碳排放量的折线图（如图 4-2 所示），从图 4-2 中可以看出，总体上，武汉市工业能源消费总量和工业部门碳排放总量都处于上升的趋势，但存在着波动的平缓地带。人均二氧化碳排放总体上保持稳定，这与武汉市日益加快的城镇化密切相关。单位 GDP 碳排放呈现出逐年降低的趋势，由 2000 年的 3.6091 吨/亿元下降到 2019 年的 0.5236 吨/亿元，这也表明武汉市工业部门二氧化碳排放强度随着经济发展呈现趋缓的态势，经济增长的能源要素驱动作用呈现下降的趋势。①

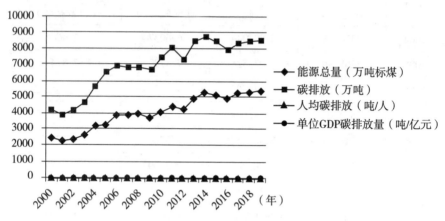

图 4-2　2000—2019 年武汉市能源消费总量、碳排放总量、
人均碳排放量和单位 GDP 碳排放量曲线

第二节　碳排放的影响因素分析

一、Kaya 恒等式简介

一般认为，碳排放由一国的技术水平、富裕程度、能源结构、经济结构、人口结构等多种因素共同作用决定。针对碳排放影响因素进行分解，定量分析因素变动对排放量变动的影响，逐渐成为研究这类问题的有效技术手段。碳排放分解分析通常是基于能源恒等式，目前较为常用的能源恒等式有 IPAT 恒等式和 Kaya 恒等式。② IPAT 恒等式由 Ehrlich 和 Holdren 于

　　①　黎明，熊伟．基于环境库兹涅茨曲线的武汉市碳排放分析 ［J］. 湖北大学学报（哲学社会科学版），2017（1）：143-148.
　　②　渠慎宁．碳排放分解：理论基础、路径剖析与选择评判 ［J］. 城市与环境研究，2019（3）：98-112.

1970 年提出,[1] 反映人口对环境压力的影响,他将环境影响和人口规模、人均财富以及与环境相关的技术水平联系起来,建立四者之间关系的恒等式。Kaya 恒等式是由 Yoichi Kaya 于 1989 年提出的,他将碳排放量分解为能源消费结构、能源消耗强度、经济发展水平、社会规模四个宏观总体因子。Kaya 恒等式揭示了碳排放与相关因素之间的关系,[2] 从而发现不同影响因素对碳排放的不同影响力。Kaya 恒等式可以具体表述如下:

$$CO_2 = \frac{CO_2}{EN} \times \frac{EN}{GDP} \times \frac{GDP}{POP} \times POP = C_i \times E_i \times Y_i \times P_i$$

在上式中,CO_2、GDP、EN、POP 分别表示二氧化碳排放量、国内生产总值、化石能源消费量和国内总人口。Kaya 恒等式清晰地揭示了 CO_2 排放的驱动力影响因素:C_i 是指单位能源消耗 CO_2 的排放量,即单位能源消耗所排放的二氧化碳量;E_i 是指单位 GDP 所消耗的能源用量;Y_i 表示人均 GDP;P_i 表示总人口数量。因此 C_i、E_i、Y_i、P_i 可以理解为是对碳排放水平高低的影响因素的四个层面。[3] 与 IPAT 恒等式相比,Kaya 恒等式能够较好地反映一国能源结构与经济结构对碳排放量的影响,因而能够更好地发掘导致碳排放变化的深层次因素;另外,Kaya 恒等式具有较好的延伸性,使用过程可根据实际情况对各因素进行进一步分解,因而 Kaya 恒等式在碳排放分解问题中得到了较为广泛的应用。[4]

Kaya 恒等式主要有两种分解方法:一是指数分解分析法,指数分解分析法包括 Laspeyres 指数法和 Divisia 指数法;二是 LMDI 结构分解分析法。指数分解分析法通常利用能源恒等式将碳排放量表示为几个因素指数的乘

---

[1]　Ehrlich P R, Holdren J P. The People Problem [J]. Saturday Review, 1970 (4): 42-43.

[2]　陈祥兵. 产业结构、产业布局的碳排放影响及其结构性减排效应研究 [D]. 北京:北京邮电大学, 2017.

[3]　陈祥兵. 产业结构、产业布局的碳排放影响及其结构性减排效应研究 [D]. 北京:北京邮电大学, 2017.

[4]　渠慎宁. 碳排放分解:理论基础、路径剖析与选择评判 [J]. 城市与环境研究, 2019 (3): 98-112.

积，并根据不同权重确定方法对各因素进行分解，以确定各个指数的增量份额。与指数分解分析法最大的区别在于，结果分解分析法基于投入产出表，以消费系数矩阵为基础，可对各影响因素如产业部门最终需求、国际贸易等进行较为细致的分析。[①] 为了更好地了解两种分解方法，下面对这两种分解方法分别进行介绍。

二、碳排放影响因素分解方法简介

(一) 指数分解法

Laspeyres 指数法由德国数学家 Laspeyres 于 1864 年提出，通过固定其他要素于基年的值，观察某要素在某段时间内波动给待考察总量带来的影响，可以计算该要素带来的冲击程度。[②] Laspeyres 指数法的基本公式为：

$$E = \frac{E}{Y} \times Y = Y \times \frac{\sum C_i}{Y} = Y \times \frac{\sum Y_i I_i}{Y} = Y \times \sum I_i S_i$$

在上式中，Y_i 表示 i 部门的生产总值；C_i 表示 i 部门的碳排放总量；Y 和 E 分别表示我国国内生产总值与碳排放总量。I_i 表示 i 部门的污染排放强度；S_i 表示 i 部门的生产总值在 GDP 总量中的比重。如果设定基期碳排放总量为 E^0，t 期的碳排放总量为 E^T，那么从基期到 t 期的碳排放总量变动可以表示为：

$$\Delta E = E^T - E^0 = Y^T \times \sum I_i^T S_i^T - Y^0 \times \sum I_i^0 S_i^0$$

采用 Laspeyres 指数法从经济增长、部门结构与技术进步三个方面对碳排放量的变动进行分解，具体过程如下：

---

① 刘亦文，胡宗义，戴钰. 中国碳排放变化的因素分解与碳减排路径研究 [J].
经济数学，2013 (3)：51-56.
② 渠慎宁. 碳排放分解：理论基础、路径剖析与选择评判 [J]. 城市与环境研
究，2019 (3)：98-112.

$$\Delta E = \Delta Y \cdot \sum I_i^0 S_i^0 + \frac{1}{2}\Delta Y \cdot \sum (I_i^0 \cdot \Delta S_i + S_i^0 \cdot \Delta I_i) + \frac{1}{3}\Delta Y \cdot \sum \Delta I_i \cdot \Delta S_i$$

$$+ Y^0 \cdot \sum \Delta S_i^0 \cdot \Delta I_i + \frac{1}{2}\Delta I_i \cdot \sum (S_i^0 \cdot \Delta Y + Y^0 \cdot \Delta S_i) + \frac{1}{3}\Delta Y \cdot \sum \Delta I_i \cdot \Delta S_i$$

$$+ Y^0 \cdot \sum I_i^0 \cdot \Delta S_i + \frac{1}{2}\Delta S_i \cdot \sum (I_i^0 \cdot \Delta Y + Y^0 \cdot \Delta I_i) + \frac{1}{3}\Delta Y \cdot \sum \Delta I_i \cdot \Delta S_i$$

上式中，经济增长对排放量的影响效应可表示为：

$$\Delta Y \cdot \sum I_i^0 S_i^0 + \frac{1}{2}\Delta Y \cdot \sum (I_i^0 \cdot \Delta S_i + S_i^0 \cdot \Delta I_i) + \frac{1}{3}\Delta Y \cdot \sum \Delta I_i \cdot \Delta S_i$$

部门结构变动对排放量的影响效应可表示为：

$$Y^0 \cdot \sum \Delta S_i^0 \cdot \Delta I_i + \frac{1}{2}\Delta I_i \cdot \sum (S_i^0 \cdot \Delta Y + Y^0 \cdot \Delta S_i) + \frac{1}{3}\Delta Y \cdot \sum \Delta I_i \cdot \Delta S$$

技术进步对排放量的影响效应可表示为：

$$Y^0 \cdot \sum I_i^0 \cdot \Delta S_i + \frac{1}{2}\Delta S_i \cdot \sum (I_i^0 \cdot \Delta Y + Y^0 \cdot \Delta I_i) + \frac{1}{3}\Delta Y \cdot \sum \Delta I_i \cdot \Delta S_i$$

需要引起注意的是，Laspeyres 指数法的分析是基于连续时间的前提下产生的，为了能够将该思想运用于离散时间的分析，Boyd 等[1]借鉴 Divisia 指数的方法，将该分解方法进行扩展，形成了 Divisia 指数分解分析法。目前，Divisia 指数分解分析法已经成为能源与环境经济分解研究领域内继 Laspeyres 指数法之外的又一重要方法。其具体分析过程如下：

将 $E = Y \cdot \sum I_i S_i$ 两边取对数并对时间求导，可以得到

$$\frac{\mathrm{d}\ln E}{\mathrm{d}t} = \frac{\mathrm{d}\ln Y}{\mathrm{d}t} + \sum e_i \left[\frac{\mathrm{d}\ln S_i}{\mathrm{d}t} + \frac{\mathrm{d}\ln I_i}{\mathrm{d}t} \right]$$

根据定积分的定义可以进一步变形得到：

$$\ln \frac{E_T}{E_0} = \int_0^T \left[\frac{\mathrm{d}\ln Y}{\mathrm{d}t} + \sum_i e_i \left(\frac{\mathrm{d}\ln S_i}{\mathrm{d}t} + \frac{\mathrm{d}\ln I_i}{\mathrm{d}t} \right) \right] \mathrm{d}_t = \ln \frac{Y_T}{Y_0} + \sum_i e_i$$

① Boyd G A, Hanson D A, Stemer T. Decomposition of Changes in Energy Intensity: A Comparison of the Divisia Index and Other Method [J]. Energy Economics, 1988 (4): 309-312.

$$\int_0^T \left(\frac{\mathrm{d}\ln S_i}{\mathrm{d}t} + \frac{\mathrm{d}\ln I_i}{\mathrm{d}t} \right) d_t$$

两边同时去掉对数变形可得：

$$\frac{E_T}{E_0} = \frac{Y_T}{Y_0} \cdot \exp \left(\sum_i \int_0^T e_i \frac{\mathrm{d}\ln S_i}{\mathrm{d}t} d_t \right) \cdot \exp \left(\sum_i \int_0^T e_i \frac{\mathrm{d}\ln I_i}{\mathrm{d}t} d_t \right)$$

由于在时间 $[0, T]$ 内各时间点上的 e_i 有所变化，因而无法精确地测算出括号内的积分值。Boyd 等（1988）采用取两个端点值的算数平均值来进行分析，可以得到：

$$\frac{E_T}{E_0} \cong \frac{Y_T}{Y_0} \cdot \exp \left(\sum_i e_i(t^*) \ln \frac{S_{iT}}{S_{i0}} \right) \cdot \exp \left(\sum_i e_i(t^*) \ln \frac{I_{iT}}{I_{i0}} \right)$$

其中，$e_i(t^*) = \frac{1}{2} \left(\frac{E_{i0}}{E_0} + \frac{E_{iT}}{E_T} \right)$。由于该方法借鉴了 Divisia 指数法的思想，因此也被称为 Divisia 指数法。

（二）LMDI 分解法简介

由于碳排放影响因素指数分解法的分解结果中出现了未经解释的剩余项，导致指数分解方法的有效性受到一定的质疑。[1] 为了提升影响因素的有效性，在 Divisia 指数分解法的基础上，Ang 于 2004 年提出了平均迪氏指数法（Logarithmic Mean Divisia Index，LMDI）。[2] 在计算过程中，因将指数分解法中的剩余项完全分解，并且不会出现不可解释的余项，从而成为目前各种分解方法中相对更为合理的一种因素分解法。有关碳排放的恒等式很多，基于不同的目标构建碳排放分解模型能够分解出不同碳排放变化的影响因素。比如，为了研究能源结构调整对碳排放的影响，冯娅（2012）采用如下恒等式对碳排放进行分解分析：

---

[1] 冯娅. 湖北省产业碳排放水平及其影响因素研究 [D]. 武汉：武汉大学，2012.

[2] Ang B W. Decomposition Analysis for Policymaking in Energy：Which is the Preferred Method? [J]. Energy Policy, 2004（9）：1131-1139.

$$C = \sum_{i=1}^{n} \frac{E_i}{E} \times \frac{C_i}{E_i} \times \frac{E_i}{Y} \times \frac{Y}{P} \times P = K_i \times S_i \times R \times I \times P$$

在上式中，E_i 为第 i 种燃料消费量，E 为能源消费总量，C_i 为第 i 种燃料的碳排放量，Y 为地区生产总值，P 为地区人口数。K_i 为各种能源排放强度，表示消费单位第 i 种燃料的碳排放量；S_i 表示能源结构因素，表示第 i 种燃料消费量占能源消费总量的比值；R 为经济发展因素，即人均 GDP；I 为能源强度因素，即单位 GDP 的能源消耗。该公式说明了影响碳排放的主要因素有五个，即人口、人均 GDP、能源结构、能源强度和碳排放强度。根据该公式可知，第 T 年相对于基年的二氧化碳的变化量可以表示为：

$$\Delta C = C^T - C^0 = \sum_{i=1}^{n} S_i^T K_i^T I^T R^T P^T - \sum_{i=1}^{n} S_i^0 K_i^0 I^0 R^0 P^0$$
$$= \Delta C_s + \Delta C_k + \Delta C_I + \Delta C_R + \Delta C_P$$

在上式中，将 ΔC 看作第 T 年相对于基期的二氧化碳排放量的变化量，C^T、C^0 分别表示第 T 年和基期的二氧化碳的排放量，ΔC_s、ΔC_k、ΔC_I、ΔC_R、ΔC_P 分别表示能源结构、碳排放强度、能源强度、人均 GDP、人口变化所导致的二氧化碳的变化量。将公式继续进行因素分解，可以得到：

$$\Delta C_s = \sum_{i=1}^{n} A_i \ln \frac{S_i^T}{S_0^T} ; \ \Delta C_k = \sum_{i=1}^{n} A_i \ln \frac{K_i^T}{K_0^T} ; \ \Delta C_I = \sum_{i=1}^{n} A_i \ln \frac{I_i^T}{I_0^T} ;$$

$$\Delta C_R = \sum_{i=1}^{n} A_i \ln \frac{R_i^T}{R_0^T} ; \ \Delta C_P = \sum_{i=1}^{n} A_i \ln \frac{P_i^T}{P_0^T}$$

其中，$A_i = \dfrac{C_i^T - C_i^0}{\ln \dfrac{C_i^T}{C_0^T}}$，由于各类能源的碳排放系数是固定不变的，所以 $\Delta C_k = 0$。

与冯娅（2012）不同的是，郭朝先（2012）既考虑了能源结构，又考虑了产业结构对碳排放总量的影响。郭朝先（2012）采用如下恒等式对碳排放进行分解分析：

$$C = \sum_{ij} C_{ij} = \sum_{ij} Q \times \frac{Q_i}{Q} \times \frac{E_i}{Q_i} \times \frac{E_{ij}}{E_i} \times \frac{C_{ij}}{E_{ij}} = \sum_{ij} QS_i I_i M_{ij} U_{ij}$$

其中，i 表示产业部门，j 表示能源消费种类；C 表示二氧化碳排放总量，C_{ij} 表示 i 产业消耗 j 种能源的二氧化碳排放量；Q 和 Q_i 分别表示经济总量和 i 产业增加值；E、E_i、E_{ij} 分别表示能源消耗总量、i 产业的能源消费总量、i 产业对 j 种能源的消费量；S_i 表示 i 产业增加值所占的比重；I_i 表示 i 产业能源消费强度；M_{ij} 表示 j 种能源在 i 产业中所占的比重，U_{ij} 表示 i 产业中消费 j 种能源的二氧化碳排放系数。基于以上说明，可以得到在基期和报告期的碳排放总量差异分解式：

$$\Delta C_{tot} = C^t - C^0 = \Delta C_{act} + \Delta C_{str} + \Delta C_{int} + \Delta C_{mix} + \Delta C_{emf}$$

在 $\Delta C_{tot} = C^t - C^0 = \Delta C_{act} + \Delta C_{str} + \Delta C_{int} + \Delta C_{mix} + \Delta C_{emf}$ 分解项中，分别代表经济活动、产业结构、能源消耗强度、能源结构和碳排放系数的变动对碳排放总量水平的影响。LMDI 的主要缺陷在于无法处理具有 0 值和负值的数据，但 Ang 等[1]使用"分析极限"的技巧成功地解决了这一问题。在实际问题中，一般不会出现负值，而对于 0 值，则可以用一个任意小的数代替而不会影响计算结果。[2] 根据 LMDI 分解方法，可以得到 ΔC_{act}、ΔC_{str}、ΔC_{int}、ΔC_{mix}、ΔC_{emf} 的表达式：

$$\Delta C_{act} = \sum_{ij} \frac{(C_{ij}^t - C_{ij}^0)}{(\ln C_{ij}^t - \ln C_{ij}^0)} \times \ln\left(\frac{Q^t}{Q^0}\right)$$

$$\Delta C_{str} = \sum_{ij} \frac{(C_{ij}^t - C_{ij}^0)}{(\ln C_{ij}^t - \ln C_{ij}^0)} \times \ln\left(\frac{S_i^t}{S_i^0}\right)$$

$$\Delta C_{int} = \sum_{ij} \frac{(C_{ij}^t - C_{ij}^0)}{(\ln C_{ij}^t - \ln C_{ij}^0)} \times \ln\left(\frac{I_i^t}{I_i^0}\right)$$

$$\Delta C_{mix} = \sum_{ij} \frac{(C_{ij}^t - C_{ij}^0)}{(\ln C_{ij}^t - \ln C_{ij}^0)} \times \ln\left(\frac{M_{ij}^t}{M_{ij}^0}\right)$$

---

[1] Ang B W. The LMDI Approach to Decomposition Analysis: A Parctical Guide [J]. Energy Policy, 2005 (33): 867-871.

[2] 郭朝先. 产业结构变动对中国碳排放的影响 [J]. 中国人口·资源与环境, 2012 (7): 15-20.

$$\Delta C_{\text{emf}} = \sum_{ij} \frac{(C_{ij}^t - C_{ij}^0)}{(\ln C_{ij}^t - \ln C_{ij}^0)} \times \ln\left(\frac{U_{ij}^t}{U_{ij}^0}\right)$$

徐成龙等（2014）着重考察了产业结构效应，基于 Kaya 恒等式，采用如下恒等式对碳排放进行分解分析：

$$C^t = \sum_{i=1}^{n} Y^t \times \frac{Y_i^t}{Y^t} \times \frac{C_i^t}{Y_i^t} = \sum_{i}^{n} Y^t \times S_i^t \times I_i^t$$

在恒等式 $C^t = \sum_{i=1}^{n} Y^t \times \dfrac{Y_i^t}{Y^t} \times \dfrac{C_i^t}{Y_i^t} = \sum_{i}^{n} Y^t \times S_i^t \times I_i^t$ 中，C^t 为 t 时期整个经济系统碳排放量；Y^t 为 t 时期 GDP；Y_i^t 为 t 时期第 i 产业增加值；C_i^t 为 t 时期第 i 产业碳排放量；$S_i^t = \dfrac{Y_i^t}{Y^t}$ 为 t 时期第 i 产业增加值在 GDP 中的比重，表征 t 时期的产业结构；$I_i^t = \dfrac{C_i^t}{Y_i^t}$ 为 t 时期第 i 产业的碳排放强度，表征 t 时期 i 产业的碳排放效率。这样，在基期和报告期的碳排放量差异可分解为：

$$\Delta C_{\text{tot}} = C^t - C^0 = \Delta C_{\text{act}} + \Delta C_{\text{str}} + \Delta C_{\text{int}}$$

在 $\Delta C_{\text{tot}} = C^t - C^0 = \Delta C_{\text{act}} + \Delta C_{\text{str}} + \Delta C_{\text{int}}$ 中，ΔC_{act}、ΔC_{str}、ΔC_{int} 表示经济活动、产业结构、能源消耗强度变动对总的碳排放水平的影响。根据 LMDI 分解方法，可以得到 ΔC_{act}、ΔC_{str}、ΔC_{int} 的表达式：

$$\Delta C_{\text{act}} = \sum_{i,j} \frac{(C_{ij}^t - C_{ij}^0)}{(\ln C_{ij}^t - \ln C_{ij}^0)} \times \ln\left(\frac{Q^t}{Q^0}\right)$$

$$\Delta C_{\text{str}} = \sum_{i,j} \frac{(C_{ij}^t - C_{ij}^0)}{(\ln C_{ij}^t - \ln C_{ij}^0)} \times \ln\left(\frac{S_i^t}{S_i^0}\right)$$

$$\Delta C_{\text{int}} = \sum_{i,j} \frac{(C_{ij}^t - C_{ij}^0)}{(\ln C_{ij}^t - \ln C_{ij}^0)} \times \ln\left(\frac{I_i^t}{I_i^0}\right)$$

在 ΔC_{act}、ΔC_{str}、ΔC_{int} 的表达式中，C_{ij}^0 和 C_{ij}^t 分别表示基期和第 t 期 i 产业消耗 j 种能源的二氧化碳排放量；Q^0 和 Q^t 分别表示基期和第 t 期的 GDP；S_i^0 和 S_i^t 分别表示基期和第 t 期 i 产业增加值所占比重；I_i^0 和 I_i^t 分别表示基期和第 t 期 i 产业的排放强度。

第三节　武汉市碳排放因素对碳排放的影响分析

一、数据来源及说明

各产业部门的增加值、地区生产总值原始数据来自历年《武汉市统计年鉴》，为便于比较，各产业部门的增加值、地区生产总值采用不变价，根据历年《武汉市统计年鉴》提供的不变价及其指数，以 2000 年为基期，来推算各产业部门的增加值、地区生产总值的不变价格数据，武汉市历年碳排放数据来自前文的推算。将计算的各种数据结果，代入 ΔC_{act}、ΔC_{str}、ΔC_{int} 的表达式中，可以得到武汉市碳排放因素的分解结果。

二、碳排放影响因素分解结果及解释

由于本书的主要目标是探讨产业结构与碳达峰碳中和之间的关系，借鉴徐成龙等（2014）的恒等式分解分析方法，将武汉市碳排放影响因素设定为经济活动、产业结构、能源消耗强度三个方面。将基准年 2000 年设定为 0，目标年 2019 年设定为 t，采用 LMDI 分解模型将武汉市基准年到目标年二氧化碳排放分解为三大影响因素。根据来源于历年武汉市统计年鉴、相关的发展规划和研究报告等的社会经济和各部门能源数据，通过 LMDI 模型分解可以得到碳排放增长的详细分解结果（见表 4-3）。

表 4-3　　　　　　　**2000—2019 年武汉市二氧化碳排放变化**

LMDI 的分解结果（单位：10^4 吨）

年份	经济效应	能源强度效应	产业结构效应	总效应
2000—2001	712.6070	−514.5200	0.0285	198.0050
2001—2002	490.5230	−32.2037	0.0051	458.2430
2002—2003	570.3040	2.0630	0.0142	572.4100

续表

年份	经济效应	能源强度效应	产业结构效应	总效应
2003—2004	925.5350	−458.1430	0.0147	467.6560
2004—2005	1219.2800	−894.1180	0.0409	325.2280
2005—2006	1245.5900	329.3250	0.1768	1575.1700
2006—2007	1519.1200	−1046.9600	0.0183	472.1970
2007—2008	2219.2000	−1685.5300	0.0328	533.5300
2008—2009	1513.6400	−583.0370	0.1121	930.1770
2009—2010	1576.3800	278.8480	0.0255	1855.2000
2010—2011	2427.7500	−854.0220	0.2343	1573.6300
2011—2012	2246.5500	−2131.0600	0.0163	116.9870
2012—2013	1526.1700	−3866.1500	−0.0110	−2340.1300
2013—2014	1582.4700	−1376.0400	0.0713	206.6580
2014—2015	585.9900	−902.1090	−0.0088	−315.9760
2015—2016	1017.2900	−987.0020	0.0027	30.4971
2016—2017	1497.7500	−719.5330	0.0625	778.4090
2017—2018	1602.8000	−1607.1800	−0.0004	−3.8098
2018—2019	1040.0900	−417.7590	−12.5062	609.8248
2000—2019	21386.96	−13382.87	41.2785	8045.3685

从表 4-3 中可以看出，总体上武汉市 2000—2019 年碳排放增长
8045.3685 万吨，其中，经济效应 21386.96 万吨，产业结构效应 41.2785
万吨，能源消费强度效应 −13382.87 万吨。从各种因素对碳排放增长的贡
献度来看（见表 4-4），经济增长对碳排放增长的贡献度最大，高达
265.829%；能源消费强度对碳排放增长的贡献度为 −166.343%，产业结构
对碳排放增长的贡献度为 0.5131%。

表 4-4　　　　　**2000—2019 年武汉市二氧化碳排放变化**

LMDI 的各因素贡献率（单位：%）

年份	经济效应	能源强度效应	产业结构效应	总效应
2000—2001	359.893	−259.852	0.0144	100
2001—2002	107.044	−7.02765	0.0011	100
2002—2003	99.6321	0.360406	0.0025	100
2003—2004	197.909	−97.9658	0.0031	100
2004—2005	374.9	−274.92	0.0126	100
2005—2006	79.0765	20.9073	0.0112	100
2006—2007	321.713	−221.721	0.0039	100
2007—2008	415.947	−315.92	0.0061	100
2008—2009	162.726	−62.6802	0.0121	100
2009—2010	84.9709	15.0306	0.0014	100
2010—2011	154.277	−54.2708	0.0149	100
2011—2012	1920.34	−1821.62	0.0139	100
2012—2013	−65.2173	165.211	0.0005	100
2013—2014	765.743	−665.854	0.0345	100
2014—2015	−185.454	285.499	0.0028	100
2015—2016	3335.69	−3236.38	0.0089	100
2016—2017	192.412	−92.4364	0.0080	100
2017—2018	−42070.4	42185.4	0.0105	100
2018—2019	170.556	−68.5048	−2.0508	100
2000—2019	265.829	−166.343	0.5131	100

分年度来看，经济效应始终是武汉市碳排放增长的主导因素；除个别年份外，能源消费强度效应一般是减少碳排放的因素；除了 2012—2013年、2014—2015 年、2017—2018 年、2018—2019 年以外，产业结构效应

一般也导致了碳排放增长，说明武汉市产业结构呈现"高碳化"趋势，但从2017—2018年、2018—2019年的变化趋势可以看到，武汉市产业结构"高碳化"的趋势趋于好转。武汉市产业结构效应较长时间保持正数，从碳排放的角度来说，与武汉市产业结构长期偏重的因素有很大关系，这种偏重的结构特征导致武汉市长期碳排放呈现增长的趋势。在国家节能减排政策推动下，武汉市产业结构对碳排放增长的贡献度转负，这表明武汉市通过优化产业结构，抑制了碳排放的增长，主要表现在2012—2013年、2014—2015年、2017—2018、2018—2019年，这也说明，武汉市产业结构正在向绿色低碳化方向进行优化调整。

总而言之，影响武汉市碳排放变化的单个因素累计贡献值的时间序列趋势中，经济产出效应对碳排放量的增长起正向的驱动作用；除部分年份外，产业结构对碳排放量的增长起着正向的驱动作用；除个别年份外，能源强度对碳排放的增长起反向的抑制作用。

从以上的分析可知，经济产出效应对碳排放量的增长起正向的驱动作用，除部分年份外，产业结构对碳排放量的增长起着正向的驱动作用；除个别年份外，能源强度对碳排放的增长起反向的抑制作用。为了清晰了解产业结构对碳排放的增长效应，还需要在三次产业中明确哪次产业对碳排放增长贡献度最大，这就需要进一步分析三次产业与碳排放之间的关联性。

第四节 武汉市产业结构与碳排放之间的关联性分析

一、产业结构与碳排放之间关系的分析方法——灰色关联分析简介

灰色关联分析是一种统计分析技术，主要用来分析系统中母因素与子因素关系的密切程度，从而判断引起该系统发展变化的主要因素和次要因素，是对系统动态发展态势的量化比较方法。灰色关联分析法最早

由邓聚龙①于 2002 年提出，它是一种系统科学理论（Grey Theory）。其基本思想是通过确定参考数据列和若干个比较数据列的几何形状相似程度来判断其联系是否紧密，曲线间的紧密程度决定序列之间的关联程度。灰色关联法的计算步骤如下：

确定参考序列和比较序列。X_0 为参考序列，X_i 为比较序列，即：

$$X_0 = \{x_0(1), x_0(2), \cdots, x_0(k), \cdots x_0(n)\}$$

$$X_i = \{x_i(1), x_i(2), \cdots, x_i(k), \cdots x_i(n)\}$$

$$\text{其中，} k = 1, 2, \cdots, n, \ i = 1, 2, \cdots, m$$

在对参考序列和比较序列进行无量纲化的基础上，计算参考序列 X_0 和比较序列 X_i 的灰色关联系数 $\xi(x_0(k), x_i(k))$，$\xi(x_0(k), x_i(k))$ 的计算公式如下：

$$\xi(x_0(k), x_i(k)) = \frac{\min_i \min_k |x_0(k) - x_i(k)| + \rho \max_i \max_k |x_0(k) - x_i(k)|}{|x_0(k) - x_i(k)| + \rho \max_i \max_k |x_0(k) - x_i(k)|}$$

上式中，$\min_i \min_k |x_0(k) - x_i(k)|$ 为 x_0 与 x_i 的二级最小差；$\max_i \max_k |x_0(k) - x_i(k)|$ 为二级最大差；ρ 为分辨系数，其取值范围为 $[0, 1]$，一般取 $\rho = 0.5$。参考序列 X_0 和比较序列 X_i 的灰色关联度系数为：$\xi(X_0, X_i) = \frac{1}{n} \sum_{k=1}^{n} \xi(x_0(k), x_i(k)) \ \xi(X_0, X_1)$

二、武汉市三次产业结构与碳排放之间的灰色关联分析

以武汉市地区碳排放总值作为参考序列 X_0，以武汉市第一、二、三产业的产业增加值数据序列作为比较序列 X_1、X_2、X_3。取分辨率 $\rho = 0.5$，可以得到武汉市三次产业与经济增长的灰色关联系数和灰色关联度，限于篇幅，只列出了部分年份的灰色关联系数以及总的灰色关联度（见表 4-4）。

---

① 邓聚龙. 灰预测与灰决策 ［M］. 武汉：华中科技大学出版社，2002.

表 4-4　　武汉市产业结构与碳排放的灰色关联系数及灰色关联度

年份	2000	2011	2012	2013	2014	2015	2016	2017	$\zeta(X_0,X_i)$
$\zeta[X(k),X_1(k)]$	1	0.8595	0.8344	0.8039	0.8287	0.9092	0.9776	0.9617	0.9432
$\zeta[X(k),X_2(k)]$	1	0.9953	0.9554	0.9369	0.9961	0.8944	0.8005	0.7630	0.9487
$\zeta[X(k),X_3(k)]$	1	0.4908	0.5098	0.4743	0.4299	0.3978	0.3754	0.3333	0.6667

从表 4-4 中可以看出，$\zeta(X_0,X_1)=0.9432$，$\zeta(X_0,X_2)=0.9487$，$\zeta(X_0,X_3)=0.6667$，即 $\zeta(X_0,X_2)>\zeta(X_0,X_1)>\zeta(X_0,X_3)$。这表明，2000—2019 年，第二产业与武汉市碳排放之间的关联度最大，因而对武汉市碳排放增长的影响最为显著，第一产业次之，第三产业与碳排放之间的关联度最弱。因此，武汉市要降低碳排放，重点是调整第二产业。

第五节　本 章 小 结

本章采用 2006 年 IPCC 国家温室气体清单指南对于碳排放核算的方法，对武汉市总体的碳排放水平进行核算，并对武汉市的工业行业碳排放水平进行核算。在此基础上，利用 Kaya 恒等式 LMDI 模型分解法对武汉市碳排放影响因素进行分析。最后，利用灰色关联模型，探讨武汉市三次产业结构与碳排放之间的关联程度，通过比较各关联程度的大小来判断三次产业对碳排放的影响程度。研究结果表明：

第一，武汉市的碳排放经历了"先上升—后下降—再上升"的过程，武汉市的碳排放量在 2012 年达到峰值，达到 13843.6 万吨（测算值），2013 年急剧下降，随后经历缓慢下降到缓慢上升的过程。

第二，总体上，武汉市工业能源消费总量和工业部门碳排放总量都处于上升的趋势，但存在着波动的平缓地带。人均二氧化碳排放总体上保持稳定，这与武汉市日益加快的城镇化密切相关。单位 GDP 碳排放呈现出逐年降低的趋势，由 2000 年的 3.6091 吨/亿元下降到 2019 年的 0.5236 吨/亿元，这也表明武汉市工业部门二氧化碳排放强度随着经济发展呈现趋缓的态势，经济增长的能源要素驱动作用呈现下降的趋势。

第三，影响武汉市碳排放变化的单个因素累计贡献值的时间序列趋势中，经济产出效应对碳排放量的增长起正向的驱动作用；除部分年份外，产业结构对碳排放量的增长起着正向的驱动作用；除个别年份外，能源强度对碳排放的增长起反向的抑制作用。从 2017 年开始，武汉市产业结构正在向绿色低碳化方向优化调整。

第四，在三次产业结构与碳排放之间关系的关联系数中，第二产业的关联度系数大于第一产业，第一产业的关联度系数大于第三产业。这意味着武汉市第二产业对碳排放的影响最大。因此，武汉市要降低碳排放，如期实现国家层面碳达峰碳中和目标，重点是调整第二产业。

第五章　武汉市产业结构调整
对碳排放的影响分析

第一节　产业结构调整与碳排放之间关系的理论分析

借鉴赵秀娟等[①]的分析，引入 Brock 和 Taylor[②] 的索洛模型，假定 t 时间的污染排放量 P_t、单位产出的污染排放量（污染强度）N_t、产出 Y_t 之间满足关系式：

$$P_t = N_t Y_t$$

从上式可以看出，污染排放量与单位产出之间正相关。假定污染量、污染强度、产出的增长率分别为 $g_{P,t}$、$g_{N,t}$、$g_{Y,t}$，且污染强度随着治污技术进步按照固定的速率下降，即 $g_{N,t}$ 为不变的负值（$-g_A$）。对上式两边取对数，再对时间求导，可以得到：

$$g_{P,t} = g_{N,t} + g_{Y,t} = -g_A + g_{Y,t}$$

从 $g_{P,t} = g_{N,t} + g_{Y,t} = -g_A + g_{Y,t}$ 可以看出：在要素报酬递减规律的作用下，随着资本积累，产出的增长率下降，从而污染产出增长率 $g_{P,t}$ 先为正值，后为负值，即污染排放量呈现出先上升后下降的模式。为了更好地

①　赵秀娟，张捷. 基于绿色索洛模型的产业结构变动对碳排放影响——以广东省为例的实证研究 [J]. 产经评论，2015（3）：38-53.

②　Brock W，Taylor M S. The Green Solow Model [J]. NBER Working Paper，2004.

说明问题，引入 Stefańskis[①] 的三部门经济模型。假定经济中存在着三个部门，农业 A、工业 B 和服务业 C，每个部门 i 在时点 t 的碳排放量 $P_{i,t}$ 以及经济中总的碳排放量 P_t 均与产出正相关。假定 $n_{i,t}$、$Y_{i,t}$、$r_{i,t}$ 分别为每个部门的单纯产出碳排放量、产出、产出占总产出的比重，N_t、Y_t 分别为整个经济的单位产出碳排放量、总产出，对于每个部门来说，存在着如下关系：

$$P_{i,t} = n_{i,t} Y_{i,t}$$

$$r_{i,t} = \frac{Y_{i,t}}{Y_t}$$

假定每个部门在减少碳排放方面具有相同的技术进步，从而每个部门碳排放强度按照相同的速率 g_A 下降，即：

$$\dot{n}_{i,t} = -g_A n_{i,t}$$

在 $\dot{n}_{i,t} = -g_A n_{i,t}$ 中，表示部门 i 在时点 t 的碳排放强度对时间的一阶导数。就碳排放强度而言，工业最高，服务业次之，农业最低，即 $n_{B,t} > n_{C,t} > n_{A,t}$。在存在产业结构调整的情况下，整个经济的碳排放强度除了取决于农业部门、工业部门、服务业部门的碳排放强度以外，还取决于各个部门的产出比重的变化情况，即产业结构调整的方向，此时碳排放强度不再以 g_A 的速率下降。整个经济的碳排放总量为：

$$P_t = N_t Y_t = \frac{P_t}{Y_t} Y = \left(\frac{\sum_i P_{i,t}}{Y_t} \right) Y_t = \left(\frac{\sum_i n_{i,t} Y_{i,t}}{Y_t} \right) Y_t = \left(\sum_i n_{i,t} \frac{Y_{i,t}}{Y_t} \right) Y_t = \left(\sum_i n_{i,t} r_{i,t} \right) Y_t$$

对上式两边取对数，并对时间求导，结合 $r_{A,t} + r_{B,t} + r_{C,t} = 1$ 以及 $\dot{r}_{A,t} + \dot{r}_{B,t} + \dot{r}_{C,t} = 0$，可以得到碳排放总量的增长率满足如下关系式：

$$g_{P,t} = g_{Y,t} + g_{N,t} = g_{Y,t} - g_A + \frac{\dot{r}_{B,t}(n_{B,t} - n_{A,t}) + \dot{r}_{C,t}(n_{C,t} - n_{A,t})}{r_{B,t}(n_{B,t} - n_{A,t}) + r_{C,t}(n_{C,t} - n_{A,t}) + n_{A,t}}$$

---

① Stefański R L. Essays on Structural Transformation in International Economics [D]. USA：The university of Minnesota，2009.

在上式中,碳排放总量的增长率分解为经济增长对环境影响的规模效应

$(g_{Y,t})$、技术效应$(-g_A)$和规模效应$\left(\dfrac{r_{B,t}(n_{B,t} - n_{A,t}) + r_{C,t}(n_{C,t} - n_{A,t})}{r_{B,t}(n_{B,t} - n_{A,t}) + r_{C,t}(n_{C,t} - n_{A,t}) + n_{A,t}} \right)$,

其中技术效应和结构效应共同表征了碳排放强度的增长率。

在经济增长率及各产业减少碳排放的技术进步率一定的前提下,产业结构调整对碳排放强度、碳排放量的变化起着重要作用。产业结构调整带来的结构效应导致碳排放强度、碳排放量呈现两条倒 U 形曲线。因此,在经济结构从农业经济向工业经济转型的过程中,产业结构调整表现为工业和服务业产出比重提高,从而导致碳排放量提升;在工业经济向服务业经济转型的过程中,随着工业产出比重下降,服务业产出比重上升,有助于碳排放强度、碳排放量同时降低。

第二节　武汉市产业结构调整与碳排放之间关系的实证分析

一、产业结构调整指标的量化

产业结构调整是提升我国经济发展质量的有效途径,包括产业结构合理化和产业结构高级化两个方面。产业结构合理化反映了产业间生产规模比例关系和投入产出关联关系的协调,而产业结构高级化反映了产业间优势地位的更迭。

(一)产业结构合理化指标的测算

产业结构合理化以各个产业的协调发展以及资源的有效利用为表现形式,在一定经济发展水平的基础上以促进经济增长为目的,对不合理的产业进行调整。在经济发展的不同阶段,不同的产业部门会占据主导地位,此时合理的产业结构使得社会内的劳动力和资源分配更加合理,从而提高社会能源的利用效率,降低产品生产的能耗,此时生产同一单位产品产生

的碳排放更少。这也意味着，产业结构合理化通过提高资源的合理配置和能源的使用效率，降低碳排放水平。[1] 借鉴干春晖等[2]的方法，产业结构合理化的计算公式为：

$$\text{ISO}_{it} = 1/\sum_{i=1}^{3} \left(\frac{Y_i}{Y}\right) \ln\left(\frac{Y_i}{L_i} \bigg/ \frac{Y}{L}\right)$$

在产业结构合理化的计算公式中，ISO 表示产业合理化指数，Y 表示地区生产总值，Y_i表示第 i 产业部门增加值，L 表示三次产业从业人员年末人数，L_i表示第 i 产业部门年末从业人员数。ISO 值越大，意味着产业结构合理化水平越高；反之，则意味着产业结构合理化水平越低。

（二）产业结构高级化指标的测算

产业结构高级化是指随着经济不断增长，产业结构相应地发生规律性变化的过程，主要表现为三次产业比重沿着第一、二、三产业的顺序不断上升。随着经济社会发展，第二产业的劳动力将向第三产业转移，从而迫使第二产业内部淘汰高能耗、低产值的资源密集型企业，保留那些高技术含量、高附加值的企业，从而能源的利用效率提高，经济增长对能源的需求降低。[3] 借鉴付凌晖[4]的做法，首先根据三次产业划分将 GDP 分为 3 个部分，每一部分增加值占 GDP 的比重作为空间向量中的一个分量，从而构成一组 3 维向量 $X_0 = (x_{1,0}, x_{2,0}, x_{3,0})$。然后分别计算 X_0 与产业由低层次到高层次排列的向量 $X_1 = (1, 0, 0)$，$X_2 = (0, 1, 0)$，$X_3 = (0, 0, 1)$ 的夹角 θ_1，θ_2，θ_3：

————————

① 张琳杰，崔海洋. 长江中游城市群产业结构优化对碳排放的影响 [J]. 改革，2018（11）：130-138.

② 干春晖，郑若谷，余典范. 中国产业结构变迁对经济增长和波动的影响 [J]. 经济研究，2011（5）：4-16，31.

③ 张琳杰，崔海洋. 长江中游城市群产业结构优化对碳排放的影响 [J]. 改革，2018（11）：130-138.

④ 付凌晖. 我国产业结构高级化与经济增长关系的实证研究 [J]. 统计研究，2010（8）：79-81.

$$\theta_j = \arccos\left(\frac{\sum\limits_{i=1}^{3}(x_{i,j} \cdot x_{i,0})}{\left(\sum\limits_{i=1}^{3}(x_{i,j}^2)^{\frac{1}{2}} \cdot \sum\limits_{i=1}^{3}(x_{i,0}^2)^{\frac{1}{2}}\right)}\right), \quad j = 1, 2, 3$$

根据 θ_j 的公式计算出夹角后，定义产业结构高级化指标 ISU 的计算公式如下：

$$ISU = \sum_{k=1}^{3}\sum_{j=1}^{k}\theta_j$$

式中，ISU 的值越大，表明产业结构高级化水平越高，反之，则意味着产业结构高级化水平越低。

二、武汉市产业结构调整水平评价

(一) 武汉市产业结构合理化水平评价

2000—2019 年，武汉市产业结构合理化水平整体上呈现上升趋势，2016 年达到最大值 34. 2402，2016 年之后开始下降，此后保持平稳。根据武汉市产业结构合理化水平的变化特征，可以将其划分为四个时期，即 2000—2008 年平稳波动期、2008—2014 年上升期、2014—2017 年波动期、2017—2019 年平稳期。2000—2008 年，武汉市产业结构合理化水平处于下降—上升—下降的波动过程，其中，2000—2001 年为下降期，2001—2003 年为上升期，2003—2008 年为下降期，这表明武汉市产业结构处于调整期，导致产业结构合理化指数处于波动之中；2008—2014 年，武汉市产业结构合理化水平一直上升，这表明经历了前期的调整后，武汉市的产业结构合理化呈现良好的发展态势；2014—2017 年，武汉市产业结构合理化水平经历了 2014—2015 年的下降期、2015—2016 年的上升期、2016—2017 年的下降期；2017—2019 年，武汉市产业结构合理化水平保持稳定，其原因在于，虽然第二产业增加值占地区生产总值比重下降，但由于第三产业增加值占地区生产总值比重和就业比重上升比例较小，导致武汉市产业结构合理化的增长态势放缓。

图 5-1　2000—2019 年间武汉市产业结构合理化水平曲线

（二）武汉市产业结构高级化水平评价

如图 5-2 所示，2000—2019 年，武汉市产业结构高级化水平呈现不断增大的变化趋势，这表明武汉市的产业结构正处于第二产业向第三产业的过渡阶段，产业结构水平进一步优化。从武汉市产业结构高级化水平的变化趋势来看，武汉市产业结构高级化水平表现出一定的阶段性，2000—2009 年，武汉市产业结构高级化水平呈现上升趋势；2009—2012 年，武汉市产业结构高级化水平呈现下降趋势，这主要由于武汉市受世界金融危机的影响，武汉市积极调整优化产业结构，此时武汉市产业结构处于调整期；2013—2019 年，武汉市产业结构高级化水平呈现上升趋势，这主要由于武汉市以供给侧结构性改革为契机，大力调整产业结构，产业结构高级化水平呈现加速上升态势。

二、武汉市产业结构调整与碳排放之间的关系分析

为了避免出现模型的"伪回归"现象，需要对变量进行平稳性检验。单位根检验对于判断时间序列的平稳性非常重要。平稳性的检验方法主要

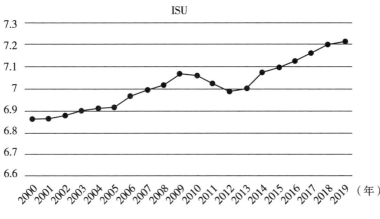

图 5-2　2000—2019 年间武汉市产业结构高级化水平曲线

有 ADF（Augmented Dickey-Fuller Test）单位根检验、PP（Phillips-Perron）单位根检验、SPSS 平稳性检验，本书采用 ADF（Augmented Dickey-Fuller Test）单位根检验对 $\ln CO_2$、$\ln ISO$ 和 $\ln ISU$ 的平稳性进行检验。为减少数据的异方差性，对三项指标都取对数。检验结果见表 5-1。

表 5-1　　　　　　　　　　　变量 ADF 单位根检验

变量	检验类型（c, t, k）	ADF 统计量	临界值（5%）	结论
$\ln CO_2$	（c, t, 0）	−0.8703	−3.6736	不平稳
$\ln ISO$	（c, t, 1）	−1.7747	−3.6908	不平稳
$\ln ISU$	（c, t, 1）	−2.9074	−3.6908	不平稳
L1. $\ln CO_2$	（0, 0, 0）	−2.3442	−1.9614	平稳
L1. $\ln ISO$	（0, 0, 0）	−2.8027	−1.9614	平稳
L1. $\ln ISU$	（0, 0, 0）	−2.1586	−1.9614	平稳

（注：检验类型中的 c 表示常数项，t 表示趋势项，k 表示所采用的滞后阶数，L2. $\ln CO_2$、L2. $\ln ISO$、L2. $\ln ISU$ 表示该序列的二阶差分。）

从表 5-1 中的单位根检验可知，碳排放、产业结构合理化、产业结构高级化指标在 5% 的显著性水平下不显著，故接受原假设，存在单位根，即原始时间序列是不平稳的。三个变量指标的一阶差分在 1% 的显著性水平下均通过了显著性检验，所以三个变量的原序列不平稳，一阶差分时间序列是平稳的，即为 I（1）。那么，三个变量之间是否存在一种长期均衡关系呢？为了弄清楚三个变量之间的关系，对三个变量之间进行协整检验，采用 Johansen 协整检验法对三个变量进行协调检验，检验结果见表 5-2。

表 5-2　　　　**$\ln CO_2$ 和 $\ln ISO$，$\ln GDP$ 和 $\ln ISU$ 协整关系检验**

$\ln CO_2$ 和 $\ln ISO$ 的协整关系检验结果				$\ln CO_2$ 和 $\ln ISU$ 的协整关系检验结果			
原假设	最大特征值	5%临界值	结论	原假设	最大特征值	5%临界值	结论
0 个	10.7111	14.2646	拒绝	0 个	7.8263	14.2646	拒绝
最多 1 个	4.4824	3.8415	接受	最多 1 个	2.0455	3.8415	拒绝
原假设	迹统计量	5%临界值	结论	原假设	迹统计量	5%临界值	结论
0 个	15.1935	15.4947	拒绝	0 个	9.8718	15.4947	拒绝
最多 1 个	4.4824	3.8415	接受	最多 1 个	2.0455	3.8415	拒绝

（资料来源：根据 Eviews 10.0 软件计算所得。）

从表 5-2 中的协整检验可知，无论是无约束秩检验还是最大特征根检验，均显示响应的统计量无法在 5% 的显著性水平下拒绝产业结构合理化指标（$\ln ISO$）和碳排放指标（$\ln CO_2$）之间不存在着协整关系，而产业结构高级化指标（$\ln ISU$）和碳排放指标（$\ln CO_2$）之间不存在着协整关系。协整关系表明两个序列在长期可能存在着一定的相关关系，但对于二者之间的具体因果关系需要进一步分析，为了分析产业结构高级化指标和地区生产总值指标之间的因果关系，需要对二者之间进行因果关系检验，检验结果见表 5-3。

表 5-3　　　　lnCO$_2$ 和 lnISO 之间关系的格兰杰因果关系检验

原假设	滞后期	F 统计量	P 值	结论
lnCO$_2$ 不是 lnISO 的格兰杰原因	2	4.0185	0.0438	拒绝
lnISO 不是 lnCO$_2$ 的格兰杰原因	2	0.0844	0.9196	接受

（资料来源：根据 Eviews 8.0 软件计算所得。）

从表 5-3 中的因果关系检验可知，在滞后期为 2 时，对应的 P 值为 0.0438，表明在 5% 显著性水平下，碳排放增长是产业结构升级的格兰杰原因，而产业结构升级不是产生碳排放的格兰杰原因。这表明，随着武汉市碳排放的增加，武汉市需要通过产业结构升级来降低碳排放，即碳排放增长倒逼武汉市进行产业结构升级，而武汉市产业结构升级并没有表现出促进碳减排的作用。

综上所述，产业结构升级与碳排放之间存在着关系，产业结构合理化指标与二氧化碳排放指标之间存在着协整关系，而产业结构高级化与碳排放之间不存在着协整关系，即产业结构合理化与二氧化碳排放指标之间存在长期的均衡关系，而产业结构高级化与二氧化碳排放指标之间不存在长期均衡关系。另外，从碳排放与产业结构合理化之间的因果关系来看，碳排放是产业结构合理化的格兰杰原因。

第三节　产业结构优化与碳排放效率的耦合协调度分析

一、耦合协调度模型简介

耦合一词来源于工程物理学，耦合是指两个或两个以上的系统通过相互作用而产生相互影响的现象，耦合度是描述系统或要素相互影响的程度，也是衡量系统之间相互依赖的量度。根据耦合度的定义，采用以下模型测算碳排放效率与产业结构优化的耦合度：

$$C = \left[\frac{4(X_1 \cdot X_2)}{(X_1 + X_2)^2} \right]^2$$

在上式中，C 为归一化后的碳排放效率，X_1 和 X_2 为归一化后的产业结构优化指数。耦合度说明了系统间相互作用、相互影响的程度，但无法真实反映系统变量之间的协调发展水平。为反映碳排放效率与产业结构优化之间的耦合协调发展水平，建立如下耦合协调度模型：

$$D = \sqrt{C \cdot (X_1^a \cdot X_2^b)}$$

在上式中，D 为耦合协调度，X_1 和 X_2 分别是碳排放效率和产业结构优化程度的权重。由于碳排放效率和产业结构优化指数在系统中同等重要，取 $a=b=0.5$，耦合协调度取值范围是 $[0, 1]$。

二、碳排放效率的测度

（一）碳排放效率模型简介

传统的 DEA 模型计算出的只有"好产出"的决策单元效率，未考虑"坏产出"，忽略了生产过程中的环境负外部性，并且也未考虑投入产出变量的松弛问题。[1] 为了处理这种非期望产出的问题，Tone[2] 提出了考虑非期望产出的 SBM 模型。与传统的 DEA 模型相比，基于非期望产出的 SBM 模型一方面可以解决投入产出松弛性问题；另一方面也解决了非期望产出存在下的效率分析问题。[3] 基于此，本书借鉴 Tone 的研究，采用基于非期望产出的 SBM 模型核算武汉二氧化碳的排放效率。

---

[1]　张翱祥，邓荣荣. 中部六省碳排放效率与产业结构优化的耦合协调度及影响因素分析 [J]. 生态经济，2021（3）：31-37.

[2]　Tone K. A Slacks-based Measure of Efficiency in Data Envelopment Analysis [J]. European Journal of Operational Research，2001，130（3）：498-509.

[3]　王少剑，高爽，黄永源，等. 基于超效率 SBM 模型的中国城市碳排放绩效时空演变格局及预测 [J]. 地理学报，2020（6）：1316-1330.

假定有 n 个决策单元的生产系统，每个决策单元由投入、期望产出和非期望产出三个投入产出向量构成，使用 m 单位投入产生 S_1 的期望产出和 S_2 的非期望产出。三个投入产出向量可表示为：$x \in R^m$，$y^g \in R^{S_1}$，$y^b \in R^{S_2}$。其中，矩阵 X、Y^g、Y^b 的定义如下：

$$X = [x_1, x_2, \cdots, x_n] \in R^{m \times n}, \quad Y^g = [y_1^g, y_2^g, \cdots, y_n^g] \in R^{S_1 \times n}, \quad Y^b = [y_1^b, y_2^b, \cdots, y_n^b] \in R^{S_2 \times n}$$

假设 $X>0$、$Y^g>0$、$Y^b>0$，则生产可能性集可定义为：

$$P = \{(x, y^g, y^b) \mid x \geq X\theta, \ y^g \geq Y^g\theta, \ y^b \leq Y^b\theta, \ \theta \geq 0\}$$

在上式中，实际的期望产出低于前沿理想期望产出水平，实际非期望产出高于前沿的非期望产出水平。[1] 基于生产可能性集，根据 Tone 的 SBM 模型将非期望产出纳入评价决策单元 (x_0, y_0^g, y_0^b) 的 SBM 模型为：

$$\rho = \min \frac{1 - \dfrac{1}{m} \sum_{i=1}^m \dfrac{S_i^-}{x_{i0}}}{1 + \dfrac{1}{S_1 + S_2} \left(\sum_{r=1}^{S_1} \dfrac{S_r^g}{y_{r0}^g} + \sum_{r=1}^{S_2} \dfrac{S_r^b}{y_{r0}^b} \right)},$$

$$\text{s. t.} \begin{cases} x_0 = X\theta + S^- \\ y_0^g = Y^g\theta - S^g \\ y_0^b = Y^b\theta - S^b \\ S^- \geq 0, \ S^g \geq 0, \ S^b \geq 0, \ \theta \geq 0 \end{cases}$$

式中，$S = (S^-, S^g, S^b)$ 表示投入、期望产出和非期望产出的松弛变量，ρ 的目标函数值是决策单元的效率值，其范围在 $0 \sim 1$ 之间，对于给定的决策单元 (x_0, y_0^g, y_0^b)，当且仅当 $\rho = 1$，即 $S^- = S^g = S^b = 0$ 时，该决策单元是有效的，如果 $0 \leq \rho < 1$，被评价单元是低效的，此时投入和产出则需要改进。将上述非线性模型通过变换，可以得到如下等

---

① 王少剑，高爽，黄永源，等．基于超效率 SBM 模型的中国城市碳排放绩效时空演变格局及预测［J］．地理学报，2020（6）：1316-1330.

价形式:

$$\tau = \min t - \frac{1}{m}\sum_{i=1}^{m}\frac{S_i^-}{x_{i0}}, \ \ \text{s. t.} \begin{cases} 1 = t + \dfrac{1}{S_1 + S_2}\left(\displaystyle\sum_{r=1}^{S_1}\dfrac{S_r^g}{y_{r_0}^g} + \displaystyle\sum_{r=1}^{S_2}\dfrac{S_r^b}{y_{r_0}^b}\right) \\ x_0 t = X\mu + S^- \\ y_0^g t = Y^g\mu - S^g \\ y_0^b t = Y^b\mu - S^b \\ S^- \geqslant 0, \ S^g \geqslant 0, \ S^b \geqslant 0, \ \mu \geqslant 0, \ t > 0 \end{cases}$$

为保证效率分析产生更合理的效率评价值,本书选择超效率 SBM 模型进行测算,其模型表达式如下:

$$\rho^* = \min \frac{\dfrac{1}{m}\displaystyle\sum_{i=1}^{m}\dfrac{\overline{x_i}}{x_{i0}}}{\dfrac{1}{S_1 + S_2}\left(\displaystyle\sum_{r=1}^{S_1}\dfrac{\overline{y_r^g}}{y_{r_0}^g} + \displaystyle\sum_{r=1}^{S_2}\dfrac{\overline{y_r^b}}{y_{r_0}^b}\right)},$$

$$\text{s. t.} \begin{cases} \overline{x} \geqslant \displaystyle\sum_{j=1, \ \neq k}^{n}\theta_j x_j \\ \overline{y^g} \leqslant \displaystyle\sum_{j=1, \ \neq k}^{n}\theta_j y_j^g \\ \overline{y^b} \geqslant \displaystyle\sum_{j=1, \ \neq k}^{n}\theta_j y_j^b \\ \overline{x} \geqslant x_0, \ \overline{y^g} \leqslant y_0^g, \ \overline{y^b} \geqslant y_0^b, \ \overline{y^g} \geqslant 0, \ \theta \geqslant 0 \end{cases}$$

式中, ρ^* 的目标函数值是决策单元的效率值,值的大小可以超过 1,其他变量定义不变,以上所有模型都假定规模报酬不变。

(二) 样本数据的选取及数据说明

投入指标。选取资本、劳动力和能源作为投入指标。由于 MaxDEA 软件要求选用面板数据,故选择湖北省 15 个市州的数据进行分析,测算出各市州的碳排放效率后,只选用武汉市的数据进行下面的分析。劳动力投入选取湖北省 15 个市州 2000—2019 年年末全社会就业人员数来表示;能源投入以湖北省 15 个市州 2000—2019 年一次能源消费量来表示;资本投入变量以 2000—2019 年湖北省 15 个市州全社会固定资产投资额来表示。现有文献对于资本存量的计算一般采用永续盘存法来进行测算,其基本计算公式是:

$$K_t = K_{t-1}(1 - \delta) + \frac{I_t}{P_t}$$

在资本存量的计算公式中,K_t 表示第 t 年的资本存量;I_t 为武汉市第 t 年的全社会固定资产投资额;P_t 表示投资价格指数;δ 为资本折旧率。现有文献一般采用单豪杰[①]的资本折旧率 10.96% 和张军等[②]的资本折旧率 9.6%。

产出指标。期望产出采用 2000—2019 年武汉市实际生产总值来表示,以武汉市 2000 年价格作为基期,计算出各年度的实际 GDP。非期望产出为武汉市各年份的碳排放量,采用前文所计算的结果。

三、武汉市产业结构优化与碳排放效率之间的耦合协调度分析

(一)耦合协调度的分类

通过比较分析现有研究成果,借鉴温彦平等[③]对耦合协调度 D 进行分类,分类结果见表 5-4。

---

① 单豪杰. 中国资本存量 K 的再估算:1952—2006 [J]. 数量经济技术经济研究,2008(10):17-31.

② 张军,吴桂英,张吉鹏. 中国省级物质资本存量估算:1952—2000 [J]. 经济研究,2004(10):35-44.

③ 温彦平,王雪峰. 长江中游城市群城镇化视角下产业结构与生态环境耦合协调关系研究 [J]. 华中师范大学学报(自然科学版),2019(2):263-271.

表 5-4   **耦合协调度的分类标准①**

耦合协调度	类型	特　　征
$0.8 \leqslant D \leqslant 1$	高度协调	产业结构与碳排放之间保持较好的协调发展性
$0.6 \leqslant D < 0.8$	良好协调	产业结构与碳排放之间还没有形成较好的协调互动作用
$0.4 \leqslant D < 0.6$	中度协调	产业结构与碳排放之间矛盾关系较为突出
$0.2 \leqslant D < 0.4$	濒临失调	产业结构与碳排放之间不能协调发展
$0 \leqslant D < 0.2$	严重失调	产业结构与碳排放之间极不协调

（二）耦合协调度计算结果及说明

根据计算所得到的碳排放效率数据以及测算的产业结构合理化指数、产业结构高级化指数，代入耦合协调度公式，可以得到武汉市产业结构合理化、产业结构高级化与碳排放效率之间的耦合协调度，计算结果见表 5-5。

表 5-5   **2000—2019 年武汉市产业结构合理化、**

产业结构高级化与碳排放之间的耦合协调度

时间（年）	产业结构合理化与碳排放 之间的耦合协调度	产业结构高级化与碳排放 之间的耦合协调度
2000	0.5204	0.7186
2001	0.8379	0.8212
2002	0.6718	0.8718
2003	0.6157	0.8172
2004	0.5766	0.7539
2005	0.6078	0.7373

---

① 温彦平，王雪峰. 长江中游城市群城镇化视角下产业结构与生态环境耦合协调关系研究［J］. 华中师范大学学报（自然科学版），2019（2）：263-271.

时间（年）	产业结构合理化与碳排放 之间的耦合协调度	产业结构高级化与碳排放 之间的耦合协调度
2006	0.6342	0.7298
2007	0.6033	0.7056
2008	0.5814	0.6986
2009	0.4495	0.6798
2010	0.4567	0.7009
2011	0.4531	0.7283
2012	0.3862	0.7165
2013	0.3287	0.7773
2014	0.2707	0.7051
2015	0.2916	0.7351
2016	0.3024	0.7832
2017	0.2802	0.7058
2018	0.2822	0.7116
2019	0.2777	0.7017

从表 5-5 中可以看出，2000—2019 年，武汉市产业结构高级化与碳排放效率之间的耦合协调度基本维持在 0.7 以上，这也表明，武汉市产业结构高级化水平与碳排放效率处于良好协调水平。但产业结构合理化水平与碳排放效率之间的耦合协调度处于良好协调到濒临失调的状态，尤其是从 2012 年开始，武汉市的产业结构合理化与碳排放效率之间处于濒临失调状态。这主要由于武汉市产业结构合理化水平虽然有很大的改善，产业结构合理化水平也有很大的提升，但武汉市偏重的产业结构特征注定了短期内难以改善碳排放效率，导致二者之间耦合协调度低，并且近年来有恶化的趋势；而产业结构高级化水平与碳排放效率之间呈现良好的耦合协调，表明武汉市通过推动产业结构向更高层次进行调整，大力发展低碳绿色的

现代产业和现代服务业，有利于实现产业结构与碳排放效率的耦合协调发展。

第四节　本章小结

本章通过构建产业结构调整与碳排放之间的数理模型，从理论上阐释了产业结构调整对碳排放的影响。在此基础上，构建时间序列模型，运用 ADF 检验、协整检验、因果关系检验模型，从产业结构合理化、产业结构高级化两个方面探讨武汉市产业结构调整与碳排放之间的关系；接着，利用耦合协调度模型分析武汉市产业结构优化调整与碳排放效率之间的关系，分析产业结构合理化、产业结构高级化与碳排放效率之间的关系，其目的是分析产业结构优化是否提升了碳排放效率。实证结果表明：

第一，从产业结构升级对武汉市碳排放的影响来看，产业结构升级与碳排放之间存在着一定关系，产业结构合理化指标与二氧化碳排放指标之间存在着协整关系，而产业结构高级化与碳排放之间不存在着协整关系，即产业结构合理化与二氧化碳排放指标之间存在长期均衡关系，而产业结构高级化与二氧化碳排放指标之间不存在长期均衡关系。另外，从碳排放与产业结构合理化之间的因果关系来看，碳排放是产业结构合理化的格兰杰原因。这表明，随着武汉市碳排放的增加，武汉市需要通过产业结构升级来降低碳排放，即碳排放增长倒逼武汉市进行产业结构升级，而武汉市产业结构升级并没有表现出促进碳减排的作用。

第二，武汉市碳排放效率和产业结构合理化的耦合协调度呈现前高后低的发展趋势，尤其是 2012 年开始，武汉市的产业结构合理化与碳排放效率之间处于濒临失调状态；但碳排放效率和产业结构高级化的耦合协调度处在良好协调之上，且处于不断上升的趋势。这也表明，虽然武汉市产业结构合理化水平有很大的改善，产业结构合理化水平也有很大的提升，但武汉市偏重的产业结构特征注定了短期内难以改善碳排放效率，导致二者之间耦合协调度低，并且近年来有恶化的趋势；而产业结构高级化水平与碳排放效率之间呈现良好的耦合协调度，表明武汉市通过推动产业结构向更高层次进行调整，大力发展低碳绿色的现代产业和现代服务业，有利于实现产业结构与碳排放效率的耦合协调发展。

第六章　武汉市碳排放达峰情景
分析与减排潜力

第一节　碳排放预测的研究方法简介

用于开展城市层面能源消耗和碳排放预测研究的模型主要包括五类：第一，最简单的能源消耗和碳排放预测模型，如能源消费弹性系数法和趋势外推法等；第二，基于与多个主要影响因素的因果关系进行能源消费和碳排放预测模型：如计量经济学回归分析法、环境负荷模型（IPAT）、可拓展随机性环境影响评估模型（STIRPAT）和 Kaya 恒等式等；第三，基于对能源系统各环节详细描述和分析的基础上进行能源消费和碳排放预测模型，如 LEAP 模型；第四，基于宏观经济系统变化对能源系统影响进行能源消费和碳排放预测模型，如 CGE 模型、投入产出模型、系统动力学模型等；第五，基于耦合能源系统和经济系统的混合模型，如 IPAC 模型等。①在实际运用中，受数据获得性的制约，现有文献绝大部分选择 LEAP 模型和 STIRPAT 模型进行能源消耗和碳排放预测研究。

LEAP（Long-range Energy Alternatives Planning model）模型是由瑞典斯德哥尔摩环境研究所（SEI）开发的用于能源—环境和温室气体排放的情景分析软件。它是一种自底向上的集成结构模型，即以工程技术为出发

---

① 王健夫. 武汉市 CO_2 排放峰值目标下工业部门减排路径研究 [D]. 武汉：华中科技大学，2019.

点，对各行业的能源消费、能源生产过程中所使用的终端技术进行仿真模拟。① LEAP 模型的应用主要分四个步骤：首先，确定研究对象，并对研究对象的过去状态进行回顾分析；其次，针对过去状态的特征进行分析，进而甄别出关键的驱动因素；再次，基于关键驱动因素对未来经济趋势、技术水平等进行预判，从而对所研究的能源系统进行情景分析，这也是LEAP 模型的建模核心；最后，依据上述情景设置不同模型，关注不同情景对能源系统演化的影响。②

STIRPAT（Stochastic Impacts by Regression on Population，Affluence，and Technology）模型是在 IPAT 模型的基础上建立起来的，IPAT 模型由Ehrlich 和 Holden③ 于 1971 年首次提出，IPAT 模型最初用以测度人口变化对环境压力的影响。IPAT 模型假定不同影响因素对环境的影响是一致的，但实际情况则不然，通常对于发达国家及地区而言，技术进步以及人均财富对环境的影响更加突出，对于欠发达地区来说，人口规模的变化对环境的影响更加重要，因此 Ehrlich 和 Holden 提出的模型并不能很好地揭示不同情况下人口、人均财富以及技术进步对环境影响的变化。④ 在 Ehrlich 和Holden 提出的模型的基础上，Dietz 和 Rosa⑤ 于 1994 年提出 IPAT 模型的随机形式，即可拓展的随机性的环境影响评估模型。随后，York⑥ 等对无

① 黄莹，郭洪旭，廖翠萍，等．基于 LEAP 模型的城市交通低碳发展路径研究——以广州市为例［J］．气候变化进展研究，2019（6）：670-683.

② 董康银．低碳约束背景下中国能源转型路径与优化模型研究［D］．北京：中国石油大学，2019.

③ Ehrlich P R，Holdren J P. Impact of Population Growth［J］. Science，1971，171（3977）：1212-1217.

④ 张馨文．基于 STIRPAT 模型吉林省碳排放影响因素研究［D］．长春：吉林财经大学，2017.

⑤ Dietz T，Rosa E A. Rethinking the Environmental Impacts of Population，Affluence and Technology［J］. Human Ecology Review，1994（1）：277-300.

⑥ York R，Rose E A，Dietz T. STIRPAT，IPAT and IMPACT：Analytic Tools for Unpacking the Driving Forces of Environmental Impacts［J］. Ecological Economics，2003，46（3）：351-365.

法反应模型中各个因素非均衡与非单调的函数关系的缺陷进行了修正与完善，目前，STIRPAT模型已被广泛应用于碳排放达峰的预测研究中。由于本书的重点是关注产业结构对碳排放的影响，因此，本书采用可拓展随机性环境影响评估模型（STIRPAT）来对武汉市的碳排放进行预测。

第二节　基于 STIRPAT 的碳排放模型设定及情景设置

一、STIRPAT 模型简介

Ehrlich 和 Holden 在 1971 年提出的 IPAT 模型将碳排放影响与人口规模、人均财富以及技术水平联系起来，建立起四者之间的恒等式：

$$I = P \times A \times T$$

式中，P 代表人口，A 代表人均财富或人均产出，T 代表技术，也可指经济活动的能源效率；I 代表碳排放量。

二、STIRPAT 模型的估计及情景分析设定

（一）STIRPAT 模型的估计

为了得到拟合程度最好的模型，必须满足无偏性、有效性、一致性等特点。但在实际研究中，在采用 STIRPAT 模型对自变量进行回归分析时，自变量之间难以避免可能存在多重共线性，导致计算出来的 STIRPAT 模型结果与实际现象存在差距，这就需要对模型进行修正。岭回归模型是对共线性数据进行有偏估计的回归方法，其本质是改良的最小二乘法。因此，为消除解释变量之间的多重共线性，需要采用岭回归方法对 STIRPAT 模型进行估计。① 岭回归分析实际上是一种改良的最小二乘法，是一种专门用于共线性数据分析的有偏估计回归方法。岭回归分析的基本思想是当自变

---

① 张馨文. 基于 STIRPAT 模型吉林省碳排放影响因素研究 ［D］. 长春：吉林大学，2017.

量间存在共线时，解释变量的相关矩阵行列式近似为零，此时最小二乘法估计失效，可采用岭回归估计。为了更好地理解岭回归的原理，下面对岭回归的方法进行简单的介绍。

设传统的多元线性回归模型的一般形式可以表示为：

$$y = X\beta + \varepsilon$$

式中，y 是一个 $n \times 1$ 的向量，X 为 $n \times p$ 数据矩阵，β 是一个 $p \times 1$ 的参数向量，ε 为误差项。一般情况下，参数 β 的估计结果为：$\beta = (XX^T)^{-1}X^Ty$。

在估计参数 $\beta = (XX^T)^{-1}X^Ty$ 中，数据矩阵 X 必须是满秩矩阵，即自变量之间不存在线性相关关系。但在实际研究中，难以避免自变量数据之间无相关性。当自变量数据之间存在着较强的多重共线时，此时，$|XX^T| \approx 0$，则参数 β 不可识别。由于数据之间的多重共线，矩阵 $(XX^T)^{-1}$ 变得几乎不可逆，从某种意义上来说，$(XX^T)^{-1}$ 变得很大，致使方差 $\mathrm{Var}(\beta \mid X) = \sigma^2 (XX^T)^{-1}$ 增大，使得对系数的估计变得不准确。① 岭回归估计法是在 XX^T 基础上增加一个常数矩阵 kI，此时矩阵 $(XX^T + kI)$ 的奇异程度小于 XX^T。按照岭回归的估计结果，此时参数 β 的估计结果为：

$$\beta^* = (XX^T + kI)^{-1}X^Ty$$

从参数 β^* 的估计结果可以看出，岭回归的估计结果比最小二乘法时的估计结果更稳定。在实际估计中，一般采用方差膨胀因子判断是否采用岭回归方法，当方差膨胀因子大于 10 时，则表明自变量之间存在着多重共线，此时应该对变量采用岭回归分析。

（二）STIRPAT 模型的情景设定

情景分析法是指立足当前、着眼长远，既考虑现实状况又考虑未来发展趋势，通过定性和定量的预测方法，假设出未来不同的发展情景，从而

---

① 陈强．高级计量经济学及 Stata 应用（第二版）［M］．北京：高等教育出版社，2014.

实现对某个问题未来发展趋势的比较、探讨和研究。情景分析法的优势在于提供多种预测结果，为政策制定者提供有利借鉴和思考。①

根据党的十九大报告和我国向国际社会做出的碳达峰碳中和承诺，并根据湖北省和武汉市低碳发展政策与法规，综合考虑武汉市经济发展阶段、产业结构、能源消费结构和社会发展等因素，设定三种不同政策力度下的发展变化情景，将武汉市碳减排设置三个情景，分别为基准情景、强排放模式情景、低碳模式情景。三个情景均以 2019 年为基期，目标年为2030 年，以 5 年为一个时段，与国家和地方政府的五年规划相对应。以2019 年为基期，以国家层面的碳达峰碳中和时间界限为重要参考依据，并根据产业结构的优化调整设置情景分析。

基准情景：该情景的政策内涵是，武汉市的产业结构、能源消费结构、能源消费强度按照以前的速度进行调整。在此情景下，武汉市产业结构调整速度较慢、能源结构优化速度较慢、能源消费强度调整速度较慢。

强排放模式情景：该情景的政策内涵是，产业结构调整速度较慢，碳排放较高的第二产业结构比例较高；能源结构中，煤炭消费占能源消费的比重较高；能源消费强度较高。

低碳情景：该情景的政策内涵是，政府通过优化调整产业结构，努力改变经济发展方式。重点高碳行业的能源消费水平下降、能源消费强度下降。在该情景下，武汉市实现低排放，通过自身努力能够提前实现国家层面的碳达峰目标。

第三节　基于 STIRPAT 模型的武汉市
碳排放预测及情景分析

一、武汉市碳排放的 STIRPAT 模型构建

结合武汉市特点，选择人口、人均 GDP、碳排放强度、产业结构、城

---

① 吕倩. 中国能源消费碳排放时空演变特征及减排策略研究 [D]. 北京：中国矿业大学，2020.

镇化水平五个因素，构建武汉市碳排放峰值预测的 STIRPAT 模型：

$$\ln I = a + b\ln P + c\ln A + d\ln T + e\ln U + g\ln C + \varepsilon$$

借鉴黎孔清等①和张哲等②的做法，将能源结构、能源强度纳入碳排放的模型分析中。因此，将模型扩展为：

$$\ln I = a + b\ln P + c\ln A + d\ln T + e\ln U + f\ln F + g\ln C + h\ln E + \varepsilon$$

式中：I 为碳排放；P 为人口总量；A 为财富水平，用人均国内生产总值来表示；T 为技术水平，用碳排放强度作为代理变量，采用第三产业碳排放量与第二产业产值的比值来表示；F 为能源强度，由于武汉市统计年鉴没有提供能源消费数据，只提供了万元工业生产总值能源消费数据。因此，采用平均每万元工业生产总值能源消费量；E 为能源结构，采用煤炭消费量占能源消费总量的比重来表示；C 为产业结构，用第三产业增加值占 GDP 的比重来表示；U 为城镇化水平指标，采用城镇人口占常住人口的比重来衡量。a 为常数项，b，c，d，e，f，g，h 为待估计系数，ε 为误差项。

为了判断因变量 I 与解释变量 P、A、T、F、C、U、E 之间是否存在多重共线，用模型对各个变量进行普通最小二乘法估计，见表 6-1，乘法估计，经过方差膨胀因子的检验，所有变量的方差膨胀因子远远高于最大容忍度 10，说明解释变量之间存在严重的多重共线性，普通最小二乘法的回归系数的可信度低，从而不能有效地用于碳排放因子的解释。

表 6-1　　　　　　　　　　**STIRPAT 模型共线性检验**

变量	非标准化系数	T 检验	显著性检验	方差膨胀因子
常数项	-9.899	-1.582	0.140	
人口总量 $\ln P$	1.164	1.056	0.312	252.495

①　黎孔清，马豆豆，李义猛. 基于 STIRPAT 模型的南京市农业碳排放驱动因素分析及趋势预测 [J]. 科技管理研究，2018（8）：238-245.

②　张哲，任怡萌，董会娟. 城市碳排放达峰和低碳发展研究：以上海市为例 [J]. 环境工程，2020（11）：12-18.

变量	非标准化系数	T 检验	显著性检验	方差膨胀因子
GDP $\ln A$	0.933	4.674	0.001	301.273
碳排放强度 $\ln T$	0.850	6.671	0.000	83.150
能源强度 $\ln F$	−0.118	−1.474	0.166	65.509
城镇化率 $\ln U$	0.716	0.899	0.386	61.489
产业结构 $\ln C$	−0.583	−1.027	0.325	19.589
能源结构 $\ln E$	−0.148	−0.616	0.549	16.627
R^2	0.994			
F 检验	287.537			
$\mathrm{Sig} F$	0.000			

（资料来源：根据软件 SPSS 25 计算所得）

　　为了保证模型估计结果的有效性，采用岭回归对模型进行拟合。以武汉市 2000—2019 年的相关数据，利用 SPSS 25 进行岭回归建模，以 0.01 作为单位长度，让岭回归系数 K 在 $0 \sim 1$ 取值，并观察 R^2 和 K 值的关系。当 R^2 和 K 值趋于平稳时，岭回归估计模型有意义，选取 $K = 0.3$ 作为模型结果，模型的拟合优度 R^2 值为 0.9474，说明该模型的建立效果比较理想。对模拟的方差进行方差检验，可知 F 值为 23.0463，$\mathrm{Sig} F < 0.01$，故在显著性 1% 的水平下通过方差检验。最终建立的武汉市碳排放岭回归方程为：

$$\ln I = 3.5127 + 0.2702 \ln C - 0.5217 \ln U - 0.0613 \ln T$$
$$+ 0.1348 \ln A + 0.6654 \ln P - 0.1165 \ln F + 0.6363 \ln E$$

　　根据得到的碳排放回归方程，将 2000—2019 年的数据代入其中，可以得到 2000—2019 年的碳排放拟合值，与碳排放的实际值进行比较（如图 6-1 所示），发现误差在 $-1.93\% \sim 1.74\%$。因而，模型拟合程度较好，可以进行碳排放预测。

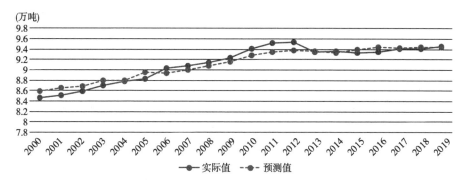

图 6-1　2000—2019 年武汉市碳排放预测值与实际值的比较

二、基于 STIRPAT 模型的武汉市碳排放达峰情景预测及模型参数设置

武汉市相关数据的设定依据武汉市国民经济和社会发展第十四个五年规划和 2035 年远景目标纲要中的相关规定进行了预设，其中，"十四五"期间的 GDP、产业结构、能源利用率数据根据武汉市"十四五"规划进行设定，基于国家层面的 2030 年碳达峰、2060 年碳中和目标，武汉市实现碳达峰的时间应早于国家层面的时间。因此，将 2021—2030 年划分为2021—2025 年和 2026—2030 年两个时间段（与国家、地方的五年发展规划契合）。本书的主要目的是考察产业结构与碳排放之间的关系，借鉴王健夫①的做法，假定在三种情景模式下，经济发展水平、人口增长、城镇化率保持相同的增长速度，其他因素均设定"高""中""低"三种发展速度，低速发展表示能源利用效率、产业结构、能源结构、能源强度调整速度较慢；中速、高速模式依此类推。根据各参数的不同组合，最终设计出武汉市碳排放的三种情景（见表 6-2）。

---

　　① 王健夫. 武汉市 CO_2 排放峰值目标下工业部门减排路径研究［D］. 武汉：华中科技大学，2019.

表6-2　　　　　　　武汉市碳排放不同情景基本参数设定

情景	P	A	T	F	U	C
基准情景	—	—	中	中	—	中
强排放模式情景	—	—	高	高	—	低
低碳情景	—	—	低	低	—	高

（一）经济发展水平预测值

关于经济发展水平参数的设置，根据武汉市国民经济和社会发展第十四个五年规划和2035年远景目标纲要对2025年GDP的规划结果，2020—2025年的GDP年均增速为7%左右。近五年武汉市年均增速的最高增速设置为达峰情景下增速，近五年武汉市年均增速的中等增速设置为基准情景下增速，近五年武汉市年均增速的低等增速设置为人均GDP增速。具体经济增长预测结果见表6-3。

表6-3　　　　武汉市2021—2030年人均GDP预测值（单位：元）

年份	2021	2023	2025	2027	2029	2030
预测值	131565	141973	153203	159205	165442	168652

（二）人口发展水平预测值

随着武汉市城镇化的推进，以及武汉市经济的快速发展，武汉市人口流入速度还将不断增长，综合来看，武汉市依然存在着较大的人口增长空间。根据武汉市的统计，2020年武汉市人口为1233.27万人，与2015年相比增加约172.5万人，年均增长率为3.06%左右，因此设定基准情景下第一阶段人口年均增长率为3.06%。2021年以后，人口发展进入关键转折期，总人口将在2030年前后达到峰值，此后持续下降。以此假设武汉市每一阶段人口增长率的下降速度为 20%，具体武汉市人口增长预测结果见表 6-4。

表 6-4　　　**武汉市 2021—2030 年人口预测值（单位：万人）**

年份	2021	2023	2025	2027	2029	2030
预测值	1268.42	1341.75	1419.32	1495.25	1575.24	1616.82

（三）城镇化发展水平预测值

结合武汉市"十四五"规划对 2020 年城镇化率规划结果，2021—2030 年城镇化率还将进一步提升，但提升速度有所放缓，具体预测结果见表 6-5。

表 6-5　　　**武汉市 2021—2030 年城镇化率预测值（单位：%）**

年份	2021	2023	2025	2027	2029	2030
预测值	82.29	83.18	84.08	84.80	85.53	85.90

（四）产业结构发展水平预测值

结合武汉市当前产业结构的变化趋势，未来武汉市产业结构仍将呈现出第二产业占比下降，第三产业比重上升的发展趋势。根据武汉市"十四五"规划和 2035 年远景目标纲要，分基准、强排放模式、低碳三种情景对武汉市产业结构发展水平进行预测。具体预测结果见表 6-6。

表 6-6　　　**三种情景下武汉市 2021—2030 年产业结构**
发展水平预测值（单位：%）

年份	基准情景	强排放模式情景	低碳情景
2021	62.42	62.73	62.36

续表

年份	基准情景	强排放模式情景	低碳情景
2022	63.04	63.67	62.92
2023	63.67	64.62	63.48
2024	64.31	65.59	64.06
2025	64.95	66.58	64.63
2026	65.47	67.44	65.08
2027	66.00	68.32	65.54
2028	66.52	69.21	66.00
2029	67.06	70.11	66.46
2030	67.59	71.02	66.93

（五）碳排放强度预测值

随着国家层面碳达峰碳中和目标的下达，未来武汉市碳排放强度呈现下降的发展趋势。根据武汉市相关发展规划，分基准、强排放模式和低碳三种情景对武汉市碳排放强度进行预测。具体预测情况见表6-7。

表6-7　　　三种情景模式下武汉市 2021—2030 年碳排放

强度预测值（单位：吨/万元）

年份	基准情景	强排放模式情景	低碳情景
2021	0.6894	0.6984	0.6858
2022	0.6436	0.6563	0.6385
2023	0.6008	0.6166	0.5945
2024	0.5608	0.5794	0.5535
2025	0.5235	0.5444	0.5154
2026	0.4887	0.5115	0.4798
2027	0.4562	0.4806	0.4467

续表

年份	基准情景	强排放模式情景	低碳情景
2028	0.4259	0.4516	0.4160
2029	0.3975	0.4243	0.3873
2030	0.3711	0.3987	0.3606

（六）能源强度预测值

随着国家层面碳达峰碳中和目标的约束，未来武汉市万元工业产值中能源消耗的比重将呈现不断下降的发展趋势。结合武汉市"十四五"规划，以及武汉市低碳发展"十三五"规划、武汉市能源发展"十三五"规划，以及北京、上海等城市的经验，分基准、强排放模式和低碳三种情景对武汉市能源强度进行预测。具体预测情况见表6-8。

表 6-8 　　　　　三种情景下武汉市 2021—2030 年能源
强度预测值（单位：吨标煤/万元）

年份	基准情景	强排放模式情景	低碳情景
2021	0.1555	0.1662	0.1486
2022	0.1487	0.1643	0.1389
2023	0.1422	0.1624	0.1299
2024	0.1360	0.1606	0.1214
2025	0.1301	0.1587	0.1135
2026	0.1244	0.1569	0.1061
2027	0.1190	0.1551	0.0992
2028	0.1138	0.1534	0.0928
2029	0.1088	0.1516	0.0867
2030	0.1040	0.1499	0.0811

（七）能源结构预测值

随着国家层面碳达峰碳中和目标的约束，未来武汉市煤炭消费在一次性能源消费中的比重呈现下降的发展趋势。结合武汉市"十四五"规划，以及武汉市低碳发展"十三五"规划、武汉市能源发展"十三五"规划，以及北京、上海等城市的经验，分基准、强排放模式和低碳三种情景对武汉市能源结构进行预测。具体预测情况见表6-9。

表6-9 三种情景下武汉市2021—2030年能源结构发展水平预测值（单位：%）

年份	基准情景	强排放模式情景	低碳情景
2021	35.39	36.31	34.99
2022	34.24	36.05	33.46
2023	33.13	35.78	32.00
2024	32.05	35.52	30.61
2025	31.01	35.26	29.28
2026	30.35	34.69	27.47
2027	29.70	34.14	25.78
2028	29.07	33.59	24.20
2029	28.45	33.05	22.71
2030	27.84	32.52	21.31

三、基于STIRPAT模型的碳排放预测结果分析与讨论

利用武汉市碳排放STIRPAT模型可以计算出武汉市2021—2030年的碳排放预测值，根据预测结果可以看出，武汉市只有在低碳情景下才能实现碳排放达峰，碳达峰时间是2025年，而在基准情景和强排放模式情景下碳排放继续保持上升的趋势（如图6-1所示）。武汉市在三种情景下的碳排

放达峰预测值见表 6-10。

表 6-10 武汉市碳排放达峰峰值的情景预测值（单位：万吨）

情景	2021 年	2022 年	2023 年	2024 年	2025 年	2026 年	2027 年	2028 年	2029 年
基准情景	12201.2	12349.9	12500.4	12652.8	12807	13007.7	13211.5	13418.6	13628.9
强排放模式情景	12313.3	12631.6	12958.2	13293.1	13636.8	13857.4	14081.7	14309.5	14541.1
低碳情景	12177	12266.5	12356.7	12447.5	12539	12431.4	12324.7	12218.9	12114.1

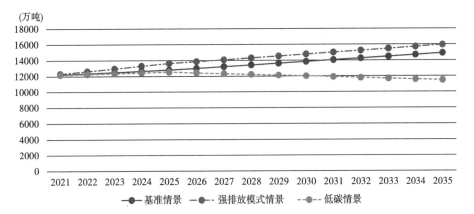

图 6-2 2021—2035 年三种情景下武汉市碳排放预测值

从图 6-2 中可以看出三种情景下武汉市碳排放的变化趋势，只有在低碳情景下武汉市的碳排放才出现"先增加—后下降"的变化趋势，也就是说会出现碳排放达峰的情况；而在基准情景和强排放模式情景下，武汉市的二氧化碳排放则呈现继续增长的变化趋势。

从表 6-10 可以看出，碳排放总量方面，在基准情景下，2021—2030 年，二氧化碳排放一直保持增长的态势，2030 年碳排放高达 14050.4 万吨；在低碳情景下，武汉市二氧化碳排放量在 2025 年达到峰值，其二氧化碳排放量达到 12539 万吨，之后开始下降，到 2030 年，武汉市二氧化碳排放量下降到 11899.4 万吨。2025 年实现二氧化碳排放达峰，为武汉市如期完成国家层面的碳中和目标奠定了基础；在高能耗情景下，从2021—2030年，武汉市二氧化碳排放一直保持增长的态势，2030年碳排放高达15005.7万吨。

第四节 低碳情景下武汉市未来减排潜力分析

一、低碳情景下武汉市未来减排潜力分析

按照国家层面2030年碳达峰、2060年碳中和目标，武汉先必须实现碳排放达到峰值，而根据三种情景预测结果表明，只有在低碳情景模式下，武汉才能实现碳达峰。按照低碳情景模式，武汉市需在产业结构、碳排放强度、能源结构方面进行优化调整，才能实现碳达峰目标。

在产业结构调整方面，武汉市要大力发展第三产业，尤其是现代服务业，提升第三产业在经济总量中的比例。根据测算，2021—2025年，武汉市第三产业在地区生产总值中的比重要年均提升0.9%左右，2025—2030年，第三产业在地区生产总值中的比重要年均提升0.7%左右。这就意味着，与2020年相比，2025年第三产业占地区生产总值的比重要增加4.58%，而2030年第三产业占地区生产总值的比重则要增加8.29%。按照这个速度来测算，到2025年，武汉通过调整第三产业结构的比重，二氧化碳排放比2020年减少1.24%；到2030年，武汉通过调整第三产业结构的比重，二氧化碳排放比2020年减少8.29%。这就意味着，2021—2030年，武汉市通过优化升级产业结构，实现二氧化碳减少排放8.29%，减排潜力巨大。

产业结构的优化升级带来的减排效应不仅体现在自身方面，还体现在与产业结构相连的能源消费方面。在能源强度（平均每万元工业总产值能源消费量）方面，与2019年相比，2025年能源消费强度下降了33.22%，2030年能源消费强度下降了52.3%。按照这个速度来测算，与2019年相比，2025年武汉通过降低能源消费强度，二氧化碳排放比2019年减少

2.04%；到 2030 年，武汉通过降低能源消费强度，二氧化碳排放比 2019 年减少 3.21%。

在能源结构方面，武汉市煤炭消费占一次能源消费的比重从 2019 年的 44.81% 下降至 2025 年的 29.28%，煤炭消费占一次能源消费的比重在 2030 年大约为 21.31%。在能源消费中，煤炭消费占能源消费比重的下降，也带来了二氧化碳排放的下降。与 2019 年相比，2025 年武汉通过降低煤炭消费在一次能源消费中的比重，实现二氧化碳排放比 2019 年减少 9.88%；到 2030 年，武汉通过优化能源结构，二氧化碳排放比 2019 年减少 14.95%。

总而言之，在低碳情景下，武汉市通过优化产业结构，能够达到良好的碳减排效果，并通过优化产业结构，带动与产业结构相关联的能源结构、能源消费强度都大大降低，为 2030 年前实现碳达峰奠定了良好的基础。具体来说，武汉市通过优化产业结构，带动能源结构转型升级、能源消费强度下降，碳排放大大减少。与 2019 年相比，2025 年武汉市碳排放强度下降了 34.86%，2030 年碳排放强度下降了 54.42%。

二、低碳情景下武汉市工业未来减排潜力测算

工业部门长期引领武汉市经济增长，也是最主要的排放行业，推动工业部门实现碳减排对于武汉如期完成国家层面的碳达峰碳中和目标具有关键意义。[1] 而且在前面的分析中可知，武汉市偏重的产业结构特征，再加上以煤炭为主的能源消费结构特征，导致工业部门能耗高、二氧化碳排放量大，武汉市能否如期实现国家层面的碳达峰、碳中和目标，关键在于工业部门的减排潜力。因此，弄清楚武汉市工业部门的减排潜力至关重要。前面的分析中，在低碳情景下，整体上可实现在 2025 年碳排放达峰，从而有利于武汉市 2060 年如期实现碳中和目标。借鉴郭朝先[2]的经济核算方

---

① 李明煜，张诗卉，王灿，等．重点工业行业碳排放现状与减排定位分析 [J]．中国环境管理，2021（3）：28-39.

② 郭朝先．中国工业碳减排潜力估算 [J]．中国人口·资源与环境，2014（9）：13-20.

法，对武汉市低碳情景下的工业部门未来减排潜力进行估算。

碳排放经济核算方法的基本思路是：下一期的碳排放量等于本期碳排放量、因结构变动（工业比重变化）而导致的排放变化量与因技术进步（排放强度变化）而导致的排放变化量之和。具体估算过程如下：

假定第 t 期的工业碳排放量为 C^t，则 $t+1$ 期的结构减排量、强度减排量和第 $t+1$ 期的碳排放量分别是：

第 $t+1$ 期结构减排量为：$\Delta C_{str}^{t+1} = C^t \times \Delta S^{t+1} = C^t \times (S^{t+1} - S^t)$

第 $t+1$ 期强度减排量为：$\Delta C_{int}^{t+1} = (C^t + \Delta C_{str}^{t+1}) \times R^{t+1}$

第 $t+1$ 期碳排放量为：$C^{t+1} = C^t + \Delta C_{str}^{t+1} + \Delta C_{int}^{t+1}$

其中，S 表示工业比重，$\Delta S^{t+1} = S^{t+1} - S^t$ 为 $t+1$ 期工业比重变动量；R 表示因节能技术进步而导致的单位工业增加值碳排放强度的变化率，R^{t+1} 为 $t+1$ 期的排放强度变化率。根据低碳情景模式预测的结果，可以得到第 $t+1$ 期结构减排量、强度减排量以及第 $t+1$ 期的碳排放量（见表6-11）。

表6-11　**2021—2030 年武汉市工业部门碳减排潜力**（单位：万吨）

年份	结构减排量	强度减排量	合计
2025	263.319	577.198	840.517
2030	714.723	998.672	1713.395

从表6-11中可以看出，通过优化产业结构，武汉市工业部门2025年比2020年减少二氧化碳排放量263.319万吨，2030年比2020年减少二氧化碳排放量714.723万吨；通过降低能源消费强度，武汉市工业部门2025年比2020年减少二氧化碳排放量577.198万吨，2030年比2020年减少二氧化碳排放量988.672万吨；而通过同时优化产业结构、降低能源消费强度，武汉市工业部门2025年比2020年减少二氧化碳排放量840.517万吨，2030年比2020年减少二氧化碳排放量1713.395万吨。

第五节　本章小结

本章通过构建 STIRPAT 模型对武汉市碳排放趋势进行预测，在此基础上，运用情景分析法，分基准、强排放模式、低碳三种情景对 2021—2030 年武汉市的碳排放总体趋势进行了预测。主要研究结论如下：

第一，碳排放强度对武汉市碳排放产生了显著的负向影响，在其他因素不变时，碳排放强度每提高 1%，就使得武汉市碳排放量增加 0.0088%；能源强度对武汉市碳排放产生了显著的负向影响，在其他因素不变时，能源强度每提高 1%，就使得武汉市碳排放量增加 0.0088%；产业结构（第三产业增加值占 GDP 的比重）对武汉市碳排放产生了显著的负向影响。在其他因素不变时，第三产业占 GDP 的比重每提高 1%，就使得武汉市碳排放量减少 0.4323%。这也充分说明了，武汉市要如期实现国家层面的碳达峰、碳中和目标，必须进行产业结构调整，不断提升第三产业的比重。

第二，武汉市只有在低碳情景下才能实现碳排放达峰，碳达峰时间是 2025 年，而在基准情景和达峰情景下碳排放继续保持上升的趋势。

碳排放总量方面，在基准情景下，2021—2030 年，二氧化碳排放量一直保持增长的态势，2030 年碳排放量高达 14050.4 万吨；在低碳情景下，武汉市二氧化碳排放量在 2025 年达到峰值，其二氧化碳排放量达到 12539 万吨，之后开始下降，到 2030 年，武汉市二氧化碳排放量下降到 11899.4 万吨；在高能耗情景下，2021—2030 年，武汉市二氧化碳排放量一直保持增长的态势，2030 年碳排放量高达 15005.7 万吨。

第三，在产业结构调整方面，到 2025 年，武汉市通过调整第三产业结构的比重，二氧化碳排放量比 2020 年减少 1.24%；到 2030 年，武汉市通过调整第三产业结构的比重，二氧化碳排放量比 2020 年减少 8.29%。

在能源消费强度（平均每万元工业总产值能源消费量）方面，与 2019 年相比，2025 年能源消费强度下降了 33.22%，2030 年能源消费强度下降了 52.3%。按照这个速度来测算，与 2019 年相比，2025 年武汉通过降低能源消费强度，二氧化碳排放量比 2019 年减少 2.04%；到 2030 年，武汉通过降低能源消费强度，二氧化碳排放量比 2019 年减少 3.21%。

在能源结构方面，武汉市煤炭消费占一次能源消费的比重从 2019 年的 44.81% 下降至 2025 年的 29.28%，煤炭消费占一次能源消费的比重在 2030 年大约为 21.31%。在能源消费中，煤炭消费占能源消费比重的下降，也带来了二氧化碳排放的下降。与 2019 年相比，2025 年武汉通过降低煤炭消费在一次能源消费中的比重，实现二氧化碳排放量比 2019 年减少 9.88%；到 2030 年，武汉通过降低能源结构，二氧化碳排放量比 2019 年减少 14.95%。

第四，通过优化产业结构，武汉市工业部门 2025 年比 2020 年减少二氧化碳排放量 263.319 万吨，2030 年比 2020 年减少二氧化碳排放量 714.723 万吨；通过降低能源消费强度，武汉市工业部门 2025 年比 2020 年减少二氧化碳排放量 577.198 万吨，2030 年比 2020 年减少二氧化碳排放量 988.672 万吨；而通过同时优化产业结构、降低能源消费强度，武汉市工业部门 2025 年比 2020 年减少二氧化碳排放量 840.517 万吨，2030 年比 2020 年减少二氧化碳排放量 1713.395 万吨。

第七章　碳中和国际经验借鉴及对武汉产业结构转型启示

第一节　发达国家碳减排历程

目前全球已经有 54 个国家的碳排放实现达峰，占全球碳排放总量的 40%。1990 年、2000 年、2010 年和 2020 年碳排放达峰国家的数量分别为 18 个、31 个、50 个和 54 个，其中大部分属于发达国家。这些国家占当时全球碳排放的比例分别为 21%、18%、36% 和 40%。2020 年，排名前十五位的碳排放国家中，美国、俄罗斯、日本、巴西、印度尼西亚、德国、加拿大、韩国、英国和法国已经实现碳排放达峰。中国、马绍尔群岛、墨西哥、新加坡等国家承诺在 2030 年以前实现碳达峰。届时全球将有 58 个国家实现碳排放达峰，占全球碳排放总量的 60%。①

一、美国碳达峰碳中和之路

为应对全球气候变化和确保能源安全，确保在新一轮国际新秩序建立过程中抢占有利地位，美国开始寻求向低碳发展模式转变。美国寻求低碳发展模式，主要体现在能源政策方面，从美国能源政策发展过程来看，主要经历了以下几个阶段：一是应对能源危机阶段。20 世纪 70 年代，为应

① 走近碳达峰碳中和 碳达峰——世界各国在行动 [EB/OL]. https：//m. thepaper. cn/newsDetail_forward_10857848.

对石油危机，美国先后在 1975 年颁布了《能源政策和节能法案》、1978 年颁布了《国家节能政策法案》等。二是从设备能耗入手，1987 年制定《国家设备能源保护法》，颁布《国家家用电器节能法案》，通过经济规制和市场调节来控制碳排放。三是制定综合性的全国能源和低碳战略，1998 年颁布《国家能源综合战略》，2005 年颁布《国家能源政策法》，标志着美国正式确立了面向 21 世纪的长期能源低碳发展政策。①

美国碳减排政策受全球能源供应变化、地缘政治、美国两党执政理念的差别等诸多因素的影响，导致其碳减排政策不断变化。但美国始终重视碳减排，始终将发展低碳经济和新能源政策作为引领下一轮经济增长的战略，进而抢占全球绿色发展的制高点。20 世纪 70 年代以来，国际政治环境复杂多变，美国两党交替执政，历任美国总统对促进本国能源发展和全球能源格局采取的举措不尽相同，但本质上都追求美国能源独立，致力于增加国内能源供给，降低美国能源对外依存度，实现能源供给的多元化；主要差异反映在发展化石能源和清洁能源的侧重点不同，以及采用多边主义还是单边主义来实现美国利益最大化两个方面。②

（一）布什政府时期的碳减排政策

1997 年 12 月 11 日，联合国气候变化框架公约缔约方第 3 次会议在日本东京召开，会议通过了《京都议定书》。1998 年 11 月 12 日，美国政府签署了《京都议定书》，但并未提交国会审议。在《京都议定书》中，美国政府承诺到 2020 年，碳排放量在 1990 年基础上削减 7%。但在 2001 年 3 月布什上台以后，布什政府以"减少温室气体排放将会影响美国经济发展"和"发展中国家也应该承担减排和限排温室气体的义务"为由，宣布

---

① 何小钢，尹硕. 低碳规制、能源政策调整与节约增长转型——基于发达国家经验的比较研究［J］. 现代经济探讨，2014（3）：88-92.

② 汤匀，陈伟. 拜登气候与能源政策主张对我国影响分析及对策建议［J］. 世界科技研究与发展，2021（5）：605-615.

拒绝批准《京都议定书》。① 美国拒绝《京都议定书》的实施遭到国际舆论的抨击和指责，为了应对指责，美国政府拿出了一个替代方案。2002年2月14日，布什宣布了他的"全球气候变化计划"。其核心是今后10年美国将减少温室气体强度18%，即将现在每百万美元GDP排放183吨减少到2012年的151吨，在以后的5年中为清洁能源提供46亿美元的税收优惠，用于可再生能源、氢能、燃料电池汽车、联合热电系统、土地对碳的吸收等。② 布什政府时期虽然没有加入《京都议定书》，但其区域碳减排政策已经大范围地开展。

（二）奥巴马政府时期的碳减排政策

与前任总统布什不同，奥巴马政府高度重视低碳发展，提出了实现气候保护与经济发展的计划，以大力开发清洁能源的"绿色经济复兴计划"为首要任务，在其推动下，众议院在2009年以微弱多数通过了美国历史上首个限制温室气体排放的法案——《美国清洁能源与安全法案》，法案旨在创造就业，推动美国减少对海外石油的依赖，以及应对全球变暖，提高能源效率，建立碳交易市场机制，提出了发展可再生能源、清洁电动汽车和智能电网的方案等，这些成为一段时期内美国碳减排的核心政策。③ 考虑到气候变化的无周期性和破坏性，奥巴马政府多次重申了其温室气体减排立场，于2013年6月25日公布了第一份国内《气候行动计划》，指示联邦环保署尽快制定占美国温室气体排放总量40%的发电厂的温室气体排放标准，禁止发电厂任意排放。为了进一步落实《气候行动计划》，奥巴马政府于2015年8月公布了《清洁电力计划》，迈出了美国应对气候变化最

---

① 高冠龙. 中国与欧盟、美国碳减排对比分析［D］. 太原：山西大学，2015.
② 王刚. 美国与欧盟的碳减排方案分析及对中国的应对策略［J］. 地域研究与开发，2012（4）：142-145，160.
③ 刘畅，张乐. 碳减排实施路径的回顾与反思［J］. 中国经济评论，2021（5）：92-96.

大、最重要的一步。①

(三) 特朗普政府时期的气候变化应对政策

与奥巴马政府的"绿色型"气候政策不同，特朗普政府将"美国经济利益优先"作为核心原则，拒绝为全球气候变化买单，力图重振美国的煤炭和石油等传统工业，签署了许多关于转变奥巴马时期能源与环境发展战略的行政命令，在气候变化应对和温室气体减排上长期充斥着消极和负面情绪。在宣誓就职美国总统当日，特朗普就签署了《美国优先能源计划》，致力于废除奥巴马政府的《气候行动计划》。2017 年 3 月 28 日，特朗普签署了《能源独立和经济增长》的总统行政令，旨在废除《清洁电力计划》，撤销了奥巴马政府用于减少新建燃煤电厂的温室气体排放规定，以加大对化石燃料等传统能源的开采。2017 年 6 月 1 日，特朗普宣布美国退出《巴黎协定》，包括终止向联合国的"全球气候变化倡议"项目拨款、取消 125 亿美元的气候变化研究基金、终止国家自主贡献承诺及停止向绿色气候基金注资等。2017 年 8 月 4 日，特朗普政府向联合国正式递交了《巴黎协定》的退出文书，此举不仅表明了其拒绝承担国际气候责任之态度，更放弃了全球气候治理领导权，重创了国际气候合作信心，这一举措受到国际社会广泛批评。②

(四) 拜登政府时期碳减排政策

2021 年 2 月，拜登就任总统后美国重新加入《巴黎协定》，加入碳减排行列，积极参与落实《巴黎协定》，并制定《巴黎协定》下的国家自主贡献。在国内层面，制定 2035 年前实现电力行业无碳化以及 2050 年前实现净零排放目标，提出协同联邦与地方合作，大力推动能源结构转型等举

---

① 冯帅. 特朗普时期美国气候政策转变与中美气候外交出路 [J]. 东北亚论坛，2018 (5)：109-128.

② 冯帅. 特朗普时期美国气候政策转变与中美气候外交出路 [J]. 东北亚论坛，2018 (5)：109-128.

措。一是严格监管化石能源开发，限制传统能源产业发展。二是鼓励清洁技术应用，支持清洁能源产业发展。三是设立"白宫国内气候政策办公室""国家气候特别工作组"等机构，协同不同部门推进国内气候变化议程。此外，设立白宫环境正义联合委员会，负责解决弱势群体在环境和气候方面受到的不利影响。四是联合地方政府共同应对气候变化。在州层面，目前已有 6 个州通过立法设定了到 2045 年或 2050 年实现 100%清洁能源的目标。[①]

从以上的分析可以看出，美国不同总统时期制定的一系列关于碳减排及应对气候变化的政策法规，为美国实现碳达峰碳中和奠定了良好的基础。尽管特朗普政府时期的政策出台对碳减排及应对气候变化产生了一定影响，但尚未造成根本冲击，美国大部分时期的碳减排及应对气候政策方向是正确的，因此并未对美国碳减排及全球气候变化造成大的伤害。

作为全球第一大经济体，在 2006 年以前，美国碳排放总量一直位居世界第一，2006 年以后，中国碳排放总量超过美国，美国成为全球碳排放第二大国。1949—2007 年，美国能源消耗产生的二氧化碳排放量稳定增长，2007 年以后稳定下降，2007 年为美国能源消耗碳排放的达峰年。1949 年，美国能源消耗产生的二氧化碳为 22.07 亿吨，直至 1961 年的 13 年间，保持在 30 亿吨以下的水平，从 1962 年以后，美国能源消耗二氧化碳排放数量快速增长，1969 年突破 40 亿吨，1988 年增长到 49.81 亿吨，2006 年增长到 59.14 亿吨。2007 年美国能源消耗排放的二氧化碳为 60.03 亿吨，此后逐渐走低。2019 年为 51.46 亿吨，低于 1993 年水平。2020 年，受新冠肺炎疫情的冲击，美国能源消耗产生的二氧化碳排放量减少到 45.74 亿吨，比 2019 年下降了 11%。

在能源消费方面，2009 年之后，美国被中国超越，退居世界第二能源消费大国，但能源消费总量仍在增长，2018 年达到峰值，为 101.162 千万

---

① 刘猛. 美欧应对气候变化主要举措及影响简析［J］. 财政科学，2021（5）：147-152.

亿英热单位。2019 年美国一次能源消费降到 100.274 千万亿英热单位，占全球的比重略超过 16%。2020 年大降至 92.47 千万亿英热单位。可以看出，美国一次能源消费的达峰比碳排放达峰晚了 11 年。

二、欧盟碳达峰碳中和之路

由于欧盟很早就认识到大量使用化石燃料所排放的以二氧化碳为代表的温室气体是导致全球变暖的主要原因，在发展低碳经济问题上，欧盟的行动走在其他国家和地区之前。[1] 因而，在全球的碳减排上，欧盟是积极的推动者，也是应对全球气候变化、减少温室气体排放行动的有力倡导者。

在《联合国气候变化框架公约》谈判及其生效时期，欧盟是有力的倡导者。欧盟很早开始关注全球气候变化问题，1988 年 12 月，罗兹（Rhodes）欧洲理事会发布了环境宣言，高度支持气候政策发展。1991 年 10 月，欧共体委员会发布《限制二氧化碳排放和提高能源效率的共同体战略》，详细阐述了欧共体到 2000 年稳定温室气体在 1990 年水平的政策选择。欧共体的主张得到了欧洲气体国家、小岛国家联盟以及加拿大、澳大利亚和新西兰等的支持，但受到美国、石油生产国、日本和苏联的抵制。最后，《联合国气候变化框架公约》尽管没有完全实现欧盟的要求，但基本采用了欧盟提出的"稳定排放"的目标要求。可见，在推动碳减排的气候变化议题进入国际政治议程并最终建立《联合国气候变化框架公约》的历程中，欧盟事实上发挥了重要的领导作用。[2]

在《京都议定书》谈判及其生效时期，欧盟是积极的推动者。在《京都议定书》达成之前的谈判中，欧盟一直制定严格的减排标准，并处于领导地位。但在通向《京都议定书》谈判的过程中，在《联合国气候变化框架公约》谈判时期，支持欧盟的 CANZ 集团、挪威等与美国站在一起，反

---

① 刘畅. 如何调动全民参与减碳行动 [J]. 中国经济评论，2021（5）：53-61.

② 肖兰兰. 全球气候治理中的领导——跟随逻辑：欧盟的实践与中国的选择 [J]. 中国地质大学学报（社会科学版），2021（2）：91-102.

对欧盟的量化减排目标。在欧盟的努力下，最终达成的《京都议定书》事实上糅合了欧盟坚持的量化减排目标和美国坚持的灵活机制的综合体。《京都议定书》达成以后，面对美国政府退出《京都议定书》带来的不利影响，欧盟积极争取日本在 2002 年 6 月批准《京都议定书》和俄罗斯在 2004 年 10 月批准了《京都议定书》。①

在《巴黎协定》谈判、生效及实施细则制定时期，欧盟发挥着领导兼调解者的作用。在 2015 年巴黎气候大会上，欧盟与非洲、加勒比和太平洋岛国积极协调，并与中国、美国等共同推动了《巴黎协定》的达成。随后，面对美国特朗普政府的"去气候化"行动，欧盟进行了坚决回应，继续推动《巴黎协定》的执行与落实。最终在欧盟以及其他积极力量的推动下，国际社会基本完成了《巴黎协定》实施细则的谈判，全球气候治理真正进入后巴黎时代的行动阶段。②

2019 年 11 月 28 日，欧洲议会以压倒性票数通过决议，宣布欧盟进入"气候紧急状态"。2019 年 12 月，新一届欧盟委员会发布了《欧洲绿色协议》，提出欧盟在 2050 年在全球率先实现"碳中和"。作为《欧洲绿色协议》的一部分，欧盟开始启动《欧洲气候法》的立法工作，2020 年 10 月，欧盟各国的环境部长就《欧洲气候法》的内容基本达成一致，《欧洲气候法》的目的是将 2050 年实现碳中和的目标以欧盟法律的形式予以确立。③

欧盟通过积极参与全球气候治理，并在欧盟成员国内部出台一系列碳减排政策法规，为欧盟实现碳达峰碳中和奠定了良好的基础。在欧盟成员国中，德国率先宣布进一步的碳减排目标及碳中和目标，2030 年温室气体排放较 1990 年减少 65%，高于欧盟减排 55% 的目标，实现碳中和的时间

①　肖兰兰. 全球气候治理中的领导——跟随逻辑：欧盟的实践与中国的选择 [J]. 中国地质大学学报（社会科学版），2021（2）：91-102.

②　肖兰兰. 全球气候治理中的领导——跟随逻辑：欧盟的实践与中国的选择 [J]. 中国地质大学学报（社会科学版），2021（2）：91-102.

③　庄贵阳，朱仙丽.《欧洲绿色协议》：内涵、影响与借鉴意义 [J]. 国际经济评论，2021（1）：116-133.

也从 2050 年提前至 2045 年。这一承诺让德国成为首个进一步提高 2030 年减排目标的欧盟成员国，德国实现碳中和的时间也是 20 国集团中最早的。①

从碳减排效果来看，欧盟碳排放峰值为 48.54 亿吨二氧化碳当量，人均碳排放量为 10.28 吨二氧化碳当量，主要的碳排放源为能源活动。1990 年碳排放达峰时，欧盟能源活动的碳排放量占碳排放总量的 76.94%，其次是农业和工业生产过程，废物管理占比较低。1990—2008 年，由于欧盟工业生产过程和废物管理的碳排放量降幅相对较高，能源活动和农业的碳排放量占比略有升高。

三、日本碳达峰碳中和之路

长期以来，日本政府推行积极的碳减排政策，效果显著，由于日本能源自给能力非常有限，其碳减排政策主要体现在产业结构调整、能源消费结构调整与能源效率提高上。② 日本积极推行碳减排政策源于两个背景：一是战后日本实施重化工业战略，在贸易立国战略的默契配合下，有效推动了日本经济的快速发展，但以重化工业为主体的日本产业结构造成了严重的国内环境污染和生态破坏问题，日本社会各阶层迫切要求降低污染、改善生态环境；二是 1973 年石油危机，造成日本高度依赖进口能源资源的重化工业企业的生产成本迅速提高，导致日本重化工业制造的产品出口竞争力下降，从而使得日本长期以来依赖进口能源资源发展重化工业的经济难以为继。③

在产业结构调整方面。为了促进产业结构的优化升级、加速向经济强国转型，日本政府先后颁布《面向 21 世纪的日本经济结构改革思路》

---

① 薛亮. 各国推进实现碳中和的目标和进展 [J]. 上海人大，2021 (7)：53-54.

② 何小钢，尹硕. 低碳规制、能源政策调整与节约增长转型——基于发达国家经验的比较研究 [J]. 现代经济探讨，2014 (3)：88-92.

③ 徐铁，郑婷. 经济转型视角下日本低碳经济发展浅析 [J]. 湖北经济学院学报（人文社会科学版），2018 (4)：52-54.

（1995 年）、《经济结构改革行动计划》（1997 年），强调加大科研投入，积极培育战略新兴产业，为战略新兴产业提供优惠政策。2000 年以后，日本政府提出了创造性知识密集型的产业政策，深入推进产业结构的低碳转型。2000 年，日本政府制定《IT 立国战略》，希望通过大力发展信息产业来推动日本产业结构优化。2001 年以后，日本政府又出台了《绿色经济与社会变革》和《新增长战略》，这两大战略的出台为日本产业结构调整提供了指南。2010 年 6 月，日本经济产业省推出"产业结构蓝图"，该蓝图明确了日本应重点发展的产业领域和 2020 年产业发展目标。日本产业发展战略的实施，极大地推动了日本电子信息产业、新能源产业、精密机器制造等知识技术密集型产业的发展，也推动了日本产业结构由重化工业向低碳化方向转型。① 2020 年 12 月 25 日，日本发布了以面向 2050 年实现碳中和的产业绿色发展为宗旨的《2050 年实现碳中和的绿色成长战略》，这一战略旨在将努力实现碳中和这一挑战视为发展绿色经济的大好机遇，通过对碳中和涉及的相关产业进行战略性布局，提出高标准发展目标，实施一系列有针对性的产业政策，从而构建面向碳中和的绿色产业体系，推动相关产业绿色发展，最终实现经济与环境的良性循环。②

在能源结构调整方面。20 世纪 70 年代的石油危机充分暴露了日本的能源安全和经济发展的隐患，也催生了日本新能源开放利用的潜在需求。日本对清洁能源的开发和利用一直抱有积极、开放的态度。1974 年，日本实施了以开发利用太阳能、地热能为主要内容的"阳光计划"，计划以新能源来替代传统的石油能源，不断降低对进口石油资源的过分依赖。"阳光计划"对日本新能源的开发利用具有里程碑意义，开辟了日本能源发展计划转向可再生资源的路径。进入 20 世纪 90 年代，日本新能源开发利用进入了发展的快车道，1993 年，日本政府开始实施"新阳光计划"，该计

---

① 徐铁，郭美琪. 日本推进产业结构低碳化对湖北试点建设"低碳省"的启示 [J]. 当代经济，2018（13）：76-78.

② 刘平，刘亮. 日本迈向碳中和的产业绿色发展战略——基于对《2050 年实现碳中和的绿色成长战略》的考察 [J]. 现代日本经济，2021（4）：14-27.

划的核心是促进新能源的开拓、应用和商业化。① 2011 年，受日本福岛核事故的影响，日本社会各界对能源安全的认识出现新的变化，为解决日本中长期能源供求的脆弱性，日本政府在 2014 年 4 月修订的《第四次能源基本计划》中增加"加速实现氢能源社会的措施"，提出 2030 年之前降低对核电站和化石能源的依赖度，扩大可再生能源的目标。2015 年，在修订的《日本再复兴战略》中支持建造加氢站，着重强调今后通过氢能发电站的商业运作来增加氢能流通量并降低价格，在《氢能源白皮书》中将氢能源定位为日本国内发电支柱。2017 年年底，日本政府发布了《氢能源基本战略》，明确了氢能源社会的构建目标，确定了 2050 年氢能源社会建设的目标以及到 2030 年的具体行动计划。2018 年，《第五次能源基本计划》指出，到 2030 年前降低对核能的依赖，促进氢能源、热能的利用。②

在提高能源效率方面。作为一个能源资源匮乏国家，日本一直非常重视节能和能效管理。为了提高能源效率，日本政府从第一次石油危机开始就出台了一系列法律、法规，构建了一个完整的监管体系，创造性地提出了能源管理师制度，并通过融洽的政企关系和适当的激励实现了能源技术的提升与推广。③ 从节约能源和提高能源效率的法律体系的建设方面来看，日本制定了开发节能技术、提高能源利用率、回收可利用能源的"月光计划""新月光计划"等一系列的法律法规，推进节能技术的研发与推广运用。日本政府节能和提高能源效率的法律体系主要由三类构成：一是以《关于能源使用合理化的法律》为代表，该法规定工厂、运输部门有责任实施节能对策。尽管该法在能源使用的二氧化碳排放控制方面卓有成效，但并未覆盖其他温室效应气体的减排及新能源普及推广等方面。④ 二是以

---

① 孙璞. 日本新能源开发利用研究 [D]. 长春：吉林大学，2019.

② 李维安，秦岚. 迈向"零碳"的日本氢能源社会发展研究 [J]. 现代日本经济，2021（2）：65-79.

③ 朱彤，从博云. 美国、日本和德国能效管理的经验与启示 [J]. 中国发展观察，2018（Z2）：110-114.

④ ［日］染野宪治. 日本实现 2050 年脱碳社会的政策动向 [J]. 世界环境，2021（1）：42-46.

《资源有效利用促进法》为代表的综合性法律。三是以《家用电器循环法》和《食品循环法》为代表的针对某类或某种产品的法律。这三类法律从不同层面对节约能源、规范企业和公民行为方面构建了一个完整的节能法律体系。① 在节能监管方面，日本构建了以政府管理部门、政府主导的节能专业服务机构、各个大型用能企业或机构专业的能源管理师为基础的健全有效的节能监管体系。能源管理师主要负责对相应企业和场所的能源规划和管理，同时需定期向政府部门提交相关的报告。②

在全球气候变化应对政策方面，日本政府认识到气候问题是国际政治问题，但在全球气候变化应对方面，出现了从积极应对到在美国与欧盟间徘徊交涉，以至于《京都议定书》从出台（1998 年 3 月 16 日—1999 年 3 月 15 日开放签字）到签署③（2002 年 6 月）再到最终生效（2005 年），经历了非常艰难的过程。④ 与此同时，国内相继推出《全球变暖对策推进法》、《电气企业购买可再生能源电力的特别措施法》（2011 年）。2016 年 5 月修订《全球变暖对策推进法》，增补了全球变暖对策计划的相关事项等，内阁会议批准了全球变暖对策计划。在完善了国内的对策措施后，2016 年 11 月，日本签署了《巴黎协定》。2018 年，日本政府制定了《气候变化适应法》，规定要编制气候变化适应计划，并在国立环境研究所内设立气候变化适应中心等。另外，日本政府还制定了《建筑物节能与低碳城市建设推进法》、保护二氧化碳吸收源的《森林经营管理法》，并创建了森林环境税、森林环境赠与税等。⑤

---

① 朱彤，从博云．美国、日本和德国能效管理的经验与启示［J］.中国发展观察，2018（Z2）：110-114.

② 朱彤，从博云．美国、日本和德国能效管理的经验与启示［J］.中国发展观察，2018（Z2）：110-114.

③ 签署时间表示日本政府签署《京都议定书》时间；生效时间也表示《京都议定书》在日本的生效时间。

④ 毕珍珍．日本参与全球气候治理的研究——从《京都议定书》生效至巴黎大会［D］.北京：外交学院，2019.

⑤ ［日］染野宪治．日本实现 2050 年脱碳社会的政策动向［J］.世界环境，2021（1）：42-46.

在 2020 年 10 月 26 日的国会上，日本首相菅义伟宣布日本 2050 年实现碳中和的目标。此后，日本政府加快了推进实现碳中和的步伐。2020 年 12 月，菅义伟批准成立"实现脱碳社会国家与地方协调会"，由内阁官房长官任议长，相关政府机构大臣和地方政府负责人参与，旨在商讨制定大众生活和社会领域如何实现碳中和的路线图，以及中央政府与地方如何协调行动的方案。截至 2021 年 4 月 6 日，日本 39 个都道府县以及市、町、村共计 357 个地方自治体宣布了将于 2050 年之前实现碳中和，这些地方自治体的人口总数占日本总人口数的 87.1%。①

第二节 发达国家能源及产业碳减排政策措施

一、美国碳达峰碳中和目标下能源、产业发展措施②

纵观整个美国碳减排历程，成效显著。美国碳减排成效之所以这么好，归功到底主要取决于实施了以下能源与产业发展措施。③

第一，加强顶层设计，不断健全完善碳减排法规政策体系。从 20 世纪 70 年代起，美国多次出台能源与碳减排相关法案，逐渐形成了完整的碳减排政策体系。《能源政策法》《联邦电力法》《能源独立和安全法》《环境政策法》等多部法律，把促进能源供应多元化、发展再生能源、节能提效作为低碳发展的根本途径。明确温室气体关键领域，统筹制定碳达峰碳中和的总体路线图，严格实施温室气体减排控制目标责任制。④ 尤其是在奥

---

① 刘满平. 我国实现"碳中和"目标的意义、基础、挑战与政策着力点 [J]. 价格理论与实践，2021（2）：421-426.

② 赵敬敏，崔永丽，王树堂. 美国低碳发展经验值得借鉴 [N]. 中国环境报，2021-05-06（3）.

③ 秦容军. 国外碳达峰碳中和经验借鉴及对我国煤炭行业发展的启示 [J]. 煤炭经济研究，2021（3）：23-27.

④ 秦容军. 国外碳达峰碳中和经验借鉴及对我国煤炭行业发展的启示 [J]. 煤炭经济研究，2021（3）：23-27.

巴马政府期间，美国高度重视低碳发展，颁布了"应对气候变化国家行动计划"，明确了减排的优先领域，推动政策体系不断完备。2009 年通过《美国清洁能源与安全法案》，对提高能源效率进行规划，确定了温室气体减排途径，建立了碳交易市场机制，提出了发展可再生能源、清洁电动汽车和智能电网的方案等，成为一段时期内美国碳减排的核心政策。2014 年推出"清洁电力计划"，确立 2030 年之前将发电厂的二氧化碳排放量在 2005 年水平上削减至少 30% 的目标，这是美国首次对现有和新建燃煤电厂的碳排放进行限制。一系列应对气候变化的顶层设计，引领了美国碳达峰后的快速去峰过程。① 通过一系列的碳减排法律法规体系建设，一方面促进了传统高耗能产业转型升级；另一方面推动了新能源产业的发展。

第二，优化能源结构，提高清洁能源比重。大力开展能源革命，积极进行能源行业供给侧结构性改革，努力构建清洁低碳、安全高效的能源体系。首先，推动能源独立性和市场化改革。20 世纪 70 年代的石油危机严重冲击了美国，促使美国总统尼克松提出能源独立性计划，此后历届美国政府均将实现能源独立作为能源政策的核心内容。从 20 世纪 80 年代里根政府开始，联邦政府大力推行能源市场自由化政策，解除对天然气价格管制。美国能源独立和市场化改革，持续调整并优化了能源结构。其次，推动能源政策立法，促进了非化石能源的推广与应用。2005 年和 2007 年，美国分别颁布"能源政策法案"和"能源独立和安全法案"，要求销售的车用燃料中添加生物燃料，设定到 2022 年消费 360 亿加仑可再生燃料的目标，明确每一个以石油为基础的汽油或柴油的炼油厂或进口商，必须履行可再生燃料义务数量。正是在法律的强制要求和优惠政策的刺激下，美国可再生燃料获得了长足的发展，推动了美国的持续减排。1949 年，美国一次性能源消费结构中，煤炭占当年一次性能源消费的比重为 37.48%，位居第一大消费来源。从 1950 年开始，石油成为美国第一大能源消费来源并

---

① 赵敬敏，崔永丽，王树堂 . 美国低碳发展经验值得借鉴 [N]. 中国环境报，2021-05-06（3）.

保持至今。美国进入石油时代比全世界迈入石油时代早了整整 15 年。1958
年，天然气超过煤炭，成为美国第二大能源消费来源。2019 年，美国的水
力发电、风能、太阳能、地热能、生物质能等构成的可再生能源首次超过
煤炭，成为第三大能源，加上核能，美国非化石能源占美国一次性能源消
费的比重为 20%。美国能源结构的持续优化，带来了碳排放总量的不断下
降。另外，发电部门能源消费随着能源结构的优化，碳排放持续改善。从
1949 年到 2015 年，煤炭一直是美国发电用能的第一大来源，但从 2016 年
起，天然气成为美国发电行业的第一大来源。2020 年，天然气占发电用能
的比重高达 40%，可再生能源为 21%，核电为 19%，煤炭只占 19%。①

　　第三，推动产业结构优化及重点行业能耗降低。深入推进战略性新兴
产业，美国多以财政政策、税收政策和信贷政策为主，依靠市场机制促进
衰退产业中的物质资本向新兴产业转移，最后达到改善产业结构的目的。
在政策和市场的引导下，美国钢铁工业、冶金工业、铝行业等重点行业的
能源消耗呈持续下降趋势。与此同时，推动现代服务业和传统服务业相互
促进，加快服务业创新发展和新动能培育，进一步推动美国将其劳动力密
集型制造业转移至发展中国家，显著降低能源消耗与碳排放。产业结构的
调整优化，促使美国温室气体排放与经济发展呈现相对脱钩趋势。从 1990
年到 2013 年，美国 GDP 增长 75%，人口增长 26%，能源消费增长 15%，
而碳排放量只增长了 6%。②

　　第四，碳减排技术的推广与使用。长期以来，美国碳减排技术发展迅
速。1972 年，美国就开始研究整体煤气化联合循环（IGCC）技术，配合
燃烧前碳捕集技术，目前美国已基本实现清洁煤发电。碳捕捉和封存技术
（CCUS）是美国气候变化技术项目战略计划框架下的优先领域，全球 51
个二氧化碳年捕获能力在 40 万吨以上的大规模 CCUS 项目中有 10 个在美

---

　　①　王能全. 从特朗普到拜登：美国能源政策的变与不变［EB/OL］. https：//
www.in-en.com/article/html/energy-2300690.shtml.
　　②　赵敬敏，崔永丽，王树堂. 美国低碳发展经验值得借鉴［N］. 中国环境报，
2021-05-06（3）.

国。美国低碳城市建设采取的行动包括节能项目、街道植树项目、高效道路照明、填埋气回收利用、新能源汽车以及固体废物回收利用等，对碳减排起到了良好促进作用。① 充分利用电气化、氢能、生物质能源等配合CCUS技术逐步实现电力行业以及钢铁、水泥等工业领域的脱碳。②

第五，以信息技术革新提升能源效率，极大地降低了碳排放。从20世纪90年代至21世纪初，美国由工业化进入信息化时代，带来了能源强度的不断下降。能源消费下降的同时经济能保持稳定的增长。按照2012年美元计算，1949年美国每美元实际GDP的能源消耗为15180英热单位。20世纪50年代至70年代中期，美国单位GDP能耗徘徊在14000至13000英热单位之间。1985年，下降至9600英热单位，此后下降速度加快。2019年，美国单位GDP能耗仅为5250英热单位，仅为1949年的34.58%。③

二、欧盟碳达峰碳中和目标下能源、产业发展措施

欧盟以能源转型为抓手，推进一系列变革措施保障2050年前实现碳中和目标，主要表现在以下几个方面：

第一，建立健全碳减排的法律法规体系。欧盟将政策同法律结合在一起，对气候政策进行严格立法，要求成员国根据欧盟整体的减排目标确定自身低碳发展的可行方案，从而自上而下地推动欧盟总体减排目标的实现。④ 1993年，欧共体发布碳减排政策指令，要求各成员国在能源管理方面制定相应的方案，提高能源利用效率，减少二氧化碳的排放。1999年4

---

① 赵敬敏，崔永丽，王树堂. 美国低碳发展经验值得借鉴 [N]. 中国环境报，2021-05-06（3）.

② 秦容军. 国外碳达峰碳中和经验借鉴及对我国煤炭行业发展的启示 [J]. 煤炭经济研究，2021（3）：23-27.

③ 王能全. 从特朗普到拜登：美国能源政策的变与不变 [EB/OL]. https：//www.in-en.com/article/html/energy-2300690.shtml.

④ 孙钰，李泽涛，姚晓东. 欧盟低碳发展的典型经验与借鉴 [J]. 经济问题探索，2012（8）：180-184.

月，欧盟发布碳减排政策指令，要求加强欧盟成员国之间温室气体监测机制，以及加强各成员国减缓气候变化方案相关信息的公开、透明与交换机制。2000 年 6 月，欧盟启动了欧盟气候变化计划，以促进欧盟应对气候变化法律进程，落实《京都议定书》的规定。自 2000 年以来，欧盟为促进成员国碳减排，通过一系列政策法令：可再生能源电力法令、建筑能效法令、可再生交通燃料法令、温室气体排放交易法令。2009 年 4 月，欧盟发布了"能源与气候一揽子立法"，包括"欧盟排放权交易机制修正案""欧盟成员国配套措施任务分配的决定""碳捕捉与封存的法律框架""可再生能源指令""汽车二氧化碳排放法"和"燃料质量指令"六项内容。这些法律和指令，有力推动了欧盟温室气体减排。2020 年 3 月 4 日，欧盟委员会公布了《欧洲气候法》，其以立法的形式明确到 2050 年实现碳中和的政治目标。《欧洲气候法》要求欧盟所有机构和成员国都采取必要措施以实现 2050 年碳中和目标，作为欧洲绿色转型战略必不可少的法律杠杆，其将碎片化的欧洲气候法律政策统一安置在欧盟的监督评估之下，完成了欧盟从分散立法模式向分散立法与专门立法并存模式的转变。其普遍适用性为欧盟层面推进气候行动提供了极大便利，相较过去以指令为主针对个别要素进行规范，成员国很难阻碍欧盟层面依据辅助性原则推进《欧洲气候法》，尽管这可能并不完全符合个别国家的利益。①

第二，以市场化的碳排放交易机制降低碳减排。欧盟十分重视发挥市场在碳减排中的作用，期望依靠市场力量弥补气候政策的缺陷，降低欧盟区域的碳排放（孙钰等，2012）。欧盟气候与能源政策最重要的工具是欧盟碳排放交易机制，因此评估欧盟在气候与能源领域的政策就需要分析这一工具。② 为实现《京都议定书》的减排要求，欧盟积极探索各种碳减排方案，并于 2003 年通过了温室气体排放许可交易制度，即欧盟碳排放交易

---

① 兰莹，秦天宝.《欧洲气候法》：以"气候中和"引领全球行动 [J]. 环境保护，2020（9）：61-67.

② ［德］马库斯·雷德勒. 欧盟在国际气候与能源政策中的领导角色和德国的能源转向政策 [J]. 德国研究，2013（2）：15-34.

机制，该制度于 2005 年正式运行。① 欧盟碳排放交易机制从 2005 年运行起，经历了试验阶段（2005—2007 年）、京都阶段（2008—2012 年）、单方面承诺阶段（2013—2020 年）三个实施阶段，② 每个阶段的覆盖范围和减排目标等都有所不同。欧盟碳排放交易机制采用"限额与交易"模式，规定了各成员国、高能耗高污染行业的排放权上限即"欧盟排放许可"，构建欧盟碳排交易体系的市场交易平台，实施碳排放总量控制与配额分配相结合的形式。通过市场直接管制、经济激励等手段，实现政府、企业、个人间自由的买卖交易，促进企业履行节能降耗、减排的社会责任。③ 从碳排放交易制度的效果来看，通过碳排放交易机制，欧盟超额完成了《京都议定书》第一阶段的减排承诺，在《欧盟 2013 年碳减排、可再生能源与能效目标趋势与预测》报告中，欧盟 2012 年的碳排放量比 1990 年温室气体排放水平降低了 18%，接近欧盟确定的到 2020 年碳排放量比 1990 年温室气体排放水平降低 20%的目标，可再生能源利用的比例升至 13%，也接近 2020 年可再生能源占比达 20%的目标。碳排放交易机制不仅使欧盟碳排放量快速下降，而且显著促进了欧盟低碳项目的投资，促使企业更多地利用低碳能源并投资于低碳技术和低碳项目。④ 碳排放交易制度不仅营造了良好的碳排放交易市场，形成了合理的碳价格，发挥了市场对碳排放主体的激励功能，而且实现了以最低的成本支出完成了碳减排目标。⑤

第三，大力发展可再生能源，降低碳排放。由于能源生产和消费占欧

① 姚晓芳，陈菁．欧美碳排放交易市场发展对我国的启示与借鉴［J］．经济问题探索，2011（4）：35-38.

② 袁媛，刘纪显．欧盟碳排放权管理制度沿革对中国的启示［J］．中国科技论坛，2015（8）：145-149.

③ 张小梅．欧盟碳排放交易体系的发展经验与启示［J］．对外经贸实务，2015（12）：93-96.

④ 何少琛．欧盟碳排放交易体系发展现状、改革方法及前景［D］．长春：吉林大学，2016.

⑤ 蓝虹，孙阳昭，吴昌，等．欧盟实现低碳经济转型战略的政策手段和技术创新措施［J］．生态经济，2013（6）：62-66.

盟温室气体排放量的75%以上，提供清洁、可持续和安全的能源，对欧盟实现2030年和2050年减排目标至关重要。但欧盟能源资源较匮乏，对能源进口依赖度高，且进口的来源地集中在中东、非洲以及拉美等国，这使得欧盟获取能源的风险较高，为此，欧盟从政策、制度、法律等多层面探索可再生能源发展的路径。20世纪90年代后期，在全球气候变暖、环境污染、保持经济可持续发展等多重压力下，欧盟日益重视可再生能源的开发和利用，继1997年欧共体发布《未来的能源：可再生能源》白皮书后，1999年欧盟再次发布《可再生能源战略》白皮书，不仅重申可再生能源占总能源消费的比例目标，还要求成员国之间加强在可再生能源研发、投资、生产等多方面的合作。2001年9月，欧盟颁布"促进可再生能源发电的指令"，从法规角度为利用和开发可再生能源制定了政策框架。2007年1月，欧盟提出的"可再生能源发展路径"中提到，到2020年，欧盟能源消费结构中可再生能源占能源结构的比重达到20%。为达到这一目标，2009年4月，欧盟通过了新的"可再生能源指令"，要求欧盟每个成员国制定可再生能源发展目标。更为重要的是，该指令提出了欧盟成员国开发可再生能源的新的合作机制。2010年，欧盟委员会提出"能源2020战略"，强调欧盟如何通过加强能源基础设施和依靠能源创新政策来支持可再生能源政策的发展。2011年颁布的"欧盟2050能源发展路径"中，强调提高可再生能源比重，争取到2050年可再生能源占总能源的比重为75%，可再生能源在电力消费中的比重占到97%。①

第四，大力发展低碳技术，降低碳排放。欧盟把发展低碳政策的重点放在传统产业改造和低碳技术创新方面，提出了涵盖能源、工业、建筑、交通、农业、生态和环境七大领域的绿色发展行动路线。随后推出了《可持续欧洲投资计划》、《欧洲气候变化法》草案、《欧洲新工业战略》、《新循环经济行动计划》、《能源系统整合战略》和《欧洲氢能战略》，这些政

①　张敏. 欧盟绿色经济的创新化发展路径及前瞻性研究［J］. 欧洲研究，2015（6）：97-114.

策和行动计划为低碳技术创新发展提供了政策支撑。① 在工业领域，欧盟提出加快工业领域低碳技术研发与变革，采用数字化技术与智能技术对传统碳排放行业进行技术升级，并加快 CCUS 技术研发，降低碳排放。②

三、日本碳达峰碳中和目标下能源、产业发展措施③

2020 年年底，日本政府发布"碳中和"路线图，提出 2050 年实现净零排放的总目标，并提出了一系列能源、产业发展举措。

第一，注重低碳发展立法。日本是较早进行应对气候变化立法的国家，也是世界范围内率先提出建设低碳社会的国家之一。在应对气候变化立法方面，1968 年日本通过了《大气污染防治法》，后经多次修订，并随着时代的发展不断赋予新的内容，该法引入温室气体排放总量控制策略，设定温室气体排放标准，确立了国家、企业和社会公共团体在抑制有害大气污染物质活动中的义务。为抑制汽车排放二氧化碳的总量，1992 年日本制定了《削减特定地域汽车排放的二氧化碳总量的特别措施法》，确定了总量削减基本方针和总量削减计划制度。1993 年日本颁布《环境基本法》，实现了日本环境向综合目标、法典化方向的发展。1998 年 10 月 9 日，日本通过了世界上首部防止全球气候变暖的法律《全球气候变暖对策推进法》，并先后于 2002 年、2005 年和 2008 年进行了修订。《全球气候变暖对策推进法》是日本低碳发展领域的代表性立法，该法规定了国家、地方公共团体、事业者和国民在应对全球气候变暖中的责任。为推动《全球气候变暖对策推进法》的实施，1999 年，日本制定了《全球气候变暖对策推进法实施细则》，该细则规定了温室气体排放量的计算方法、报告和分配数

---

① 秦阿宁，孙玉玲，王燕鹏，等. 碳中和背景下的国际绿色技术发展态势分析 [J]. 世界科技研究与发展，2021（4）：385-402.

② 秦容军. 国外碳达峰碳中和经验借鉴及对我国煤炭行业发展的启示 [J]. 煤炭经济研究，2021（3）：23-27.

③ 秦容军. 国外碳达峰碳中和经验借鉴及对我国煤炭行业发展的启示 [J]. 煤炭经济研究，2021（3）：23-27.

量账户簿等事项。2010 年 5 月，日本众议院通过了《全球气候变暖对策基本法案》，该法案作为日本低碳发展的基本法，标志着日本低碳社会建设迈向法制化建设的轨道。①

在能源低碳立法方面，1979 年 6 月，日本公布了《能源利用合理化法》，该法是日本节能领域的基本法律，在实施后不断修订。1997 年 4 月，日本公布了《促进新能源利用特别措施法》，1997 年 6 月又制定了《促进新能源利用特别措施法施行令》，2002 年 6 月公布了《电力事业者新能源利用特别措施法》，这些能源法律制度体系，有效促进了低碳能源的开发与利用。②

第二，在能源政策方面。一是加大新能源领域的开发与利用。20 世纪 70、80 年代两次石油危机是日本能源政策转型的关键契机，也是日本推进新能源开发与利用的导火索。在此条件下，核能的作用进一步加强，也促使日本核电进入加速周期。通过政策的引导激发民间投资，强化基础设施建设，增设当时技术最先进的"高速增殖反应堆"，并建立较为完善的核燃料再利用循环系统。在这一时期，日本采取了诸多政策推动核燃料的循环开发利用。③ 在可再生能源的开发与利用方面，1974 年，日本实施了以开发利用太阳能、地热能为主要内容的"阳光计划"，计划以新能源来替代传统的石油能源，不断降低对进口石油资源的过分依赖。"阳光计划"对日本新能源的开发利用具有里程碑意义，是日本首次制定全面、系统的可再生能源发展计划。④ 二是大力发展清洁电力。为实现减少温室气体排放和降低能源海外依赖的目标，大力发展可再生能源发电项目，不断推进光伏发电、风力发电等技术的开发和利用，保障可再生能源在电力部门的应用。日本作为岛国，拥有得天独厚的海洋风力资源，开发利用海上风力发电，自然成为日本开发利用可再生能源的首选突破口。在《基于电力生

---

① 朱伯玉. 低碳发展立法研究 [D]. 济南：山东大学，2017.
② 朱伯玉. 低碳发展立法研究 [D]. 济南：山东大学，2017.
③ 孙璞. 日本新能源开发利用研究 [D]. 长春：吉林大学，2019.
④ 孙璞. 日本新能源开发利用研究 [D]. 长春：吉林大学，2019.

产企业可再生能源电力供给特别措施法的认定量》中明确，2030 年之前要实现海上风电装机 1000 万千瓦，2040 年要实现装机 3000 万～4500 万千瓦，2050 年可再生能源发展较 2020 年提高 3 倍。三是大力发展氢能。2011 年日本福岛核事故后，其核能的利用几乎停滞，迫使日本能源战略进一步调整，加大在氢能产业方面的布局。① 2013 年，日本在《日本再复兴战略》中提出把发展氢能源提升为"国策"，并在《第四次能源基本计划》中提出实现氢能源在日常生活和生产活动中得到普遍利用的"氢能源社会"目标。日本经产省在 2014 年 11 月提出《氢能燃料电池战略蓝图》，提出"三步走"战略目标：第一步（2014—2025 年），扩大氢能源的使用范围和领域，特别是扩大定置用燃料电池和燃料电池车的利用，使日本获得领先于世界的氢燃料电池市场；第二步（2025—2030 年），快速扩大氢能源适用范围，确立大规模的氢供给系统，构建全新的二次能源结构；第三步（2030—2040 年），利用氢氧结合，建立起零碳排放的氢能源供给和应用系统。② 四是大力推广节能技术。1978 年，日本启动了"月光计划"，由政府和工业企业合作研究高效汽轮机、余热利用、热泵和燃料电池灯节能和新能源技术。2011 年日本经济产业发布"节能技术战略 2011"，构建了面向 2030 年节能技术发展蓝图，同时启动"战略节能技术革新"项目，安排资金并委托一般财团法人新能源产业技术开发机构对"战略"中列出的重大节能技术研发予以财政激励。③

　　第三，在低碳产业政策方面。确立了重点发展的产业领域，构建绿色发展产业体系。日本政府将实现碳中和视为产业绿色转型大发展的契机，在《2050 年实现碳中和的绿色成长战略》中，日本政府确立了能源相关产

　　① 张宁，薛美美，吴潇雨，等．国内外能源转型比较与启示［J］．中国电力，2021（2）：113-119，155.

　　② 李维安，秦岚．迈向"零碳"的日本氢能源社会发展研究［J］．现代日本经济，2021（2）：65-79.

　　③ 刘然．能源效率相关的国际经验和政策梳理［J］．环境保护与循环经济，2015（10）：13-16.

业、运输与制造相关产业、家庭与办公相关产业 3 个大类中的 14 个产业为重点发展的领域。①

第三节 碳中和国际经验对武汉产业结构转型的启示

中国碳达峰、碳中和目标的提出，为绿色低碳转型发展提供了明确的时间表，在"双碳"目标约束下，武汉市如何制定切实有效的产业转型措施，势必是未来工作的重点。② 发达国家的碳减排经历表明，温室气体排放随着工业化进程和经济社会发展而不断增加，至一定水平抵达峰值后下降。从主要发达国家在碳中和目标实现过程中采取的战略部署来看，武汉市要如期实现国家层面碳达峰碳中和目标，有以下经验可以借鉴。

第一，借鉴美国、欧盟、日本经验，加快制定碳达峰碳中和的战略目标及行动方案下低碳产业发展规划。武汉市应借鉴欧盟、日本经验，围绕国家及湖北省碳达峰、碳中和目标，加快制定出台《关于推进碳达峰碳中和的意见》，明确武汉市分步碳达峰碳中和工作的指导思想、基本原则、奋斗目标、基本路径、重点任务、实施步骤和保障机制，针对钢铁、石化、电力等高碳行业，编制重点行业碳达峰碳中和行动方案和路线图。加快制定碳达峰碳中和目标下武汉市产业发展规划，可借鉴日本碳中和经验，确定武汉市未来产业重点发展的领域，为武汉市如期实现国家层面的碳达峰碳中和目标奠定基础，同时也为武汉产业结构转型升级，实现高质量发展提供良好的发展机遇。

第二，借鉴美国、欧盟、日本经验，大力发展新能源，推动重点高碳行业能源清洁化替代。2019 年，武汉市规模以上工业能源消费量为5354.99 万吨标准煤，煤炭消费占规模以上工业能源消费量的 32.21%。能

---

① 刘满平. 我国实现"碳中和"目标的意义、基础、挑战与政策着力点 [J].价格理论与实践，2021（2）：421-426.

② 梁晓菲，吕江. 碳达峰、碳中和与路径选择：英国绿色低碳转型 20 年（2000—2020 年）的启示 [J]. 宁夏社会科学，2021（5）：55-65.

源燃烧是武汉市主要的二氧化碳排放源，占全部二氧化碳排放量的 88% 左右，电力行业排放约占能源行业排放的 41%，减排任务很重。因此，要减少能源碳排放，大幅调整以煤为主的能源结构是解决碳达峰和碳中和问题的关键。此外，武汉市要大力发展可再生能源，加快光伏和风电发展等，构建以新能源为主体的新型电力系统和能源消费结构。①

第三，借鉴欧盟经验，大力发展碳排放交易市场，以市场化手段推动低碳产业集群发展。碳排放交易市场是指以温室气体排放额或温室气体减排信用为标的物所进行的交易市场，其最大的创新之处在于通过市场化的方式解决环境问题。通过发挥市场在资源配置中的决定性作用，在交易过程中形成合理碳价并向企业传导，促使其淘汰落后产能或加大低碳产业投资。碳排放交易的推行，提高了被规制企业的遵循成本，迫使企业不得不将部分资金用于污染治理，增加治污或减排投资，购买先进的技术设备，以资本替代劳动（资本深化），导致企业生产性投资支出减少，从而影响企业的转型升级。最后，碳交易会通过（绿色）技术创新影响企业转型升级。由于碳交易试点政策对被规制企业污染减排实施总量控制，在不改变自身治污能力和水平的条件下，企业可能存在如下两种行为选择：一是企业可以在碳交易市场购买配额从数量上满足碳排放总量控制要求；二是根据自身需要在一定程度上减少企业产出数量，这样企业排污量也会随之减少，从而满足减排目标。

武汉市要以"中国碳排放权注册登记"落户的先发优势，大力推动碳排放交易市场建设，推动产业向低碳绿色化方向发展。不断完善碳排放交易市场，并逐步扩大行业碳排放交易的覆盖范围。从 2011 年开始，湖北作为国家确定的 7 个碳交易试点省市之一（北京、天津、上海、重庆、广东、湖北、深圳先后启动碳交易试点），2014 年湖北碳排放权交易试点开展以来，不论是总交易量还是日交易额，均占全国半壁江山，是全国最活

---

① 赵建军. 中国实现碳达峰碳中和任重道远 [J]. 中国党政干部论坛，2021（4）：79-80.

跃的碳市场。2017年3月，国家发展改革委面向碳排放权交易试点省市公开征集碳排放权注册登记系统和交易系统建设及运维任务的承担方。湖北省参加了国家评审会，获得"注册登记系统"和"交易系统"评审得分第一名。但是根据国家发展改革委随后制定的"两个系统分开承建"和"九省共建"的要求，湖北省牵头承建全国碳市场"注册登记系统"，确保了"中国碳排放权注册登记"的顺利落户，也填补了湖北省没有国家级金融市场平台的空白。在此基础上，武汉市应进一步抢占全国碳金融中心以及中部金融中心，进而以市场、金融和技术"三引擎"驱动绿色低碳产业发展，为武汉市绿色低碳产业集群提供良好的发展机遇。

第四，借鉴美国、欧盟、日本经验，以低碳技术推动高碳产业低碳化改造。科学技术的发展是推进低碳技术应用和低碳经济发展的重要基础。在全球应对气候变化要求不断提高的大背景下，抢占低碳科技高地将是未来一段时间赢得发展先机的重要基础，因此应当将低碳科技作为国家战略科技力量的重要组成部分，大力推动。建议武汉市提出低碳科技发展战略，强化低碳科技研发和推广，设立低碳科技重点专项，针对低碳能源、低碳产品、低碳技术、前沿性适应气候变化技术、碳排放控制管理等开展科技创新。加强科技落地和难点问题攻关，汇聚跨部门科研团队开展重点地区和重点行业碳排放驱动因素、影响机制、减排措施、管控技术等科技攻坚。采用产学研相结合的模式推进技术创新成果转化示范应用。①

第四节 本 章 小 结

本章通过对美国、欧盟、日本从碳减排到实现碳中和的经验进行总结，给武汉市如期完成国家层面的碳达峰碳中和目标以借鉴和启示。

美国从碳减排到实现碳中和的经验为：一是注重加强顶层设计，从顶

---

① 王金南，严刚. 加快实现碳排放达峰 推动经济高质量发展 [N]. 经济日报，2021-01-04.

层设计健全完善碳减排法规政策体系；二是优化能源结构，提高清洁能源比重；三是推动产业结构优化及重点行业能耗降低；四是碳减排技术的大力推广与使用；五是以信息技术革新提升能源效率。

欧盟从碳减排到实现碳中和的经验为：一是建立健全碳减排的法律法规体系；二是注重以市场化的手段实现碳减排；三是大力发展可再生能源；四是注重大力发展低碳技术。

日本从碳减排到实现碳中和的经验为：一是注重低碳发展立法；二是加大新能源领域的开发与利用；三是大力发展清洁电力；四是大力发展氢能；五是确立了重点发展的产业领域，构建绿色发展产业体系。

发达国家碳中和国际经验对武汉市产业结构转型的启示：一是借鉴美国、欧盟、日本经验，加快制定碳达峰碳中和的战略目标及行动方案下低碳产业发展规划；二是借鉴美国、欧盟、日本经验，大力发展新能源，推动重点高碳行业能源清洁化替代；三是借鉴欧盟经验，大力发展碳排放交易市场，以市场化手段推动低碳产业集群发展；四是借鉴美国、欧盟、日本经验，以低碳技术推动高碳产业低碳化改造。

第八章 碳中和背景下武汉产业
结构转型的战略和路径

第一节 碳中和目标约束下的武汉路线图

一、武汉实现碳中和目标总体思路与战略目标

（一）总体思路

将碳达峰、碳中和目标纳入现代化、生态化、国际化大武汉建设总体战略和目标，做好新时代应对气候变化、全面绿色转型和零碳社会建设的顶层设计，坚持统筹碳减排与安全发展的关系，统筹近期目标与长远规划的关系，统筹抓好全局与突出重点的关系，统筹市场驱动与政策引导的关系，遵循系统设计、目标导向、分类实施、优化调整、循序渐进的原则，构建短中长协调一致的战略和规划，谋划武汉市 2030 年、2035 年、2050 年碳排放总量与绿色转型发展目标，并与各类专项规划、不同部门和地区的中长期发展规划相融合，为武汉市渐进式碳排放控制目标、行动和政策提供稳定、连贯、不断强化的制度保障与行动指引。

谋划武汉市经济社会全面绿色低碳转型的路径，明确绿色低碳转型的时间表、路线图和优先序，做好产业、能源等结构转型的阶段性安排，完善绿色低碳转型发展的治理体系，深入实施碳排放达峰行动计划，开展碳中和路径研究，推进近零碳排放示范工程建设，将武汉建设成为"成果领先、技术先进、

模式成熟、支撑发展"典型模式的"碳达峰、碳中和"示范城市。

(二) 战略目标

"十四五"期间,武汉市应率先在电力、钢铁、水泥等高碳行业实现达峰。一次能源消费方面,煤炭消费达峰,非化石能源消费占比超过20%。2025—2030年,推动碳排放尽早达峰,非化石能源占一次能源消费比重达到25%。2030—2035年,能源结构持续优化,整体能源结构呈现煤炭、油气、非化石能源"三分天下"的格局。2035—2050年,构建形成以可再生能源为主的能源生产和消费体系,争取实现二氧化碳近零排放,初步形成零碳社会。2050—2060年,通过碳汇、负排放技术、非二氧化碳排放控制等措施,争取向全温室气体排放中和迈进。

二、武汉碳中和路线图

武汉市要如期实现全社会碳中和目标,应按照尽早达峰、快速减排、全面中和三个阶段有序实施。

第一阶段(碳达峰阶段):碳达峰前以节能减排、控制化石能源总量为主,率先发展光伏、风电等清洁能源,推动电动汽车替代;

第二阶段(碳达峰后阶段):这一阶段应以快速减排为主,因此,可再生能源将占据主导地位,电动车替代将大面积完成,绿氢、CCUS技术成本有望逐渐降低;

第三阶段(全面中和阶段):这一阶段以深度脱碳为主,CCUS、BECCS等前沿脱碳技术将迎来商业化推广。

第二节 碳中和目标下武汉产业
结构优化调整的路径选择

一、碳中和的实现路径

杨解君总结了实现碳中和目标的六大路径:技术化路径、市场化路径、行政化路径、绿色化路径、全球化路径、法治化路径，即促进低碳技术创新与应用的技术化路径，建立和完善碳市场的市场化路径，强化政府引导与规制的行政化路径，推进经济社会全面转型的绿色化路径，加强碳中和国际合作的全球化路径以及建立长效稳定机制的法治化路径。①

从技术化路径来看，碳中和的实现首先取决于技术的支持，尤其是需要有突破性的低碳技术作为支撑，这需要加大和强化对前沿低碳技术的研发与应用，走低碳技术之路；从市场化路径来看，需要构建以碳排放交易为手段的市场化机制，通过市场化的碳排放交易手段，控制产业碳排放量并促使产业积极寻求清洁燃料与绿色生产方式，实现碳减排；从行政化路径来看，政府通过制定长远的发展规划来保障碳中和目标的逐步实现，引导各类市场主体、消费者、公民采取绿色的消费活动、生活方式，推动碳中和目标的落实；从绿色化路径来看，绿色化的经济社会全面转型之路有助于碳中和目标的实现；从全球化路径来看，碳中和目标的实现，需要加强区域性、多边性和全球性等多种形式的国际合作，国际社会应牢固树立"人类命运共同体"理念，按照"共同但有区别的责任"原则，加强各国在气候变化、环境治理等领域的国际合作；从法治化路径来看，实现碳中和目标，最终要靠法治化这条路径来保障。完备的法律规范体系、高效的法治实施体系、严密的法治监督体系、有力的法治保障体系，是法治化路径的理论和实践逻辑。这些路径之间是并行不悖、相辅相成、互为补充促进的关系。②

二、碳中和目标下武汉产业结构优化的路径和战略方向选择

产业结构优化升级和低碳转型是实现碳达峰、碳中和的关键途径之一，因此，"十四五""十五五"时期武汉市产业结构政策的基本取向是，

---

① 杨解君．实现碳中和的多元化路径［J］．南京工业大学学报（社会科学版），2021（2）：14-25.

② 杨解君．实现碳中和的多元化路径［J］．南京工业大学学报（社会科学版），2021（2）：14-25.

以促进产业升级为重点，带动结构调整优化，为实现国家层面的"双碳"目标提供产业支撑。围绕"双碳"目标，武汉市产业政策的调整与实施要注重以下两个方面：

第一，低碳产业政策的制定与实施要正确处理好政府与市场的关系，使低碳产业政策建立在使市场在资源配置中起决定性作用和更好发挥政府作用的体制机制上。在市场机制层面，武汉市要进一步加快与完善碳排放交易市场建设，充分发挥碳市场资源配置机制在产业结构优化调整中的决定性作用。通过碳排放交易市场对碳排放交易的有效配置，最终实现以最低的成本来减少二氧化碳的排放，并通过其杠杆作用，改变微观经济的资源配置模式，引导资金流入低碳产业，同时加速了高能耗、高排放企业的退出，从而助推产业结构的调整和升级。在政府层面，在"双碳"目标下，武汉市政府要做好碳排放交易市场的规章制度建设，做好碳达峰碳中和产业发展规划的顶层设计，加强碳达峰碳中和法治建设在产业发展中的作用，强化政府对碳交易及相关产业政策实施的全流程监管，以服务"碳减排"为核心目标，推动产业结构绿色低碳转型。同时，以市场机制和政府规制性措施相结合，保障国家碳达峰碳中和目标的实现。

第二，要把加快产业升级与推进结构调整结合起来，促进武汉市制造业绿色低碳化发展。在实践中，武汉市还存在着产业结构调整能力不足的问题，主要表现在三次产业中，第二产业中工业结构偏重，第三产业以传统服务业为主，无论是偏重的工业结构还是传统的服务业，这些行业都具有能耗高、排放大的特征，严重制约着武汉市实现国家层面碳达峰碳中和目标。因此，武汉市要如期实现国家层面的"双碳"目标，必须构建绿色现代化产业体系。重点是加快发展人工智能、大数据、物联网等反映新一轮技术革命、工业革命趋势的战略性新兴产业、高新技术产业和技术密集型产业，依托发展前景广阔的先进制造业带动传统产业的技术改造。① 同

---

① 郭克莎. 中国产业结构调整升级趋势与"十四五"时期政策思路 [J]. 中国工业经济，2019（7）：24-41.

时，大力发展现代服务业，积极推动现代制造业与现代服务业的融合发展。

结合武汉市的实际情况，武汉市产业结构的优化调整要围绕重点高碳行业脱碳减排展开，其脱碳减排路径如下：

第一，技术减排路径。一是利用绿色低碳技术对高碳行业进行优化升级，尤其是对于武汉市一些重点的高碳行业，用绿色低碳技术、工艺、设备对工业部门高碳行业进行改造。二是大力发展碳捕获减排技术的研发，并进行碳捕获技术的商业化应用。三是加快突破储能技术瓶颈。储能是未来电力系统必要的组成部分，可实现能量的时移应用，平抑风、光等可再生能源的间歇性。目前，物理储能、化学储能、制氢储能等技术发展很快，部分储能成本已经突破经济性拐点，未来成本预期急剧下降，成为全球抢占技术的制高点，武汉也应加紧储能技术布局。①

第二，能源消费减排路径。武汉市目前碳排放量大的主要原因在于以煤炭为主的能源消费结构，而煤炭燃烧是最大的二氧化碳排放源。因此，武汉市要提高非化石能源的消费比例，尤其要严格控制钢铁、煤电、化工等行业的煤炭消费比例。

第三，市场化路径。凭借"中国碳排放权注册登记"落户的先发优势，武汉要大力推动碳排放交易市场建设，推动产业向低碳绿色化方向发展。

第三节　碳中和目标约束下武汉产业结构转型存在的问题分析

武汉市要如期实现国家层面的碳达峰碳中和目标，产业结构转型升级是关键，但武汉市在产业结构转型中存在着如下问题：

第一，一些高碳重点部门和行业绿色转型缺乏动力。近年来，武汉市通过实施节能和减碳总量控制，不断完善和创新低碳发展的体制机制，武

---

① 刘晓龙，崔磊磊，李彬，等. 碳中和目标下中国能源高质量发展路径研究[J]. 北京理工大学学报（社会科学版），2021（3）：1-8.

汉市的碳排放得到了有效控制，能源消费结构得到了明显改善。但一些重点部门和行业的能耗高、碳排放量大，严重影响着武汉市碳达峰、碳中和目标的实现。主要原因在于这些重点行业产业规模大，技术和装备更新成本高，导致这些高碳行业缺乏转型升级的动力。

从投资规模来看，武汉市的高碳重点行业固定投资规模大，导致这些行业产业结构调整升级动力不足。钢铁、化工等高碳企业作为武汉市制造业的重要基础，固定投资规模大，为武汉市最重要的经济支柱。因此本应在行业内淘汰的落后产能对武汉市来说可能为支柱企业，导致武汉市工业结构转型升级面临较大的压力。

从低碳技术需求端来看，一方面，武汉市高碳行业的低碳技术应用成本偏高，导致新技术工业化应用比例低，且技术升级成本高。另一方面，一些脱碳技术开发成本高，低碳技术应用不足。

第二，一些重点领域能源消费结构不优，导致碳减排效果不佳。武汉市的一些重点高碳产业的能源消费主要是煤炭、油、电力。其中，2019年，煤炭消费占一次能源消费总量的36.58%，其中，钢铁、电力和水泥三大行业煤炭消耗量高达煤消耗总量的90%。重点高碳行业的能源消费结构制约着武汉市产业结构优化升级，也制约着武汉市如期实现国家层面的碳达峰碳中和目标。

第三，现有的低碳技术对武汉市产业结构转型升级的支撑不足。从低碳技术的供给端来看，武汉市现有的高碳行业的低碳、脱碳技术无法支撑实现碳中和目标，导致高碳行业结构转型升级调整滞后，急需变革性的先进技术突破和创新支撑。武汉市高碳重点行业如钢铁、水泥制造、石油炼化，行业资源垄断性特征明显，工艺和技术路线均采用传统成熟的方案。虽然这些大型企业设有相应研究院所进行技术创新，但由于研发投入不足，武汉市新工艺研发缓慢，制约了武汉市产业结构转型升级的效果。①

---

① 刘仁厚，王革，黄宁，等. 中国科技创新支撑碳达峰、碳中和的路径研究[J]. 广西社会科学，2021（8）：1-7.

从低碳技术的投入来看,目前,武汉市低碳技术的研发投入不足,导致企业转型升级所需的低碳技术供给不足。另外,高校和科研机构中科研人员从事的研究工作大多与企业的低碳技术需求脱节,导致低碳技术成果的转化不足,也制约了武汉市产业结构优化升级。

第四,碳排放交易市场不完善,难以形成绿色产业集群。一是,武汉市碳排放交易仍未建立基于市场的价格机制,碳交易的非市场化严重。目前,武汉市进行碳排放权交易仍以政府为主导,市场参与程度较低,市场调节作用较弱,政府的决策成为企业行动、碳市场变动的导向。企业或机构的碳交易大多来源于政府的行政命令,目标由中央政府交给地方政府,然后交给企业,无法形成真正的市场价格,定价机制的缺失,造成碳价的不合理波动。试点企业碳配额成交量呈现出"履约期"效应,交易集中在履约截止日期前,履约日期过后交易冷淡,碳价普遍偏低,影响碳市场配额成交规模。且政府调控和市场信号存在时滞问题,临时引入政府干预措施,在决策过程透明性相对较低的情况下,反而易使碳价产生较大波动。市场的透明度较低,企业无法预知碳产品价格的变动,导致控排企业和投资者对碳市场的信心不足,直接限制了市场投资者参与碳市场的活动以及碳市场的总体规模,① 进而使得低碳产业发展投资基金不足,严重影响了绿色低碳产业的发展。

二是,缺乏有效碳排放交易的惩罚机制。虽然目前武汉市碳排放根据交易实际情况规定了不同的惩罚机制,但因惩罚力度不够或者执行不到位等问题,导致碳排放交易执行效果不佳。主要表现在经济处罚方面,武汉虽然针对未完成配额提交义务规定进行了罚款,但其罚款金额上限较低,导致碳排放交易执行效果不佳。②

---

① 沈啟霞,赵长红,袁家海. 欧盟碳市场对中国碳市场建设的启示 [J]. 煤炭经济研究,2021(4):44-49.

② 沈啟霞,赵长红,袁家海. 欧盟碳市场对中国碳市场建设的启示 [J]. 煤炭经济研究,2021(4):44-49.

第四节　碳中和目标约束下武汉产业
结构升级的对策建议

从前面的分析中可知，武汉市的产业结构偏重致使武汉市的能源消费总量大、消费结构不合理，因而武汉市目前仍然没有摆脱高碳发展的方式。武汉市要想在2060年前实现国家层面的碳中和目标，调整产业结构，实现绿色转型，大幅减少工业部门碳排放是关键。为此，武汉市应从以下几个方面着手进行产业结构调整。

一、严控重点部门和行业新建"两高"项目，制定重点部门和行业高碳产业退出援助政策

第一，严控重点部门和行业新建化石能源和"两高"项目，避免产业发展陷入高碳锁定。"十三五"规划明确提出，有效控制电力、钢材、建材、化工等重点行业碳排放。未来40年，是我国重点部门和行业的高碳产业不断退出和转型的时期，而且2030年碳达峰之前，是最为重要的关键期。从现在开始，武汉市就要严控重点部门和行业新建煤电、钢铁、水泥、平板玻璃、焦化、有色金属等高耗能、高排放"两高"项目，对现有的"两高"项目加快生产技术装备更新换代，对低端、低效产能实施提前淘汰；对此前已批复拟上马的"两高"项目进行系统梳理、分类处置；对尚未开工的项目，分行业逐一论证其必要性，不符合产业政策、产业布局规划等要求的，坚决停批、停建；对已开工或确定建设的项目，加强事中事后监管，严格落实环评、能耗、产能置换、煤炭消费总量控制等要求。[①]

第二，制定重点部门和行业高碳产业退出援助政策。武汉市既要抓紧制定化石能源和高碳产能提前退役产生的"搁浅成本"分摊办法，制定产

---

① 郭朝先. 2060年碳中和引致中国经济体系根本性变革 [J]. 北京工业大学学报（社会科学版），2021（5）：1-13.

业退出援助政策，包括在企业转产、企业兼并、员工安置、债务处置等涉及的土地、财政、税收、信贷等方面制定优惠政策，促进企业从化石能源领域和高碳产业及时退出；还要构建市场化、法治化的金融机构债务处置机制，明确处置机构、资金来源、偿付顺序、相关各方责任义务等重要事项，防止恶意"逃废"债务，切实防范系统性金融风险；同时，更要注意保护职工合法权益，把安置职工就业、结清个人工资和社会保险等费用、"买断"职工身份等放在第一优先处置的位置，维护社会稳定，促进包容性发展。①

第三，制定并完善重点部门和行业碳排放技术标准体系，并积极推行低碳产品认证，解决执行层面问题。在武汉市钢铁、建材、有色、石油化工等重点高能耗、高排放行业率先实施严格的碳排放标准，并建立覆盖生产、建设、运营、运输、消费等全生命周期的碳排放技术标准和能耗限额地方标准体系，强化标准实施，促进重点部门和行业碳减排和能效提升。②

二、优化调整高碳行业的能源消费结构，提升高碳行业的非化石能源消费比例

尽管武汉市第三产业得到了迅速发展，但是工业仍然是武汉经济增长的主要推动力。但是，工业尤其是重工业属于高耗能、高排放部门，长期依靠工业经济推动经济增长必然消耗大量化石能源，从而导致二氧化碳排放总量增加。③ 从武汉市工业内部结构来看，重化工业比重高是武汉市产业结构的主要特征。而重化工业是能源消费的主要产业，也是二氧化碳排

---

① 郭朝先. 2060 年碳中和引致中国经济体系根本性变革 [J]. 北京工业大学学报（社会科学版），2021（5）：1-13.

② 柴麒敏，傅莎，郑晓奇，等. 中国重点部门和行业碳排放总量控制目标及政策研究 [J]. 中国人口·资源与环境，2017（12）：1-7.

③ 徐斌，陈宇芳，沈小波. 清洁能源发展、二氧化碳减排与区域经济增长 [J]. 经济研究，2019（7）：188-202.

放的主导产业，要减少武汉市碳排放总量，抑制碳排放量增长速度，就必须优化重工业的能源消费结构，在保证经济持续稳定增长的情况下，降低高碳行业的煤炭消费比重，① 进而降低碳排放。武汉市的一些高碳行业包括钢铁、电力和水泥、建材、化工等行业能源消费结构中，煤炭消费占据了主导地位，其中，钢铁、电力和水泥三大行业煤炭消耗量高达煤消耗总量的90%，武汉宝武钢铁集团是最为典型的高耗煤企业；此外，武汉的火力发电厂也是煤炭消耗大户。2019年，工业领域二氧化碳排放总量占武汉市二氧化碳排放总量的58%，其中大部分来自煤炭消费带来的二氧化碳排放。因此，武汉市要如期实现国家层面的碳达峰碳中和目标，就要对这些重点领域的能源消费结构进行调整，全面淘汰或替代煤炭、石油等化石能源消费，扩大非化石能源在高碳行业领域的消费比例。此外，电力作为工业领域主导能源品种，可加速工业部门电气化，以电力替代煤炭、石油等化石能源的直接消费，有效减少二氧化碳排放，② 但在加速工业部门电气化的过程中，一定要严格控制煤燃烧电厂的总规模，提升清洁能源电力在总发电量中的占比，通过扩大风能、太阳能、生物质能等清洁能源电力的开发与利用，提升清洁能源电力在工业部门高碳行业领域的消费比例，降低碳排放。③

三、加快构建可再生能源产业发展的政策体系，推动可再生能源产业的发展

中国是世界第一大能源消费国、生产国和碳排放国，能源体系呈现"总量大、不清洁、不安全"的结构特点。从武汉的能源结构来看，武汉

---

① 李志学，李乐颖，陈健. 产业结构、碳权市场与技术创新对各省区碳减排的影响［J］. 科技管理研究，2019（16）：79-90.

② 清华大学气候变化与可持续发展研究院项目综合报告编写组.《中国长期低碳发展战略与转型路径研究》综合报告，2020（11）：1-25.

③ 刘满平. 我国实现"碳中和"目标的意义、基础、挑战与政策着力点［J］. 价格理论与实践，2021（2）：421-426.

的资源禀赋为"无煤、无油、无气"。这种禀赋导致武汉市能源对外依存度高，在能源短缺时，难以有效调度、保障能源供应安全。因而，对武汉来说，应紧紧抓住碳达峰碳中和发展的历史机遇，通过构建可再生能源产业发展的政策体系，大力发展可再生能源产业，实现能源消费由化石能源向可再生能源消费转型，确保能源供给安全。大力发展可再生能源产业，不仅有利于推动武汉经济实现由高碳生产方式向高质量发展方式转变，也有利于武汉如期实现国家层面的碳达峰碳中和目标。① 在构建可再生能源产业发展的政策体系方面，可从以下两个方面入手：

第一，加快构建可再生能源产业发展补贴等政策。对于提高可再生能源消费比例，可采用能源补贴政策的市场化激励机制推动新能源产业发展。碳中和目标的设立是为了解决碳排放产生的外部不经济问题。在这种外部不经济的情况下，会出现边际私人收益和边际社会收益失衡，从而导致市场配置资源的无效率。解决碳排放外部不经济带来的市场失灵，可以采取补贴手段将碳排放外部不经济性内部化。与碳减排相关的补贴政策主要是对可再生能源进行补贴，武汉市应不断优化以可再生能源补贴为主的能源补贴政策，着力提升电价补贴效率，根据可再生能源产业的发展状况及时动态调整可再生能源上网电价。能源补贴政策要重点支持符合我国碳中和发展目标的产业类别，以清洁化生产和提高能源使用效率为导向，着力构建高效清洁的能源补贴政策体系。②

第二，武汉可率先开展征收碳税政策实施方案的预研工作。碳税是针对化石能源消费所引起的碳排放的外部不经济问题所征收的税。碳税和碳排放交易市场两者最大的区别在于减排量和碳价的不确定性。碳税属于价格政策，由主管部门规定税率，减排量由市场决定；而碳市场属于数量政

---

① 邹才能，何东博，贾成业，等. 世界能源转型内涵、路径及其对碳中和的意义 [J]. 石油学报，2021（2）：233-247.

② 翁智雄. 中国实现碳中和远景目标的市场化减排机制研究 [J]. 环境保护，2021，49（Z1）：66-69.

策,由主管部门设置排放总量,碳价由市场决定。① 一方面,征收碳税会推动低碳清洁能源的开发和使用。碳税提高了化石能源对可再生能源的相对价格,可能引发后者对前者的替代,这种替代效应是经济主体自发性地调整最优决策的行为结果。② 另一方面,征收碳税有利于产业结构升级。一些发达国家开征碳税的实践表明,征收碳税在一定程度上能起到减少二氧化碳排放和提高能源效率的作用。从长远来看,适时、合理开征碳税,有利于促进经济结构的优化和发展方式转变,有利于建立健全低碳发展的现代经济体系。③ 因此,在可行的情况下,武汉可率先开展碳税的征收工作的预研,为武汉开展碳税征收工作积累经验,进一步探索促进碳税配套工作机制的完善。

四、坚持以低碳技术创新推动产业结构升级,为实现碳中和目标提供技术支持

技术尤其是低碳技术被认为是实现碳中和的终极手段,实现长期深度脱碳或碳中和目标,需要有突破性低碳技术支撑。除了需要进一步强化普遍关注的能效技术、新能源和可再生能源发电及热利用技术外,还特别需要关注当前技术还不太成熟、成本较高,但对深度脱碳可发挥关键作用的战略性技术,并需要对其未来技术的可行性、成熟性、经济性及对社会、环境和生态影响进行全面系统评估,加快研发和产业化。④。鉴于武汉市当前所处的发展阶段以及偏重的产业结构,武汉市需要能够减少碳排放量甚至负排放的技术,来提高能源效率、催生新能源和可再生能源取代传统的

① 张希良,张达,余润心.中国特色全国碳市场设计理论与实践 [J].管理世界,2021 (8):80-94.

② 张晓娣,刘学悦.征收碳税和发展可再生能源研究——基于 OLG—CGE 模型的增长及福利效应分析 [J].中国工业经济,2015 (3):18-30.

③ 王国平.完善支持绿色发展的财税政策体系 推动经济高质量发展 [J].北方经济,2021 (7):77-80.

④ 王国平.完善支持绿色发展的财税政策体系 推动经济高质量发展 [J].北方经济,2021 (7):77-80.

化石能源。武汉市应从重点高碳行业入手加大低碳技术的开发与应用，推动产业结构升级，为武汉如期实现国家层面的碳中和目标提供技术支持。目前，重点部门和行业仍然是武汉市二氧化碳排放深度减排比较困难的部门，推动重点部门和行业的低碳技术发展将有助于武汉市如期实现国家层面的碳达峰碳中和目标。

第一，在电力行业。从产业分布来看，碳排放强度最高的行业是电力行业，尽管电力行业的碳排放强度已从1997年的29.23吨/万元降至2017年的8.25吨/万元，但与其他行业相比，碳排放强度仍然相对较高，电力行业仍然是武汉碳排放最大来源，也是武汉今后减排的重点。[①] 电力行业尤其是煤电行业，是武汉市碳排放最大的来源。尽管武汉市调整优化了煤电企业的发电指标，控制电煤消费，但目前煤电企业仍是武汉市碳排放最多的部门。目前，煤电行业碳减排的主要方向包括：提高能源利用效率、寻求替代能源和碳捕获与封存技术。短期内，在煤电不可替代的情况下，加快推进低温省煤器、电除尘器高频电源、燃气蒸汽联合循环、二次再热发电、冷热电联产等技术。加快推动碳捕获与封存技术在煤电行业的应用。[②] 长期内，武汉市大力发展以清洁能源替代传统煤炭能源发电技术，如太阳能、风能、生物质能等可再生能源技术，加快太阳能、风能、生物质能等可再生能源发电、储能和智能电网等低碳发电技术的推广与应用。

第二，在钢铁行业，据统计，煤炭占钢铁行业能源消耗比例高达70%，是碳排放量的主要来源。当前，钢铁的低碳化生产有两大方向：一是推广以氢冶金为代表的低碳技术生产工艺；二是碳捕获与封存技术。目前，中国短期内不具备大范围推广氢冶金技术的可能性，因此，根据武汉的资源条件，应大力发展二氧化碳捕获与埋存（CCS）或碳捕获、利用和封存（CCUS）等去碳技术，针对碳捕获、分离、运输、利用、封存及监

　　① 平新乔，郑梦圆，曹和平．中国碳排放强度变化趋势与"十四五"时期碳减排政策优化［J］．改革，2020（11）：37-52.

　　② 王雅娴．中国火电行业碳排放和总碳强度减排问题研究［D］．北京：华北电力大学，2020.

测等各个环节开展核心技术攻关，充分发挥高校、科研院所的科技主力军作用，在钢铁行业开展 CCUS 大规模全链条集成技术研发与应用示范，并加大这些技术的政策支持力度，逐步降低这些技术的应用成本，形成相关国家标准体系，推动去碳技术的大规模商业化应用。

第三，在化工行业，武汉要率先在全国开展轻质化原料、先进煤气化技术、低碳制氢和二氧化碳利用技术、碳捕获与埋存技术等的研发，并提高低碳、脱碳技术研发的投入力度，降低化工行业的碳排放。

五、完善碳排放交易机制，坚持以市场化手段推动产业结构绿色低碳化转型

第一，进一步完善碳排放交易配额总量绝对总量控制和行业配置规模的市场调节机制。碳市场的配额总量设置和行业配额规模能够反映出政府的产业结构调整方向，通过对高耗能、高排放的行业设置更为严格的碳排放强度下降目标，采取从紧、自上而下的绝对总量控制的碳排放交易配额方式，有利于引导资金、人才等要素资源向低耗能、低排放行业转移，倒逼产业绿色低碳转型实现碳减排；而对于积极进行技术升级，发展技术含量高、附加值高的高端行业，实行相对宽松的配额方式。① 今后，武汉通过碳排放交易配额总量设置和行业配额规模进行碳排放配额分配，引导企业进行战略调整和产业结构升级，并将碳排放交易配额总量设置和行业配额规模作为武汉未来结构优化调整的重要手段。

第二，建立有效的碳交易监管机制和有效的惩罚机制。针对武汉碳交易监管机制不完善的现状，可以借鉴欧盟的碳交易监管体制，碳排放监管由一个统一的碳排放权监管机构或者机构体系来负责，完善各职能部门间的分工协调机制。在此基础上，进一步健全和完善碳交易惩罚机制，对配额管理企业未按照规定接受核查和履行配额清缴义务的，按照相关制度进

---

① 薛飞，周民良. 中国碳交易市场规模的减排效应研究 [J]. 华东经济管理，2021（6）：11-21.

行处罚。包括建立碳排放登记报告制度、完善环境管理监测系统、引入碳交易核证制度、建立碳交易监测体系、建立污染源基础数据库信息平台、排放指标有偿分配管理平台、污染源排放量监测核定平台、污染源排放交易账户管理平台等；建立企业排放台账制度，全面管理参加碳市场的污染源，保障碳排放在有效的监控之下。①

六、大力发展服务业，支持战略性新兴产业发展

从前面的分析中可知，大力发展第三产业，提升第三产业的比重，有利于降低碳排放。因此，未来 10—40 年，武汉要如期实现碳达峰碳中和目标，要大力发展服务业，尤其是现代服务业。发展服务业，要强化创新引领，推动大数据、物联网、云计算等新技术应用，促进服务业不同领域间的协同融合，推动服务业数字化、平台化、多样化发展。面向制造业高端服务需求，推动生产性服务业向专业化和价值链高端延伸，大力发展科技金融、研发设计、检验检测、人力资源、现代物流、商务服务等，引导生产性服务业在开发区、工业园区等区域集聚。推动现代服务业同先进制造业、现代农业深度融合，促进生产制造型向生产服务型转变。②

另外，要大力发展战略性新兴产业。围绕集成电路、网络通信、智能计算、生物医药、新材料、新能源汽车、智能装备等低碳高效行业进行提前布局，同时也要瞄准电磁能、量子科技、超级计算、脑科学和类脑科学、深地深海深空五大未来产业方向，加强前沿探索和前瞻布局，推进未来产业孵化与加速，布局一批未来产业技术研究院、未来技术实验室，打造未来技术人才培养基地，促进核心共性技术、前沿引领技术、现代工程技术、颠覆性技术的研发、转化和应用。③

---

① 沈啟霞，赵长红，袁家海. 欧盟碳市场对中国碳市场建设的启示［J］. 煤炭经济研究，2021（4）：44-49.
② 摘自武汉市国民经济和社会发展第十四个五年规划和 2035 年远景目标纲要。
③ 摘自武汉市国民经济和社会发展第十四个五年规划和 2035 年远景目标纲要。

第五节 本 章 小 结

本章通过对美国、欧盟、日本从碳减排到实现碳中和的经验进行总结，给武汉市如期完成国家层面的碳达峰碳中和目标以借鉴和启示。

碳中和目标约束下，武汉市产业结构转型升级的战略方向和路径为：一是要正确处理好政府与市场的关系，使产业结构政策建立在使市场在资源配置中起决定性作用和更好发挥政府作用的体制机制上；二是要把加快产业升级与推进结构调整结合起来，促进武汉市制造业高质量发展；三是武汉市产业结构优化升级的路径方面，要大力发展绿色低碳高新技术产业，优化升级工业偏重型的内部结构，用绿色低碳技术、工艺、设备对工业部门高碳行业进行改造。

碳中和目标约束下，武汉市产业结构转型升级过程中存在着一些问题：一是一些高碳重点行业绿色转型缺乏动力，主要原因是，这些高碳重点行业产业规模大，技术和装备更新成本高，导致这些高碳行业缺乏转型升级的动力；二是一些重点领域能源消费结构不优，导致碳减排效果不佳；三是低碳技术对武汉市产业结构转型升级的支撑不足；四是碳排放交易市场不完善，难以形成绿色产业集群。

推动武汉市产业结构转型升级的对策：一是严控新建化石能源和"两高"项目，制定化石能源和高碳产业退出援助政策。在此基础上，建立重点行业碳排放技术标准体系，并积极推行低碳产品认证，解决执行层面问题。二是优化调整高碳行业的能源消费结构，提升高碳行业非化石能源消费比例。三是加快构建可再生能源产业发展的政策体系，推动可再生能源产业的发展。四是以低碳技术推动产业结构转型升级，为实现碳中和目标提供技术支持。五是完善碳排放交易的市场机制，以市场化推动产业结构绿色低碳化转型。六是大力发展服务业，支持战略性新兴产业发展。

附　　录

序号	两位数代码	重工业	序号	两位数代码	轻工业
1	6	煤炭开采和洗选业	13	32	黑色金属冶炼及压延加工业
2	7	石油和天然气开采业	14	33	有色金属冶炼及压延加工业
3	8	黑色金属矿采选业	15	34	金属制品业
4	9	有色金属矿采选业	16	35	通用设备制造业
5	10	非金属矿采选业	17	36	专用设备制造业
6	20	木材加工及木、竹、藤、棕、草制品业	18	37	交通运输设备制造业
7	25	石油加工、炼焦及核燃料加工业	19	39	电气机械及器材制造业
8	26	化学原理及化学制品制造业	20	40	通信设备、计算机及其他电子设备制造业
9	27	医药制造业	21	41	仪器仪表及文化、办公用机械制造业
10	29	橡胶制造业	22	44	电力、热力的生产和供应业
11	30	塑料制品业	23	45	燃气生产和供应业
12	31	非金属矿物品制造业	24	46	水的生产和供应业

序号	两位数代码	重工业	序号	两位数代码	轻工业
25	11	其他采矿业	33	19	皮革、毛皮、羽毛（绒）及其制品业
26	43	废弃资源和废旧材料回收加工业	34	21	家具制造业
27	13	农副食品加工业	35	22	造纸及纸制品业
28	14	食品制造业	36	23	印刷业和记录媒介的复制
29	15	饮料制造业	37	24	文教体育用品制造业
30	16	烟草制品业	38	28	化学纤维制造业
31	17	纺织业	39	42	工艺品及其他制造业
32	18	纺织服装、鞋、帽制造业			

参 考 文 献

[1] 伍格致，游达明．环境规制对技术创新与绿色全要素生产率的影响机制：基于财政分权的调节作用［J］．管理工程学报，2019（1）：37-51．

[2] 汪锋，解晋．中国分省绿色全要素生产率增长率研究［J］．中国人口科学，2015（2）：53-62．

[3] 袁宝龙，李琛．环境规制政策下创新驱动中国工业绿色全要素生产率研究［J］．产业经济研究，2018（5）：101-113．

[4] 闫坤，陈秋红．新时代生态文明建设：学理探讨、理论创新与实现路径［J］．财贸经济，2018（11）：5-20．

[5] 王遥，潘冬阳，张笑．绿色金融对中国经济发展的贡献研究［J］．经济社会体制比较，2016（6）：33-42．

[6] 金乐琴．高质量绿色发展的新理念与实现路径——兼论改革开放40年绿色发展历程［J］．河北经贸大学学报，2018（6）：22-30．

[7] 屈文波．环境规制、空间溢出与区域生态效率——基于空间杜宾面板模型的实证分析［J］．北京理工大学学报（社会科学版），2018（6）：27-33．

[8] 张培丽．经济增长的能源支撑状况及其强化途径文献综述研究［J］．工业技术经济，2014（12）：143-149．

[9] 刘长松，徐华清．对气候安全问题的初步分析与政策建议［J］．宏观经济研究，2018（2）：49-55．

[10] 周云亨，方恺，叶瑞克．能源安全观演进与中国能源转型［J］.

北亚论坛，2018（6）：80-91.

[11] 冯爱青，岳溪柳，巢清尘，等．中国气候变化风险与碳达峰、碳中和目标下的绿色保险应对［J］．环境保护，2021（8）：20-24.

[12] 张春晖，吴萌萌，张益臻．碳中和目标下黄河流域产业结构对生态环境的影响及展望［J］．环境与可持续发展，2021（2）：50-55.

[13] 庄贵阳，窦晓铭．新发展格局下碳排放达峰的政策内涵与实现路径［J］．新疆师范大学学报（哲学社会科学版），2021（6）：30-39.

[14] 余碧莹，赵光普，安润颖，等．碳中和目标下中国碳排放路径研究［J］．北京理工大学学报（社会科学版），2021（2）：17-24.

[15] 杜莉，丁志国，李博．产业结构调整升级：碳金融交易机制的助推——基于欧盟数据的实证研究［J］．清华大学学报（哲学社会科学版），2012（5）：143-150.

[16] 徐成龙．环境规制下产业结构调整及其生态效益研究——以山东省为例［D］．济南：山东师范大学，2015.

[17] 金碚．关于"高质量发展"的经济学研究［J］．中国工业经济，2018（4）：5-18.

[18] 张芳．中国绿色产业发展的路径选择与制度创新研究［D］．长春：吉林大学，2020.

[19] 陈丹．新时代背景下中国产业结构调整研究［D］．沈阳：辽宁大学，2019.

[20] 刘满平．我国实现"碳中和"目标的意义、基础、挑战与政策着力点［J］．价格理论与实践，2021（2）：421-426.

[21] 包存宽，姜婷．构建现代产业体系，推动实现碳达峰碳中和目标［J］．中国环境监察，2021（Z1）：44-45.

[22] 胡鞍钢．中国实现2030年前碳达峰目标及主要路径［J］．北京工业大学学报（社会科学版），2021（3）：1-15.

[23] 何建坤．碳达峰碳中和目标导向下能源和经济的低碳转型［J］．环境经济研究，2021（1）：1-9.

［24］巢清尘．"碳达峰和碳中和"的科学内涵及我国的政策措施［J］．环境与可持续发展，2021（2）：14-18．

［25］朱晓明．抓住碳中和发展机遇，推动经济高质量发展［N］．南方周末，2021-03-16．

［26］李波．中国在全球气候治理中的角色研究［D］．济南：山东大学，2020．

［27］刘仁厚，王革，黄宁，等．中国科技创新支撑碳达峰、碳中和的路径研究［J］．广西社会科学，2021（8）：1-7．

［28］袁晓玲，郗继宏，李超鹏，等．中国工业部门碳排放峰值预测及减排潜力研究［J］．统计与信息论坛，2020（9）：72-82．

［29］李俊峰，李广．碳中和——中国发展转型的机遇与挑战［J］．环境与可持续发展，2021（1）：50-57．

［30］杜莉，李博．利用碳金融体系推动产业结构的调整和升级［J］．经济学家，2012（6）：45-52．

［31］王芳，张晋韬．《巴黎协定》排放情境下中亚地区降水变化响应［J］．地理学报，2020（1）：25-40．

［32］杨博文．《巴黎协定》减排承诺下不遵约情事程序研究［J］．北京理工大学学报（社会科学版），2020（2）：134-141．

［33］杨解君．实现碳中和的多元路径［J］．南京工业大学学报（社会科学版），2021（2）：14-25．

［34］刘硕，李玉娥，秦晓波，等．《巴黎协定》实施细则适应议题焦点剖析及后续中国应对措施［J］．气候变化研究进展，2019（4）：436-444．

［35］高国．碳达峰碳中和：中国走向绿色经济体的必然选择［J］．北方经济，2021（3）：25-27．

［36］钱立华，方琦，鲁政委．碳中和与绿色金融市场发展［J］．武汉金融，2021（3）：16-20．

［37］林伯强．中国如何迈向"碳中和"［N］．21世纪经济报道，2020-12-25．

[38] 郭朝先.2060年碳中和引致中国经济体系根本性变革 [J].北京工业大学学报(社会科学版),2021(5):1-13.

[39] 杨博文.《巴黎协定》后国际碳市场自愿减排标准的适用与规范完善 [J].国际经贸探索,2021(6):102-112.

[40] 潘家华,廖茂林,陈素梅.碳中和:中国能走多快? [J].改革,2021(6):1-13.

[41] 解振华.坚持积极应对气候变化战略定力 继续做全球生态文明建设的重要参与者、贡献者和引领者——纪念《巴黎协定》达成五周年 [J].环境与可持续发展,2021(1):3-10.

[42] 周宏春,霍黎明,李长征,等.开拓创新 努力实现我国碳达峰与碳中和目标 [J].城市与环境研究,2021(1):35-51.

[43] 王海林,黄晓丹,赵小凡,等.全球气候治理若干关键问题及对策 [J].中国人口·资源与环境,2020(11):26-33.

[44] 陈迎.全球应对气候变化的中国方案与中国贡献 [J].当代世界,2021(5):4-9.

[45] 胡志坚,刘如,陈志.中国"碳中和"承诺下技术生态化发展战略思考 [J].中国科技论坛,2021(5):14-20.

[46] 肖兰兰.全球气候治理中的领导——跟随逻辑:欧盟的实践与中国的选择 [J].中国地质大学学报(社会科学版),2021(2):91-102.

[47] 庄贵阳.我国实现"双碳"目标面临的挑战及对策 [J].人民论坛,2021(18):50-53.

[48] 刘晓龙,崔磊磊,李彬,等.碳中和目标下中国能源高质量发展路径研究 [J].北京理工大学学报(社会科学版),2020(3):1-10.

[49] 汤匀,陈伟.拜登气候与能源政策主张对我国影响分析及对策建议 [J].世界科技研究与发展,2021(5):605-615.

[50] 寇静娜,张锐.疫情后谁将继续领导全球气候治理——欧盟的衰退与反击 [J].中国地质大学(社会科学版),2021(1):87-104.

[51] 钱立华,方琦,鲁政委.欧盟绿色新政对我国的启示 [J].金融博

览，2020（5）：56-58.

[52] 郑军．欧盟绿色新政与绿色协议的影响分析［J］．环境与可持续发展，2020（2）：40-42.

[53] 郭朝先．产业结构变动对中国碳排放的影响［J］．中国人口·资源与环境，2012（7）：15-20.

[54] 王媛，贾皎皎，赵鹏，等．LMDI 方法分析结构效应对天津市碳排放的影响及对策［J］．天津大学学报（社会科学版），2014（6）：509-514.

[55] 杜群，张琪静．《巴黎协定》后我国温室气体控制规制模式的转变及法律对策［J］．中国地质大学学报（社会科学版），2021（1）：19-29.

[56] 王勇，王恩东，毕莹．不同情景下碳排放达峰对中国经济的影响——基于 CGE 模型的分析［J］．资源科学，2017（10）：1896-1908.

[57] 王永明．高增长背景下我国经济增长与产业结构变动的关系研究［D］．北京：首都师范大学，2017.

[58] 汪晓文，李明，张云晟．中国产业结构演进与发展：70 年回顾与展望［J］．经济问题，2019（8）：1-10.

[59] 陈晓东，杨晓霞．数字经济发展对产业结构升级的影响——基于灰关联熵与耗散结构理论的研究［J］．改革，2021（3）：26-39.

[60] 马艳华，魏辅轶．产业结构调整理论研究综述［J］．山西财经大学学报，2011（3）：89-90.

[61] 张国兴，张培德，修静，等．节能减排政策措施对产业结构调整与升级的有效性［J］．中国人口·资源与环境，2018（2）：123-133.

[62] Amsden, Alice H. Asia's Next Giant：South Korea and Late Industrialization［M］．Oxford：Oxford University Press, 1989.

[63] Wade, Robert. Governing the Marketing：Economic Theory and the Role of Government in East Asian Industrialization［M］．Princeton：Princeton

University Press，1990.

［64］ Chandler A D. The Growth of the Transnational Industrial Firm in the United States and the United Kingdom：A Comparative Analysis ［J］. Economic History Review，1980，33（3）：396-410.

［65］ 杨智峰，陈霜华，汪伟．中国产业结构变化的动因分析——基于投入产出模型的实证研究［J］.财经研究，2014（9）：38-49，61.

［66］ 何德旭，姚战琪．中国产业结构调整的效用、优化升级目标和政策措施［J］.中国工业经济，2008（5）：46-56.

［67］ 李博，胡进．中国产业结构优化升级的测度和比较分析［J］.管理科学，2008（2）：86-93.

［68］ 邵伟．环境规制约束下中国产业结构优化的路径研究［D］.武汉：武汉大学，2017.

［69］ 郭进．开放条件下上海产业结构调整问题研究［D］.上海：上海社会科学院，2014.

［70］ 董聪.《巴黎协定》减排目标下中国产业结构与能源结构协同优化研究［D］.北京：中国石油大学，2018.

［71］ 谢宝禄．黑龙江省产业结构调整问题研究［D］.北京：中国社会科学院研究生院，2018.

［72］ 包伟杰．中美两国产业结构演进驱动因素比较研究——基于国际贸易和国际直接投资的视角［D］.昆明：云南大学，2018.

［73］ 周琴．产业结构优化的路径选择——一般理论及其对长三角的应用分析［D］.上海：上海社会科学院，2010.

［74］ 兰君．中国煤炭产业转型升级与空间布局优化研究［D］.北京：中国地质大学，2019.

［75］ 翟晓东．山东省生态文明建设与产业结构调整融合发展研究［D］.青岛：青岛大学，2019.

［76］ 金碚，吕铁，李晓华．关于产业结构调整几个问题的探讨［J］.经济学动态，2010（8）：14-20.

[77] 黄勤，刘波．四川产业结构变迁及其生态环境效应研究［J］．西南民族大学学报（人文社科版），2009（6）：183-186.

[78] Grossman G M, Krueger A B. Environmental Impacts of a North American Free Trade Agreement［J］. NBER Working Paper, 1991.

[79] Copeland B R, Taylor M S. Trade, Growth, and the Environment［J］. Journal of Economic Literature, 2004（1）：7-71.

[80] 张少兵．环境约束下区域产业结构优化升级研究：以长三角为例［D］．武汉：华中农业大学，2008.

[81] 袁杭松，陈来．巢湖流域产业结构演化及其生态环境效应［J］．中国人口·资源与环境，2010（3专刊）：349-352.

[82] 李芳，龚新蜀，张磊．生态脆弱区产业结构变迁的生态环境效应研究——以新疆为例［J］．统计与信息论坛，2011（12）：63-69.

[83] 杨建林，徐君．经济区产业结构变动对生态环境的动态效应分析——以呼包银榆经济区为例［J］．经济地理，2015（10）：179-186.

[84] 张琳杰，崔海洋．长江中游城市群产业结构优化对碳排放的影响［J］．改革，2018（11）：130-138.

[85] 王莎，童磊，贺玉德．京津冀产业结构与生态环境交互耦合关系的定量测度［J］．软科学，2019（3）：75-79.

[86] 孙亚静，安佳，侍术凯．产业结构调整视角下吉林省低碳经济发展研究［J］．税务与经济，2020（5）：103-108.

[87] 赵秀娟．低碳转型目标下产业结构优化的机制与政策研究——以广东省为例［D］．广州：暨南大学，2015.

[88] 董莹，许宝荣，华中，等．基于LMDI的甘肃省碳排放影响因素分解研究［J］．兰州大学学报（自然科学版），2020（5）：606-614.

[89] 袁晓玲，郗继宏，李朝鹏，等．中国工业部门碳排放峰值预测及减排潜力研究［J］．统计与信息论坛，2020（9）：72-82.

[90] 朱佩誉，凌文．不同碳排放达峰情景对产业结构的影响——基于动

态 CGE 模型的分析［J］. 财经理论与实践，2020（5）：110-118.

［91］ 王彬彬. 全球气候治理变局分析及中国气候传播应对策略［J］. 东岳论丛，2017（4）：43-51.

［92］ 施应玲. 基于可持续发展理论的中国电源结构多目标决策研究［D］. 北京：华北电力大学，2010.

［93］ 李波，刘昌明. 人类命运共同体视域下的全球气候治理：中国方案与实践路径［J］. 当代世界与社会主义，2019（5）：170-177.

［94］ 杨帆. 人类命运共同体视域下的全球生态保护与治理研究［D］. 长春：吉林大学，2020.

［95］ 李强. 构建"人类气候命运共同体"：内涵、挑战及出路［EB/OL］. http：//news. cssn. cn/zx/bwyc/201912/t20191212_5057589. shtml.

［96］ 张杨. 习近平新发展理念研究［D］. 长沙：湖南师范大学，2018.

［97］ 邓文平. 新发展理念对马克思主义社会发展理论的丰富和发展［D］. 南昌：江西师范大学，2018.

［98］ 张友国. 碳达峰、碳中和工作面临的形式与开局思路［J］. 行政管理改革，2021（3）：77-85.

［99］ 杨仁发，李娜娜. 产业结构变迁与中国经济增长——基于马克思主义政治经济学视角的分析［J］. 经济学家，2019（8）：27-38.

［100］ 薄立明. 武汉城市生态化发展的空间模式及规划策略研究［D］. 武汉：武汉大学，2015.

［101］ 孙晓华. 中印产业结构变动及对经济增长影响的比较研究［D］. 长春：吉林大学，2020.

［102］ 孙智君，陈敏，粟晓珊. 武汉市产业转型及其经济功能演变研究［J］. 长江大学学报（社会科学版），2019（5）：50-57.

［103］ 赵秀娟，张捷. 基于绿色索洛模型的产业结构变动对碳排放影响——以广东省为例的实证研究［J］. 产经评论，2015（3）：38-53.

［104］ Brock W, Taylor M S. The Green Solow Model［J］. NBER Working

Paper，2004.

[105] 王莎，童磊，贺玉德. 京津冀产业结构与生态环境交互耦合关系的定量测度 [J]. 软科学，2019（3）：75-79.

[106] 张翱祥，邓荣荣. 中部六省碳排放效率与产业结构优化的耦合协调度及影响因素分析 [J]. 生态经济，2021（3）：31-37.

[107] Tone K. A Slacks-based Measure of Efficiency in Data Envelopment Analysis [J]. European Journal of Operational Research，2001，130（3）：498-509.

[108] 杨卫东，邝培润. 武汉企业发展报告（2017）[M]. 武汉：武汉大学出版社，2018.

[109] 安景文，李松林，梁志霞，等. 产业结构视角下京津冀都市圈经济差异测度 [J]. 城市问题，2018（9）：48-54.

[110] 王贝贝，肖海峰. 基于动态偏离——份额模型的广东省农业产业结构和竞争力研究 [J]. 科技管理研究，2015（19）：41-46.

[111] 陈祥兵. 产业结构、产业布局的碳排放影响及其结构性减排效应研究 [D]. 北京：北京邮电大学，2017.

[112] 范凤岩. 北京市碳排放影响因素与减排政策研究 [D]. 北京：中国地质大学（北京），2016.

[113] 齐绍洲，付坤. 低碳经济转型中省级碳排放核算方法比较分析 [J]. 武汉大学学报（哲学社会科学版），2013（2）：85-92.

[114] 王东，廖世明，梁植军. 深圳工业二氧化碳直接排放总量和结构的演化研究 [J]. 特区经济，2019（10）：10-13.

[115] 黎明，熊伟. 基于环境库兹涅茨曲线的武汉市碳排放分析 [J]. 湖北大学学报（哲学社会科学版），2017（1）：143-148.

[116] 渠慎宁. 碳排放分解：理论基础、路径剖析与选择评判 [J]. 城市与环境研究，2019（3）：98-112.

[117] Ehrlich P R，Holdren J P. The People Problem [J]. Saturday Review，1970（4）：42-43.

［118］刘亦文，胡宗义，戴钰．中国碳排放变化的因素分解与碳减排路径
研究［J］．经济数学，2013（3）：51-56.

［119］Boyd G A, Hanson D A, Stemer T. Decomposition of Changes in Energy
Intensity—A Comparison of the Divisia Index and Other Methods［J］.
Energy Economics, 1988（4）：309-312.

［120］冯娅．湖北省产业碳排放水平及其影响因素研究［D］．武汉：武汉
大学，2012.

［121］Ang B W. Decomposition Analysis for Policymaking in Energy：Which is
the Preferred Method?［J］. Energy Policy, 2004（9）：1131-1139.

［122］Ang B W. The LMDI Approach to Decomposition Analysis：A Parctical
Guide［J］. Energy Policy, 2005（33）：867-871.

［123］Brock W, Taylor M S. The Green Solow Model［J］. NBER Working
Paper, 2004.

［124］Stefański R L. Essays on Structural Transformation in International
Economics［D］. USA：The University of Minnesota, 2009.

［125］邓聚龙．灰预测与灰决策［M］．武汉：华中科技大学出版社，
2002.

［126］王少剑，高爽，黄永源，等．基于超效率SBM模型的中国城市碳排
放绩效时空演变格局及预测［J］．地理学报，2020（6）：1316-
1330.

［127］赵敬敏，崔永丽，王树堂．美国低碳发展经验值得借鉴［N］．中国
环境报，2021-05-06.

［128］秦容军．国外碳达峰碳中和经验借鉴及对我国煤炭行业发展的启示
［J］．煤炭经济研究，2021（3）：23-27.

［129］干春晖，郑若谷，余典范．中国产业结构变迁对经济增长和波动的
影响［J］．经济研究，2011（5）：4-16, 31.

［130］［日］染野宪治．日本实现2050年脱碳社会的政策动向［J］．世界
环境，2021（1）：42-46.

［131］走近碳达峰碳中和 碳达峰——世界各国在行动［EB/OL］. https：//m. thepaper. cn/newsDetail_forward_10857848.

［132］高冠龙. 中国与欧盟、美国碳减排对比分析［D］. 太原：山西大学，2015.

［133］张文磊. 基于国家利益分析的国际碳减排合作研究［D］. 上海：复旦大学，2011.

［134］王能全. 从特朗普到拜登：美国能源政策的变与不变［EB/OL］. https：//www. in-en. com /article/html/energy-2300690. shtml.

［135］何小钢，尹硕. 低碳规制、能源政策调整与节约增长转型——基于发达国家经验的比较研究［J］. 现代经济探讨，2014（3）：88-92.

［136］王刚. 美国与欧盟的碳减排方案分析及对中国的应对策略［J］. 地域研究与开发，2012（4）：142-145，160.

［137］刘猛. 美欧应对气候变化主要举措及影响简析［J］. 财政科学，2021（5）：147-152.

［138］庄贵阳，朱仙丽.《欧洲绿色协议》：内涵、影响与借鉴意义［J］. 国际经济评论，2021（1）：116-133.

［139］徐铁，郑婷. 经济转型视角下日本低碳经济发展浅析［J］. 湖北经济学院学报（人文社会科学版），2018（4）：52-54.

［140］徐铁，郭美琪. 日本推进产业结构低碳化对湖北试点建设"低碳省"的启示［J］. 当代经济，2018（13）：76-78.

［141］孙璞. 日本新能源开发利用研究［D］. 长春：吉林大学，2019.

［142］李维安，秦岚. 迈向"零碳"的日本氢能源社会发展研究［J］. 现代日本经济，2021（2）：65-79.

［143］邓微达，王智烜. 日本碳税发展趋势与启示［J］. 国际税收，2021（5）：57-61.

［144］毕珍珍. 日本参与全球气候治理的研究——从《京都议定书》生效至巴黎大会［D］. 北京：外交学院，2019.

［145］李维安，秦岚. 迈向"零碳"的日本氢能源社会发展研究［J］. 现

代日本经济，2021（2）：65-79.

[146] 李晓乐. 日本新能源产业政策研究［D］. 北京：中国社会科学院大学，2020.

[147] 冯帅. 特朗普时期美国气候政策转变与中美气候外交出路［J］. 东北亚论坛，2018（5）：109-128.

[148] 朱伯玉. 低碳发展立法研究［D］. 济南：山东大学，2017.

[149] 张宁，薛美美，吴潇雨，等. 国内外能源转型比较与启示［J］. 中国电力，2021（2）：113-119，155.

[150] 何少琛. 欧盟碳排放交易体系发展现状、改革方法及前景［D］. 长春：吉林大学，2016.

[151] 姚晓芳，陈菁. 欧美碳排放交易市场发展对我国的启示与借鉴［J］. 经济问题探索，2011（4）：35-38.

[152] 袁媛，刘纪显. 欧盟碳排放权管理制度沿革对中国的启示［J］. 中国科技论坛，2015（8）：145-149.

[153] 孙钰，李泽涛，姚晓东. 欧盟低碳发展的典型经验与借鉴［J］. 经济问题探索，2012（8）：180-184.

[154] 张敏. 欧盟绿色经济的创新化发展路径及前瞻性研究［J］. 欧洲研究，2015（6）：97-114.

[155] 兰莹，秦天宝.《欧洲气候法》：以"气候中和"引领全球行动［J］. 环境保护，2020（9）：61-67.

[156] 蓝虹，孙阳昭，吴昌，等. 欧盟实现低碳经济转型战略的政策手段和技术创新措施［J］. 生态经济，2013（6）：62-66.

[157] 付凌晖. 我国产业结构高级化与经济增长关系的实证研究［J］. 统计研究，2010（8）：79-81.

[158] 杨益民. 人才结构与经济发展协调性分析的指标及应用［J］. 安徽大学学报（哲学社会科学版），2007（1）：118-123.

[159] 李丽萍，黄薇. 武汉市产业结构的偏离度趋势［J］. 统计与决策，2006（4）：79-80.

［160］沈啟霞，赵长红，袁家海．欧盟碳市场对中国碳市场建设的启示［J］．煤炭经济研究，2021（4）：44-49．

［161］黄莹，郭洪旭，廖翠萍，等．基于 LEAP 模型的城市交通低碳发展路径研究——以广州市为例［J］．气候变化进展研究，2019（6）：670-683．

［162］董康银．低碳约束背景下中国能源转型路径与优化模型研究［D］．北京：中国石油大学，2019．

［163］Ehrlich P R, Holdren J P. Impact of Population Growth［J］. Science, 1971, 171（3977）：1212-1217．

［164］Dietz T, Rosa E A. Rethinking the Environmental Impacts of Population, Affluence and Technology［J］. Human Ecology Review, 1994（1）：277-300．

［165］York R, Rose E A, Dietz T. STIRPAT, IPAT and IMPACT：Analytic Tools for Unpacking the Driving Forces of Environmental Impacts［J］. Ecological Economics, 2003, 46（3）：351-365．

［166］吕倩．中国能源消费碳排放时空演变特征及减排策略研究［D］．北京：中国矿业大学，2020．

［167］郭克莎．中国产业结构调整升级趋势与"十四五"时期政策思路［J］．中国工业经济，2019（7）：24-41．

［168］张馨文．基于 STIRPAT 模型吉林省碳排放影响因素研究［D］．长春：吉林大学，2017．

［169］陈强．高级计量经济学及 Stata 应用（第二版）［M］．北京：高等教育出版社，2014．

［170］单豪杰．中国资本存量 K 的再估算：1952—2006［J］．数量经济技术经济研究，2008（10）：17-31．

［171］温彦平，王雪峰．长江中游城市群城镇化视角下产业结构与生态环境耦合协调关系研究［J］．华中师范大学学报（自然科学版），2019（2）：263-271．

[172] 张军，吴桂英，张吉鹏．中国省级物质资本存量估算：1952—2000 [J]．经济研究，2004（10）：35-44.

[173] 黎孔清，马豆豆，李义猛．基于 STIRPAT 模型的南京市农业碳排放驱动因素分析及趋势预测 [J]．科技管理研究，2018（8）：238-245.

[174] 张哲，任怡萌，董会娟．城市碳排放达峰和低碳发展研究：以上海市为例 [J]．环境工程，2020（11）：12-18.

[175] 王雅娴．中国火电行业碳排放和总碳强度减排问题研究 [D]．北京：华北电力大学，2020.

[176] 王军，谭金凯．气候变化背景下中国沿海地区灾害风险研究与应对思考 [J]．地理科学进展，2021（5）：870-882.

[177] 郭朝先．中国工业碳减排潜力估算 [J]．中国人口·资源与环境，2014（9）：13-20.

[178] 柴麒敏，傅莎，郑晓奇，等．中国重点部门和行业碳排放总量控制目标及政策研究 [J]．中国人口·资源与环境，2017（12）：1-7.

[179] 李明煜，张诗卉，王灿，等．重点工业行业碳排放现状与减排定位分析 [J]．中国环境管理，2021（3）：28-39.

[180] 刘卫东．"中国碳达峰研究"专栏序言 [J]．资源科学，2021（4）：637-638.

[181] 清华大学气候变化与可持续发展研究院项目综合报告编写组．《中国长期低碳发展战略与转型路径研究》综合报告，2020（11）：1-25.

[182] 孙振清，李欢欢，刘保留．碳交易政策下区域减排潜力研究——产业结构调整与技术创新双重视角 [J]．科技进步与对策，2020（15）：28-35.

[183] 薛飞，周民良．中国碳交易市场规模的减排效应研究 [J]．华东经济管理，2021（6）：11-21.

[184] 西交利物浦大学国际商学院．德国推进碳中和的路径及对中国的启

示［J］. 可持续发展经济导刊，2021（3）：27-30.

［185］鲁传一，陈文颖. 中国提前碳达峰情景及其宏观经济影响［J］. 环境经济研究，2021（1）：10-30.

［186］翁智雄. 中国实现碳中和远景目标的市场化减排机制研究［J］. 环境保护，2021，49（Z1）：66-69.

［187］王健夫. 武汉市 CO_2 排放峰值目标下工业部门减排路径研究［D］. 武汉：华中科技大学，2019.

［188］张晓娣，刘学悦. 征收碳税和发展可再生能源研究——基于 OLG—CGE 模型的增长及福利效应分析［J］. 中国工业经济，2015（3）：18-30.

［189］邹才能，何东博，贾成业，等. 世界能源转型内涵、路径及其对碳中和的意义［J］. 石油学报，2021（2）：233-247.

［190］王国平. 完善支持绿色发展的财税政策体系 推动经济高质量发展［J］. 北方经济，2021（7）：77-80.

［191］张希良，张达，余润心. 中国特色全国碳市场设计理论与实践［J］. 管理世界，2021（8）：80-94.

［192］郭劲光，万家瑞. 我国能源消费的网络关联特征及其优化路径——碳达峰与碳中和视角的思考［J］. 江海学刊，2021（4）：85-91.

［193］钟茂初，赵天爽. 双碳目标视角下的碳生产率与产业结构调整［J］. 南开学报（哲学社会科学版），2021（5）：97-109.

［194］梁晓菲，吕江. 碳达峰、碳中和与路径选择：英国绿色低碳转型20年（2000—2020年）的启示［J］. 宁夏社会科学，2021（5）：55-65.

［195］徐斌，陈宇芳，沈小波. 清洁能源发展、二氧化碳减排与区域经济增长［J］. 经济研究，2019（7）：188-202.

［196］刘畅. 如何调动全民参与减碳行动［J］. 中国经济评论，2021（5）：53-61.

［197］秦阿宁，孙玉玲，王燕鹏，等. 碳中和背景下的国际绿色技术发展

态势分析［J］. 世界科技研究与发展，2021（4）：385-402.

［198］王金南，严刚. 加快实现碳排放达峰 推动经济高质量发展［N］. 经济日报，2021-01-04.

［199］赵建军. 中国实现碳达峰碳中和任重道远［J］. 中国党政干部论坛，2021（4）：79-80.

［200］李志学，李乐颖，陈健. 产业结构、碳权市场与技术创新对各省区碳减排的影响［J］. 科技管理研究，2019（16）：79-90.